基于 ARM 的小功率电动汽车控制器开发

高志刚 ◎ 编著

DESIGN OF LOW-POWER ELECTRIC-VEHICLE

CONTROLLERS BASED ON ARM CHIPS

北京理工大学出版社
BEIJING INSTITUTE OF TECHNOLOGY PRESS

版权专有 侵权必究

图书在版编目（CIP）数据

基于ARM的小功率电动汽车控制器开发 / 高志刚编著. —北京：北京理工大学出版社，2019.3（2021.1重印）
ISBN 978-7-5682-6841-7

Ⅰ．①基… Ⅱ．①高… Ⅲ．①电动汽车–控制器–研究 Ⅳ．①U469.720.3

中国版本图书馆CIP数据核字（2019）第045970号

出版发行 / 北京理工大学出版社有限责任公司	
社　　址 / 北京市海淀区中关村南大街5号	
邮　　编 / 100081	
电　　话 /（010）68914775（总编室）	
（010）82562903（教材售后服务热线）	
（010）68948351（其他图书服务热线）	
网　　址 / http://www.bitpress.com.cn	
经　　销 / 全国各地新华书店	
印　　刷 / 北京虎彩文化传播有限公司	
开　　本 / 710毫米×1000毫米　1/16	责任编辑 / 武丽娟
印　　张 / 17.75	文案编辑 / 武丽娟
字　　数 / 321千字	责任校对 / 周瑞红
版　　次 / 2019年3月第1版　2021年1月第2次印刷	责任印制 / 李志强
定　　价 / 66.00元	

图书出现印装质量问题，请拨打售后服务热线，本社负责调换

前　言

随着基于蓄电池的电能存储技术的不断发展以及交流电机控制技术的不断进步，电动汽车、电动托盘车、电动物流车、电动观光车、电动叉车以及场地车等得到了越来越广泛的应用。据不完全统计，低功率电动汽车控制器每年的市场总额已达数十亿元，并仍处于高速增长阶段。其共同特点在于，均需要电机控制器将蓄电池存储的电能转化为可供交流电机使用的交流电，驱动电机旋转进而带动车辆前进。

以低功率电动汽车的控制器为例，虽然其功率一般只有几千瓦，但却具备控制动力电机、接受驾驶者指令输入以及与设备通信等多种复杂功能，承担着对整车的控制功能，对于车辆的性能具有决定作用。研究电动汽车控制器的设计方法和技术方案，对于提高系统可靠性和运行性能有重要作用。

目前基于 ARM 架构的微控制器的主频已经达到几十兆赫兹甚至更高，可以满足完成实时控制、操作数据总线、读取数字输入信号、采集模拟量信号的任务。目前已有的很多讲解芯片使用方法的教材和专著，内容主要集中在芯片的资源介绍和外设模块的通用操作等方面。

本书以研制和开发低功率电动汽车控制器为主线，详细介绍了基于 ARM 芯片 STM32F103VBT7 的控制器的软硬件设计方案，具体内容包括软件开发环境的介绍、C 语言编程、串行通信接口及应用、EEPROM 数据存储、数字输入输出接口、模拟采样功能、脉冲宽度调制功能、电动机转速测量方法和控制器程序设计等。基于本书介绍的技术方案，国内已经有多家合作企业研发完成控制器并投入市场，取得了较好的经济效益和市场认同度。

本书既可以作为一线工程师的参考书，为进行相似项目的研究和开发提供参考，也可以作为高等院校讲授 C 语言编程、ARM 芯片使用方法以及电机控制算法的教材。本书提供了大量的原始代码和较详细的注释，有助于读者深入理解技术方案原理和具体代码功能，提高将理论知识应用于工程实践的能力。

由于作者水平有限，加之编写时间仓促，本书难免有疏漏之处，敬请读者批评指教。如有任何意见和建议，请联系作者邮箱 gzg@bit.edu.cn。

作　者

2018 年 10 月

目　　录

第1章　绪论 ·· 1

第2章　软件开发环境介绍 ·· 5
  2.1　软件的安装 ·· 5
  2.2　创建工程 ·· 8
  2.3　编辑工程文件 ·· 10
  2.4　下载和调试程序 ··· 22
  2.5　本章总结 ··· 25

第3章　Keil μVision 中的 C 语言编程 ································ 27
  3.1　C 语言简介 ··· 27
  3.2　C 语言的 main()函数 ·· 28
  3.3　C 语言中的变量 ··· 30
    3.3.1　变量的本质 ·· 30
    3.3.2　变量的名称规范 ··· 30
    3.3.3　变量的声明和赋值 ·· 31
    3.3.4　基本数据类型 ·· 32
    3.3.5　基本数据类型变量的声明和赋值 ······························· 34
    3.3.6　高级数据类型 ·· 38
    3.3.7　变量的生存期 ·· 64
  3.4　C 语言中的常量 ··· 67
    3.4.1　数字型常量 ·· 67
    3.4.2　字符型常量 ·· 67

3.5　C 语言的运算符 67
　　3.5.1　模块运算符 67
　　3.5.2　算数运算符 68
　　3.5.3　变量自操作 70
　　3.5.4　大小关系运算符 71
　　3.5.5　逻辑关系运算符 72
　　3.5.6　特殊运算符 73
3.6　C 语言中的语句 74
　　3.6.1　赋值语句 74
　　3.6.2　判断语句 74
　　3.6.3　循环语句 for 76
　　3.6.4　循环语句 while 77
　　3.6.5　循环语句 do/while 78
　　3.6.6　循环终止语句 79
3.7　C 语言的函数 80
3.8　宏定义 82
3.9　本章小结 84

第 4 章　串行通信接口及应用 85

4.1　串行通信硬件电路设计 85
　　4.1.1　控制器侧的硬件电路设计 85
　　4.1.2　计算机侧的硬件电路设计 86
4.2　上位机的串口通信软件 88
　　4.2.1　软件总体设计方案 88
　　4.2.2　上位机与 ARM 的通信协议 107
　　4.2.3　实时调试软件的设计与开发 109
　　4.2.4　参数刷写软件的设计与开发 135
4.3　ARM 芯片中 UART 通信协议的编程实现 167
4.4　系统通信功能验证 175
　　4.4.1　实时调试软件功能验证 175
　　4.4.2　参数刷写软件功能验证 176
4.5　本章小结 177

第 5 章　EEPROM 数据存储 179

5.1　基于 SPI 接口的硬件电路设计 179

5.2 SPI 协议及编程实现 ································180
　5.2.1 SPI 模块及芯片管脚配置 ··················180
　5.2.2 利用 SPI 读写 EEPROM ··················183
5.3 本章小结 ··190

第 6 章　数字输入输出接口 ························191
6.1 挡位信号处理电路及设计 ····················191
6.2 故障信号处理电路及设计 ····················193
6.3 制动信号处理电路及设计 ····················196
6.4 指示灯处理电路及设计 ·······················198
6.5 主继电器驱动电路 ·····························201
6.6 代码示例 ··203
6.7 本章小结 ··204

第 7 章　模拟采样功能 ·································205
7.1 浮点型数据的处理 ·····························205
7.2 模拟采样电路的硬件设计 ····················207
　7.2.1 电流采样电路设计 ···························207
　7.2.2 电压采样电路设计 ···························208
　7.2.3 温度采样电路设计 ···························210
　7.2.4 加速踏板采样电路设计 ·····················213
7.3 模拟信号采样功能的编程实现 ···············215
7.4 本章小结 ··221

第 8 章　脉冲宽度调制功能 ························223
8.1 硬件电路设计方案 ·····························223
8.2 软件编程实现 ··································224
　8.2.1 管脚功能的配置 ·······························224
　8.2.2 定时器及 PWM 功能的配置 ················225
　8.2.3 定时器周期中断的使能与处理 ···········227
8.3 调制算法设计 ··································229
8.4 本章小结 ··231

第 9 章　电动机转速测量方法 ····················233
9.1 电动机编码器测速原理 ·······················234

9.1.1 绝对式编码器 ·· 234
9.1.2 增量式编码器 ·· 235
9.2 硬件电路设计 ·· 238
9.3 测量脉冲宽度测速 ·· 239
9.3.1 获取旋转方向 ·· 239
9.3.2 获得转速大小 ·· 243
9.4 计数脉冲个数测速 ·· 247
9.4.1 设置计数模式 ·· 247
9.4.2 计算转速大小 ·· 250
9.5 本章小结 ·· 252

第 10 章 CAN 通信功能 ·· 253
10.1 硬件电路及端口配置 ·· 253
10.2 通信协议与软件编程实现 ·· 254
10.2.1 通信协议介绍 ··· 254
10.2.2 通信程序设计 ··· 255
10.3 本章小结 ·· 259

第 11 章 控制器程序设计 ·· 261
11.1 主函数流程图 ·· 261
11.2 控制器算法流程图 ·· 262
11.3 车辆运行模式及处理 ·· 264
11.3.1 车辆运行模式分类 ··· 264
11.3.2 故障模式 ··· 266
11.3.3 制动模式 ··· 266
11.3.4 前进行驶模式 ··· 267
11.3.5 倒车模式 ··· 267
11.3.6 滑行模式 ··· 267
11.3.7 驻坡模式 1 ·· 268
11.3.8 驻坡模式 2 ·· 268
11.4 斜坡函数与 PWM 状态控制 ·· 269
11.5 本章小结 ·· 270

参考文献 ·· 271

第 1 章 绪 论

近些年来，采用蓄电池供电的小功率电动汽车逐渐进入人们的视野。这种类型的电动汽车具有体积小、低速转矩大、充电方便、车辆售价低、单位里程行驶成本低等优势，受到了市场的欢迎。以山东省市场为例，在当地政府的积极支持下，加上山东省作为农业大省、人口大省的市场需求推动，山东省成长为小功率电动汽车的产销大省。据统计，2016 年全国小功率电动汽车销量达 100 万辆。其中，山东省就销售了 61.83 万辆，2013 年以来销量延续 4 年保持 50%的高速增长，已成为山东省汽车工业突出的新增长点。

根据山东省汽车行业协会对外公布的统计数据显示，2016 年山东省的小功率电动汽车产销量分别达到 62.26 万辆和 61.83 万辆，同比均增长 47.76%，产销量占全国总产量的 50%以上。2017 年 3 月 9 日，山东省政府发布了《山东省"十三五"战略性新兴产业发展规划》，展示了山东省政府对于规范四轮小功率电动汽车管理的决心。规划中明确提出大力支持小功率电动汽车发展，推动安全、适用、便捷、低成本的小功率电动汽车发展，着力满足乡村出行需求；到 2020 年，建成聊城、临沂、枣庄、潍坊、德州等一批新能源汽车产业集聚区，纯电动轿车、载货电动车等各类新能源汽车产量达到 100 万辆。

此外，电动低速代步车、电动观光车、物流车、环卫车等也都采用了与小功率电动汽车相似的技术路线。其采用蓄电池为车辆提供电能，利用控制器将蓄电池提供的直流电压转变为交流电压并驱动交流电动机，电动机经减速器和差速器后驱动车轮转动。基于成本和可靠性方面的考虑，一般小功率电动汽车前轮设计为转向，后轮则集成后驱动、减速器和差速器。

小功率电动汽车控制器（本书中简称为控制器）作为车辆中的核心部件，其负责接收驾驶员的驾驶指令信息，用来控制电动机运行，其性能的好坏对于车辆的正常行驶具有重要作用。

从功能上来说，控制器的功能主要包括以下几个方面。

（1）接收驾驶员的输入信息，并据此控制动力电机的旋转方向和输出力矩。驾驶员的信息包括挡位信息、油门踏板信号、刹车踏板信号等。

（2）检测车辆状态并采取应对措施，如回收车辆的制动能量（也称馈能制动）、电子防溜坡等。

（3）控制仪表盘显示车速、电池电压等信息。

（4）采集电机转速、温度等信号，完成对动力电机的高性能控制。

本书介绍了基于 STM32F103VBT7 芯片的小功率电动汽车控制器的开发方法。STM32F103VBT7 是意法半导体（ST）公司生产的基于 Cortex–M3 内核的一款 32 位 ARM 微处理器。该系列芯片主频为 72 MHz，集成了定时器、CAN（Controller Area Network，控制器局域网络）、ADC（Analog to Digital Conversion，模数转换器）、SPI（Serial Peripheral Interface，串行外设接口）、I2C（Inter–Integrated Circuit，内部整合电路）、USB（Universal Serial Bus，通用串行总线）、UART（Universal Asynchronous Receiver/Transmitter，通用异步收发器）等多种功能，具体特性如下。

● 基于 ARM 32 位的 Cortex–M3 内核。ARM 是微处理器行业的一家知名企业，研发和提供多种处理器的架构、相关技术及软件。Cortex–M3 是 ARM 研制的一个 32 位的处理器内核，该内核在低功耗、低成本、高性能等方面具有较突出的优势。

● 最高 72 MHz 工作频率。一般采用外接 20 M 晶振，通过配置芯片内部的倍频电路后产生 72 MHz 时钟信号。芯片内置了单周期乘法和硬件除法电路，可显著提高乘除法的执行速度。

● 从 16 k 到 512 k 字节的 FLASH 程序存储器，STM32F103VBT7 中的最后四个表明了芯片的引脚数目和存储容量等信息。

➢ "V" 位置字符表示引脚数目，其中 T 表示 36 脚，C 表示 48 脚，R 表示 64 脚，V 表示 100 脚，Z 表示 144 脚；

➢ "B" 位置字符表示 FLASH 的容量，其中 4 表示 16 k 字节，6 表示 32 k 字节，8 表示 64 k 字节，B 表示 128 k 字节，C 表示 256 k 字节，D 表示 384 k 字节，E 表示 512 k 字节；

➢ "T" 位置字符表示芯片的封装形式，其中 H 表示 BGA 封装，T 表示 LQFP 封装，U 表示 VFQFPN 封装，Y 表示 WLCSP64 封装；

➢ "7" 位置字符表示芯片的工作温度范围，其中 6 表示 –40~85 ℃，7 表示 –40~105 ℃。

● 芯片内部提供最大为 96 k 字节的 SRAM（Static Random–Access Memory，随机存取存储器）。

● 支持 2.0~3.6 V 单一电源供电。

- 芯片内部具有上电/断电复位管理电路、可编程电压监测器。
- 芯片内部具有多个晶体振荡器。
- 芯片内部内置时钟 PLL（Phase Lock Loop，锁相环）倍频电路。
- 芯片内部有 2 个 12 位 ADC 模数转换器。
  - 转换范围：0 至电源电压，最大允许的电源电压为 3.6 V。
  - 具有双采样和信号保持功能。
  - 内置温度传感器，可以直接获取芯片温度。
- 芯片内部有 2 个 DMA（Direct Memory Access，直接内存存取）控制器，共 12 个 DMA 通道并分为 2 组：第一组名称为 DMA1，有 7 个通道；第二组名称为 DMA2，有 5 个通道。
- 芯片支持的外设有定时器、ADC、SPI、USB、I2C 和 UART 等。
- 芯片具有 SWD（Serial Wire Debug，串行单线调试）和 JTAG（Joint Test Action Group，联合测试行为组织）接口。
- 芯片内部具有多个定时器，功能包括捕获输入脉冲边沿、输出特定占空比的方波信号、进行脉冲计数等。
- 芯片多数端口兼容 5 V 电压信号。

STM32F103 系列处理器芯片售价低、性能可满足一般场合的需要，因而在控制器领域具有很强的竞争力。目前已经广泛应用在电源、电机控制、手持仪器、扫描仪等设备中。市场上一些典型的小功率电动汽车控制器中，也大量采用了 STM32F103 系列芯片。在一些传统的电机控制和工业伺服等领域，该芯片也得到了广泛的应用。该芯片成本低、内设资源丰富等特点可以满足多种工业场合和消费电子场合的需求，具有较好的应用前景。

本书介绍了基于 STM32F103VBT7 的小功率电动汽车控制器的完整开发过程，控制器的额定电池电压为 60 V（例如可利用 5 节 12 V 铅酸蓄电池串联得到），额定功率 3.3 kW。本书包括控制器的硬件电路设计、功能电路设计和软件开发等多个方面，既可以作为学习 STM32F103VBT7 的参考，也可以作为学习电机和小功率电动汽车控制的教材。并且其中的一些典型电路的设计，对于从事电力电子变换器等领域的技术开发人员，也有一定的借鉴意义。

本书以介绍 STM32F103VBT7 的使用方法为线索，根据实际产品的功能需求不断展开论述，最终给出了详细的小功率电动汽车控制器实现过程，为读者提供了正确而完整的基于 STM32F103VBT7 的小功率电动汽车控制器解决方案。本书的行文顺序兼顾了项目开发的先后次序，按照项目进展的需求介绍相关内容。通过本书，读者可以了解 STM32F103VBT7 芯片的使用，理解研发小功率电动汽车的关键技术，提高项目开发效率。

第 2 章介绍 STM32F103VBT7 芯片的软件开发环境 Keil μVision，包括软件的安装以及如何添加源文件和编译下载程序等。

第 3 章介绍 C 语言编程的相关知识，包括 C 语言语法简介、C 语言数据类型、C 语言关键词介绍、C 语言函数介绍和宏定义等在控制器开发过程中需要用到的知识。

第 4 章介绍控制器 UART 接口的使用，包括硬件电路的设计和软件编程。并且基于已有的计算机软件，介绍了一种通过上位机软件观察和修改处理器中的内存变量的方法，为开发控制器功能、实现在线调试提供了条件。

第 5 章介绍控制器操作外部 EEPROM（Electrically Erasable Programmable Read Only Memory，电可擦除可编程只读存储器）的方案，包括硬件的设计方案和软件的编写。利用该功能，控制器的生产厂家可以设计一些基础参数，如电压电流保护阈值、最大允许行驶速度等；而控制器的销售商、售后工程师或者用户也可以在实际使用中，微调功能参数，改善控制器性能。

第 6 章介绍控制器的 I/O 操作方法，以及对应的控制器的继电器控制、数字 I/O 信号的处理电路等内容。该功能可以用来处理用户输入的车辆挡位信息和故障信息等，并可以完成故障灯闪烁等。

第 7 章介绍 ADC 电路的设计和功能实现，该功能可以用来采集蓄电池电压、直流母线电容电压、控制器的输出电流、油门踏板信号和温度传感器信号等。

第 8 章介绍 PWM（Pulse Width Modulation，脉冲宽度调制）电路的设计和功能实现，利用该功能将输出 6 路方波信号，该信号经过驱动电路后控制主电路中的 MOSFET 工作。本章还介绍了相应的硬件电路的设计方案。

第 9 章介绍测量电动机转速的方法。具体包括：利用脉冲边沿测量方波周期的方法，该方法可用于测量电动机在较低转速时的速度；利用固定周期累计的脉冲数的方法来计算电动机转速，该方法可用于测量电动机在较高转速时的速度。本章描述了处理脉冲的硬件电路方案和软件实现方法。

第 10 章介绍 CAN 通信功能的硬件方案和软件设计，可以实现驱动仪表工作，可实时显示车辆运行状态。

第 11 章介绍控制器程序的总体设计框架。基于前述章节完成的分项功能，本章将所有功能进行整合，设计了控制器的整体软件框架和各功能模块的实现方法。

第 2 章

软件开发环境介绍

Keil μVision 软件提供了相应的编程环境,可以将用户采用汇编语言或者 C 语言编写的程序编译后生成可供 STM32F103VBT7 处理器使用的代码并传送到芯片中,完整的过程框图如图 2-1 所示。

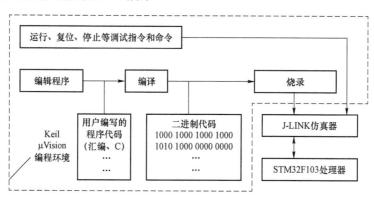

图 2-1 利用 Keil μVision 编写程序的过程框图

如图 2-1 所示,基于 Keil μVision 编程环境,用户可以使用汇编语言或者 C 语言编写程序,然后利用软件提供的编译功能,产生二进制代码文件。之后可以通过 J-LINK 仿真器将生成的二进制代码文件内容烧写到处理器中。Keil μVision 还提供了在调试模式下对处理器状态进行控制的功能,包括运行、复位、停止等功能,以利于获取和控制芯片的运行状态。

2.1 软件的安装

本书选择 Keil μVision V4.12 作为软件开发工具,该软件的安装程序可以从 Keil

公司的官方网站（www.keil.com）下载。运行安装程序后，将弹出图 2-2 所示的安装界面，其中表明了软件的名称和版本号，单击界面的"Next>>"（下一步）按钮之后，将会显示图 2-3 所示的软件条款。

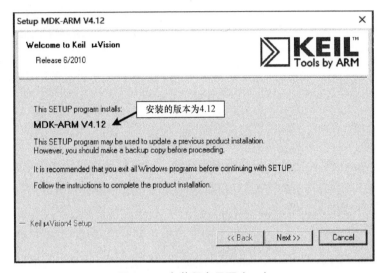

图 2-2　安装程序界面（一）

图 2-3　安装程序界面（二）

在图 2-3 中，选中复选框，同意软件条款。之后单击界面的"Next>>"（下一步）按钮，将会显示图 2-4 所示的选择软件安装位置的界面。

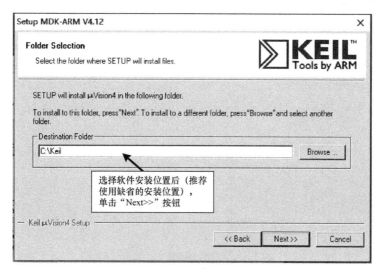

图 2-4 安装程序界面(三)

在图 2-4 显示的选择软件安装位置的界面中，可以根据计算机硬件资源和用户习惯修改软件的安装位置。修改完毕后，单击界面的"Next>>"(下一步)按钮，将会显示图 2-5 所示的界面。

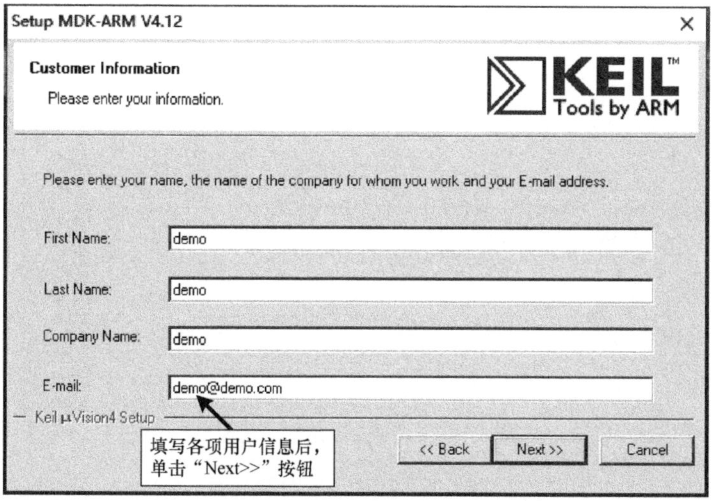

图 2-5 安装程序界面(四)

在图 2-5 所示的界面中，用户填写完毕客户信息后，单击界面的"Next>>"(下一步)按钮，软件开始安装，其运行界面如图 2-6 所示。

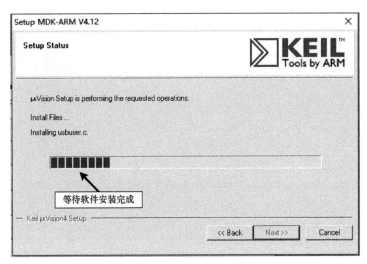

图 2-6　安装程序界面（五）

等待软件安装完成以后，将弹出图 2-7 所示的界面，此时单击"Finish"按钮完成安装即可。完成安装后，可以在计算机的桌面以及开始菜单中找到"Keil μVision"的程序图标。

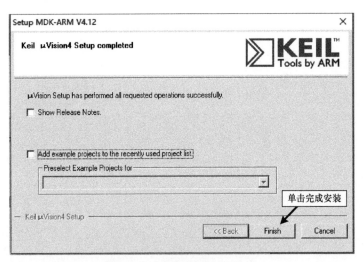

图 2-7　安装程序界面（六）

2.2　创建工程

启动 Keil μVision 后，如图 2-8 所示，单击"Project"，在弹出的菜单中进一步选择"New μVision Project...",将会弹出图 2-9 所示的新建工程对话框。

图 2-8　利用 Project 菜单新建工程

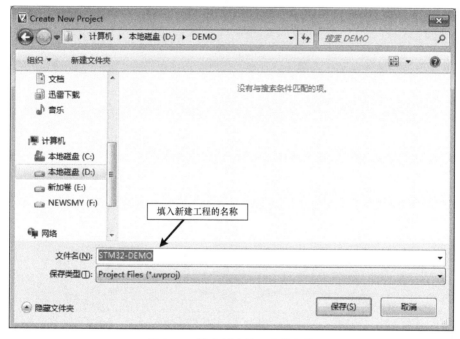

图 2-9　设定新建的工程的名称

在图 2-9 中,选择的工程路径位置和填写的工程名称都应该不含有中文和空格,这样可以避免出现语言兼容问题。在填入新建工程的名称后,单击界面的"保存(S)"按钮,软件将弹出图 2-10 所示的对话框。

在图 2-10 中,选择"STM32F103VB",这是项目开发使用的芯片类型,之后单击"OK"按钮,软件将弹出图 2-11 所示的对话框。

在图 2-11 所示的对话框中,软件询问是否帮助用户添加启动代码到工程中。启动代码可以完成芯片的配置和初始化,是芯片正常工作的必需代码。由于后期可以从意法半导体的官方网站获取最新的启动代码,因此此处选择"否(N)"。之后,一个空白工程创建完成。本书将在该工程的基础上,不断增加代码和功能,实现预期目标。

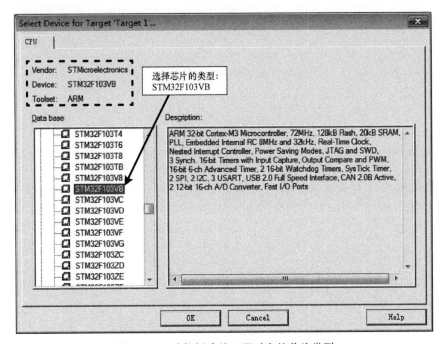

图 2-10 选择新建的工程对应的芯片类型

图 2-11 询问是否添加启动代码的对话框

2.3 编辑工程文件

新建立完成空白工程文件"STM32-DEMO"后，Keil μVision 的运行界面如图 2-12 所示。在左侧显示的工程信息中，缺省的设备名称为"Target 1"，并包含一个名称为"Source Group 1"的子文件夹。单击软件"File"菜单的"Save All"子项，保存工程所有信息。

第 2 章 软件开发环境介绍

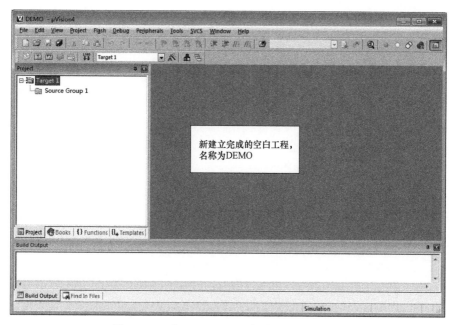

图 2-12 在 Keil μVision 中建立的空白工程

利用 Windows 操作系统自带的资源管理器或者类似的软件工具查看生成的文件，如图 2-13 所示。其中"STM32-DEMO.uvproj"为工程文件，其余文件可不予关注。

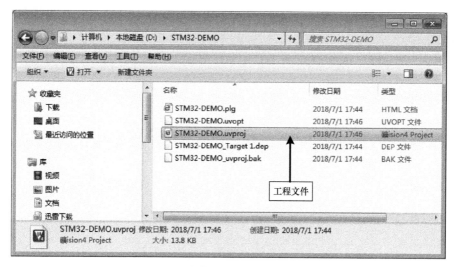

图 2-13 空白工程及对应的资源文件

在工程"STM32-DEMO"所在的目录下新建 3 个文件夹，名称分别为"USER"、

"LIB"和"OUTPUT"。3个文件夹分别用来保存用户提供的文件、芯片库文件、以及 Keil μVision 生成的文件，如图 2-14 所示。

图 2-14 在工程目录中增加 3 个文件夹及相关文件

在"USER"文件夹中新建一个 C 语言文件 main.c，并编写代码（表 2-1），该代码调用库函数初始化芯片后，进入一个无穷循环。

表 2-1 包含芯片初始化的最小程序

序号	代码	注释
1	#include "stm32f10x.h"	包含芯片库文件的头文件
2	int main(void)	代码入口 main()函数
3	{	函数开头
4	SystemInit();	调用库文件函数初始化芯片
5	while(1)	永远循环
6	{	while 语句块起始
7	static int i = 0;	定义静态变量 i，并设置初值为 0
8	i+ = 1;	变量 i 自加 1
9	}	while 语句块结束
10	}	函数结束

在 LIB 文件中加入如表 2-2 所示的芯片库文件，共有 53 个。文件可以从芯片制造商的官方网站 www.st.com 中下载。

表 2-2 芯片库文件

序号	文件名称	说明
1	core_cm3.c	芯片内核函数 C 语言源文件
2	core_cm3.h	芯片内核函数 C 语言头文件
3	misc.c	芯片的 NVIC（内嵌向量中断控制器）模块处理函数 C 语言源文件
4	misc.h	芯片的 NVIC（内嵌向量中断控制器）模块处理函数 C 语言源文件
5	startup_stm32f10x_md.s	芯片的启动代码文件
6	stm32f10x.h	芯片的外设寄存器的定义和内存分配
7	stm32f10x_adc.c	芯片的 ADC 模块的处理函数 C 语言源文件
8	stm32f10x_adc.h	芯片的 ADC 模块的处理函数 C 语言头文件
9	stm32f10x_bkp.c	芯片的 BKP（Backup Registers，备份寄存器）模块的处理函数 C 语言源文件
10	stm32f10x_bkp.h	芯片的备份寄存器模块的处理函数 C 语言头文件
11	stm32f10x_can.c	芯片的 CAN 通信模块的处理函数 C 语言源文件
12	stm32f10x_can.h	芯片的 CAN 通信模块的处理函数 C 语言头文件
13	stm32f10x_conf.h	芯片的库配置 C 语言头文件
14	stm32f10x_crc.c	循环冗余校验（Cyclic Redundancy Check，CRC）处理函数 C 语言源文件
15	stm32f10x_crc.h	循环冗余校验处理函数 C 语言头文件
16	stm32f10x_dac.c	芯片的数模转换器（Digital to Analog Converter，DAC）模块处理函数 C 语言源文件
17	stm32f10x_dac.h	芯片的数模转换器模块处理函数 C 语言头文件
18	stm32f10x_dbgmcu.c	调试芯片所使用的函数 C 语言源文件
19	stm32f10x_dbgmcu.h	调试芯片所使用的函数 C 语言头文件
20	stm32f10x_dma.c	芯片的 DMA 模块处理函数 C 语言源文件
21	stm32f10x_dma.h	芯片的 DMA 模块处理函数 C 语言头文件
22	stm32f10x_exti.c	芯片的外部中断（External Interrupt，EXTI）模块处理函数 C 语言源文件

续表

序号	文件名称	说　明
23	stm32f10x_exti.h	芯片的外部中断处理函数 C 语言头文件
24	stm32f10x_flash.c	芯片的操作 FLASH 存储器的处理函数 C 语言源文件
25	stm32f10x_flash.h	芯片的操作 FLASH 存储器的处理函数 C 语言头文件
26	stm32f10x_fsmc.c	芯片的灵活静态内存控制器（Flexible Static Memory Controller，FSMC）模块处理函数 C 语言源文件
27	stm32f10x_fsmc.h	芯片的 FSMC 处理函数 C 语言头文件
28	stm32f10x_gpio.c	芯片的通用功能输入输出端口（General Purpose Input Output，GPIO）模块处理函数 C 语言源文件
29	stm32f10x_gpio.h	芯片的 GPIO 模块处理函数 C 语言头文件
30	stm32f10x_i2c.c	芯片的 I2C 模块处理函数 C 语言源文件
31	stm32f10x_i2c.h	芯片的 I2C 模块处理函数 C 语言头文件
32	stm32f10x_it.c	芯片的中断服务模块函数 C 语言源文件
33	stm32f10x_it.h	芯片的中断服务模块函数 C 语言头文件
34	stm32f10x_iwdg.c	芯片的独立看门狗（Independent Watch Dog，IWDG）模块处理函数 C 语言源文件
35	stm32f10x_iwdg.h	芯片的独立看门狗模块的处理函数 C 语言头文件
36	stm32f10x_pwr.c	芯片的电源控制模块（Power Control，PWR）处理函数 C 语言源文件
37	stm32f10x_pwr.h	芯片的电源控制模块处理函数 C 语言头文件
38	stm32f10x_rcc.c	芯片的复位与时钟控制模块（Reset and Clock Control，RCC）处理函数 C 语言源文件
39	stm32f10x_rcc.h	芯片的复位与时钟控制模块处理函数 C 语言头文件
40	stm32f10x_rtc.c	芯片的实时时钟（Real-time Clock，RTC）模块处理函数 C 语言源文件
41	stm32f10x_rtc.h	芯片的实时时钟模块处理函数 C 语言头文件
42	stm32f10x_sdio.c	芯片的安全数字输入输出接口（Secure Digital Input/Output Interface，SDIO）模块处理函数 C 语言源文件
43	stm32f10x_sdio.h	芯片的安全数字输入输出接口模块处理函数 C 语言头文件
44	stm32f10x_spi.c	芯片的 SPI 模块处理函数 C 语言源文件

续表

序号	文件名称	说明
45	stm32f10x_spi.h	芯片的 SPI 模块处理函数 C 语言头文件
46	stm32f10x_tim.c	芯片的定时器（Timer，TIM）模块处理函数 C 语言源文件
47	stm32f10x_tim.h	芯片的定时器模块处理函数 C 语言头文件
48	stm32f10x_usart.c	芯片的广义同步异步收发器（Universal Synchronous Asynchronous Receiver Transmitter，USART）模块处理函数 C 语言源文件
49	stm32f10x_usart.h	芯片的广义同步异步收发器模块处理函数 C 语言头文件
50	stm32f10x_wwdg.c	芯片的窗口看门狗（Window Watch Dog，WWDG）模块处理函数 C 语言源文件
51	stm32f10x_wwdg.h	芯片的窗口看门狗模块处理函数 C 语言头文件
52	system_stm32f10x.c	芯片设备外设模块处理函数 C 语言源文件
53	system_stm32f10x.h	芯片设备外设模块处理函数 C 语言头文件

文件夹"OUTPUT"用于存储软件 Keil μVision 生成的文件。

在 Keil μVision 中，右击左侧设备"Target 1"，在弹出的菜单中选择"Manage Components..."，如图 2-15 所示，将弹出组件管理对话框。

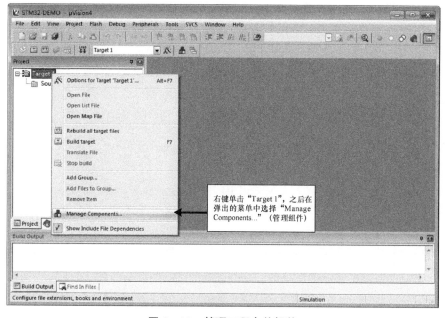

图 2-15 管理工程文件组件

在组件管理对话框的第 1 列中，修改工程目标为"STM32-DEMO"，并单击"Set as Current Target"。在第 2 列中新建 3 个条目，名称分别为"USER"、"LIB"和"OUTPUT"。之后在第 2 列中单击条目"USER"，然后单击第 3 列下方的"Add Files"按钮，选择工程文件目录下"USER"文件夹中的全部文件并添加。

按照同样的方式，第 2 列中单击条目"LIB"，然后单击第 3 列下方的"Add Files"按钮，选择工程文件目录下"USER"文件夹中的全部文件并添加。配置完成后的界面如图 2-16 所示，单击"OK"按钮后关闭对话框。

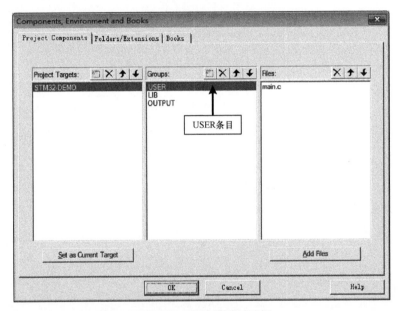

图 2-16 组件管理对话框

为了使用程序可以正确找到库文件，在 Keil μVision 左侧的项目栏中右键单击"STM32-DEMO"，之后在弹出的菜单中选择"Options for Target 'STM32-DEMO'..."，如图 2-17 所示，弹出的对话框如图 2-18 所示。

在图 2-18 中，选中"Use MicroLIB"复选框，然后切换到"Output"标签页，如图 2-19 所示。

在图 2-19 中，单击"Select Folder for Objects..."，选择工程文件夹中的"OUTPUT"目录。选中"Create HEX File"复选框，切换到"C/C++"标签页，如图 2-20 所示。

第 2 章 软件开发环境介绍　17

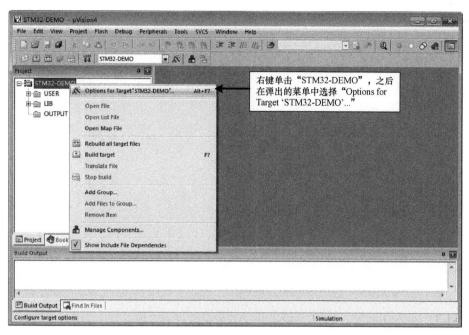

图 2-17　启动修改目标选项的对话框

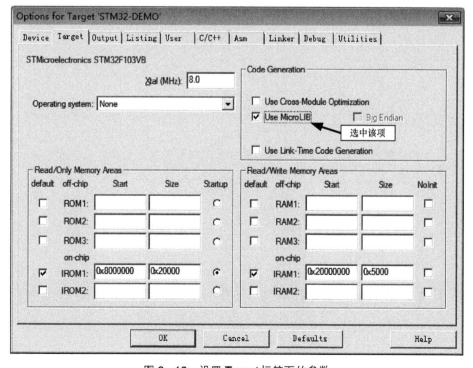

图 2-18　设置 Target 标签页的参数

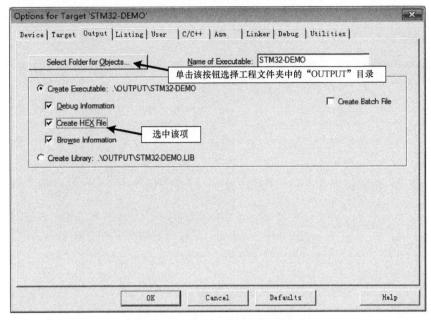

图 2-19 设置 Output 标签页的参数

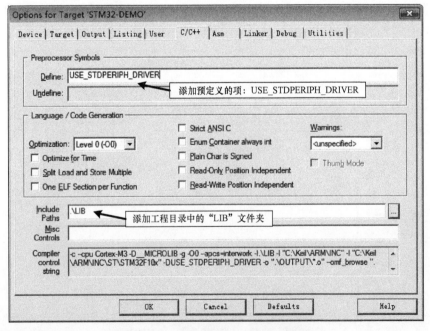

图 2-20 设置 C/C++ 标签页的参数

在图 2-20 中，添加预定义的项 "USE_STDPERIPH_DRIVER"。并且在 "Include Paths" 文本框中，添加工程目录中的 "LIB" 文件夹，完成后即可以在 "Compiler control string" 文本框中看到 ".\LIB" 字符串。

单击不同的标签页，切换到 "Debug" 标签页，如图 2-21 所示。选择使用 J-LINK 仿真器 "Cortex-M/R J-LINK/J-Trace"。

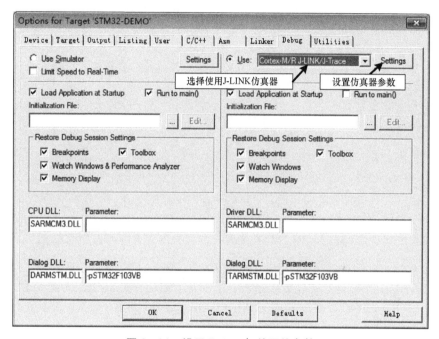

图 2-21 设置 Debug 标签页的参数

在图 2-21 中单击设置仿真器参数的按钮 "Settings"，将弹出设置仿真器参数的对话框，如图 2-22 所示。

在设置仿真器参数的对话框中，选中 "Reset and Run"，则程序烧写入芯片后会自动运行。单击 "Add" 按钮，添加适合于芯片的烧写算法，选择适用于 STM32F103VBT7 的烧写算法，如图 2-23 所示。

由于项目中使用的芯片是 STM32F103VBT7，芯片内的 FLASH 存储容量为 128 k，所以选择 "STM32F10x Med-density Flash"。

在设置完成 "Debug" 标签页之后，切换到 "Utilities" 标签页，选择使用 J-LINK 仿真器 "Cortex-M/R J-LINK/J-Trace"，如图 2-24 所示。

设置完成参数后，在软件用户界面左侧的项目栏中双击 "main.c" 文件，程序界面如图 2-25 所示，可以对 main.c 文件进行编辑和修改。单击工具栏中的 "Rebuild" 按钮，可以对工程中所有代码进行编译，结果将显示在软件界面的下方。

当代码正确且编译、链接完成后,将产生可供烧写的文件。

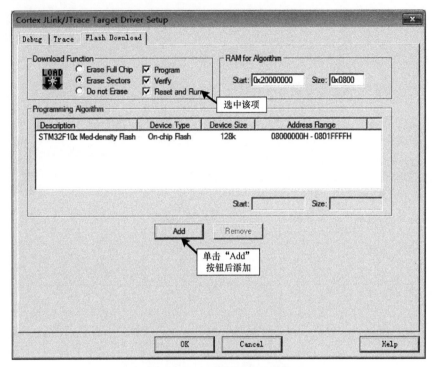

图 2-22 设置仿真器的参数

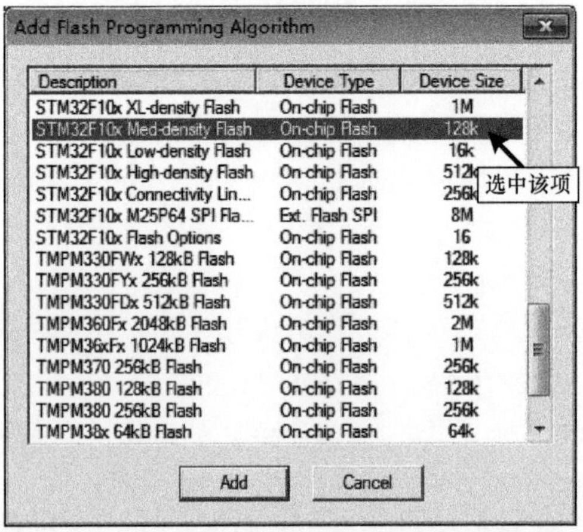

图 2-23 选择仿真器使用的烧写算法的对话框

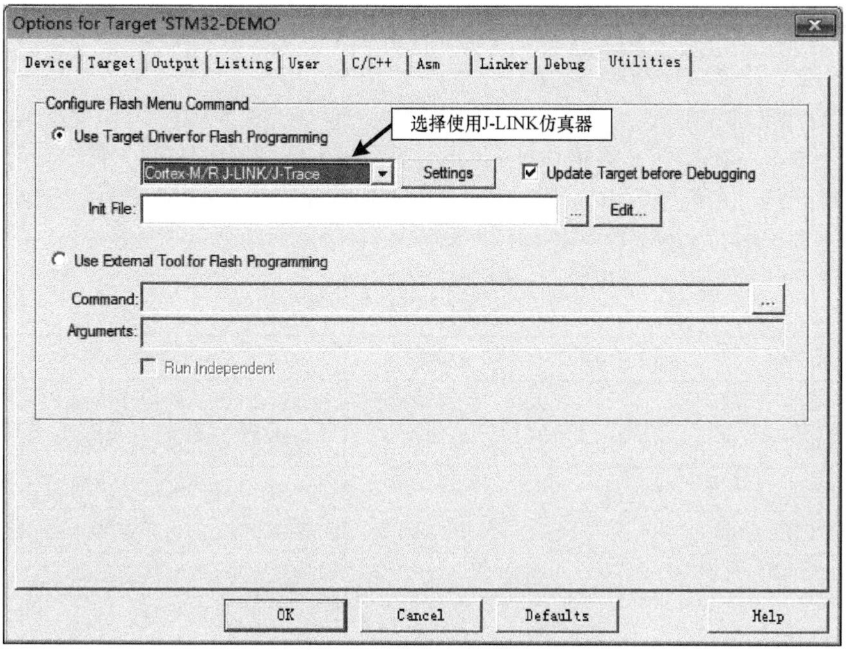

第 2 章 软件开发环境介绍　21

图 2-24　设置 Utilities 标签页的参数

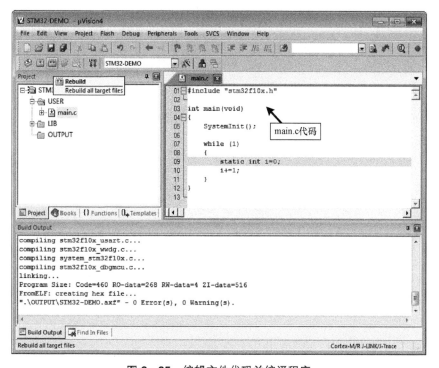

图 2-25　编辑文件代码并编译程序

2.4 下载和调试程序

采用 J-LINK 仿真器将计算机 USB 接口与 STM32F103VBT7 芯片的 JTAG 接口进行连接，在电路板上完成后，即可以进行程序烧写。ARM 芯片的 JTAG 接口的定义和连接关系如表 2-3 所示。

表 2-3　芯片 JTAG 信号连接关系

信号名称	相连的 ARM 芯片的管脚编号	信号的注意事项
JNTRST	90	使用 2 kΩ 的电阻连接到 3.3 V
JTDI	77	使用 2 kΩ 的电阻连接到 3.3 V
JTMS	72	使用 2 kΩ 的电阻连接到 3.3 V
JTCK	76	使用 2 kΩ 的电阻连接到信号地
JTDO	89	使用 2 kΩ 的电阻连接到 3.3 V
NRST	14	使用 2 kΩ 的电阻连接到 3.3 V；使用 0.1 μF 的电容连接到信号地

单击软件界面的"Download"按钮，如图 2-26 所示。根据软件界面下方窗口

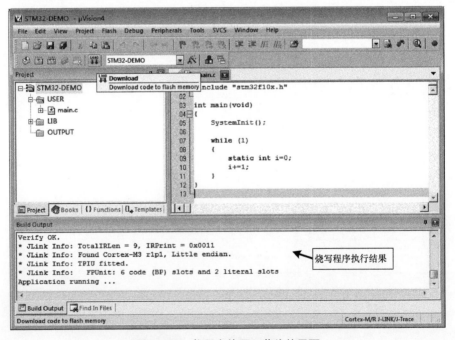

图 2-26　将程序烧写入芯片的界面

的提示消息，可以判断程序是否已经成功烧入芯片。当程序烧写完成后，芯片会自动复位并运行，此时新烧写的程序开始生效。

单击软件界面右上方的"Debug"按钮，即可进入调试模式，如图 2-27 所示。再次单击"Debug"按钮，将退出调试模式。

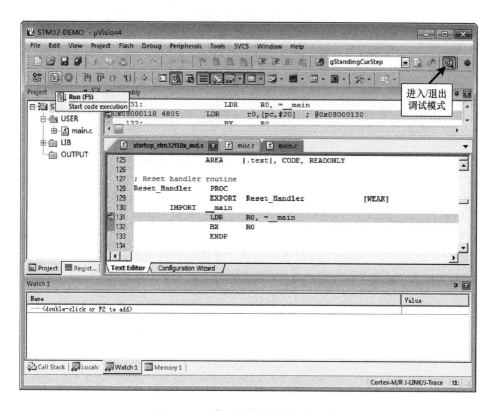

图 2-27 进入调试模式并运行程序

单击图 2-27 中的"Run"按钮，或者按快捷键"F5"，可以启动程序运行。单击图 2-28 中的"Stop"按钮，可以停止程序运行。单击图 2-29 中的"Step Over"按钮，可以使程序单步运行，方便观察程序的执行结果。

在图 2-29 中，可以将待观察的变量添加到监视框（见其中的 Watch 1 窗口），由此观察变量的数值。并且可以通过右键单击该变量，来修改变量的表现形式等属性。

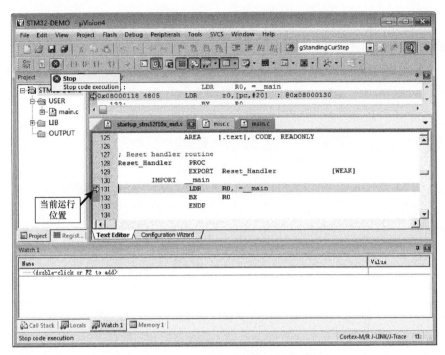

图 2-28 利用工具栏的按钮停止程序运行

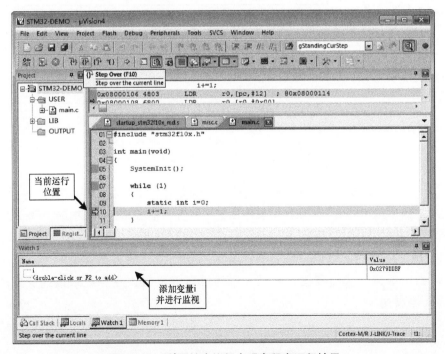

图 2-29 利用单步执行来观察程序运行结果

2.5 本章总结

本章介绍了 Keil μVision 软件的安装和使用方法，并在此基础上以开发 STM32F103VBT7 程序为例，介绍了如何新建工程、如何设置工程属性、如何安排组织系统源文件，形成了一个最小化的工程系统。基于该系统，本章演示了如何编译程序，以及如何进行程序烧写和调试。本书的后续章节中，将以最小工程系统为基础，不断添加新的代码和功能，实现预期目标。

第3章

Keil μVision 中的 C 语言编程

3.1 C语言简介

目前，在嵌入式系统中广泛采用 C 语言进行编程。采用 C 语言编写的程序具有代码简洁、运行效率高、维护性好等特点。

（1）C 语言允许对位、字节和地址等这些基本成分进行操作，这是低级语言具备而多数高级语言所不具备的特性。嵌入式系统受功耗、体积、成本等因素的限制，其内存等资源受限。利用该特性，可以方便地对控制芯片的寄存器进行操作，充分利用有限的硬件资源。

（2）C 语言支持多种数据类型，并允许数据类型转换，如字符型和整型数据都能够自由地混合在表达式中进行运算。

（3）C 语言的关键字少，语法简洁。关键字是编程语言中保留的单词和字母组合，这些单词和字母组合被编程语言赋予了特定的功能，采用这些关键字进行组合可以完成各种运算和逻辑功能。

（4）C 语言是结构化语言。它能够把执行某项功能的操作和数据在程序中加以分离，从而更加容易进行程序设计，更加易于维护和扩展。

（5）C 语言适用范围大。目前英特尔（Intel）、三星（Samsung）、德州仪器（Texas Instruments）、恩智浦（NXP）等公司生产的处理器芯片均支持使用 C 语言进行编程，这使用户编写的程序可以不经改动或者经过很少改动即可在另一种处理器芯片上运行，节省了开发时间和成本。

图 3–1 给出了利用 Keil μVision 开发基于 C 语言的程序的流程，其中编写 C 语言程序，经过编译链接后产生烧写文件，包含可运行在 STM32F103VBT7 中的代码指令，最终通过仿真器等方法将烧写文件写入芯片并运行。

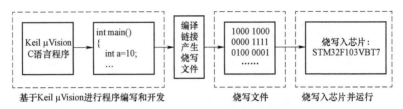

图 3-1 编写 C 语言程序流程

3.2 C语言的 main()函数

C 语言程序总是从 main()函数开始执行的。main()函数属于一种特殊的函数，整个 C 语言编写的程序可以看作若干函数的集合。

利用函数可以方便地对 C 语言程序代码进行封装和扩充。函数的本质是 C 语言中的一种代码块，各函数之间相互独立，而又可以进行互相调用，各函数都应符合图 3-2 中所示的形式。

```
返回值类型函数名称（参数列表）
{
    /*
    函数内部代码
    */

}
```

```
int main()
{
    /*
    函数内部代码
    */

}
```

图 3-2 C语言函数格式及示例

图 3-2 为 C 语言函数的格式，可以看出函数名称的前面为该函数的返回值类型，后面为参数列表。参数列表由一对小括号包含，可以为空。函数的主体实现由一对大括号包括，整个函数的结构很简洁。

图 3-2 还给出了一个简单的函数举例，该函数的名称为 main，没有参数列表，返回值类型为 int 型。

一个 C 语言程序必须有一个名称为 main 的函数。图 3-3 给出了一个 main()函数经过编译后的代码以及运行原理示意图。

在图 3-3 中所示的代码中，介于“/*”和“*/”之间的部分是程序的注释，也就是方便编程人员理解程序使用的。在编译链接环节，注释是不会被解释成二进制代码的，因此注释不具有任何可执行性。图 3-3 所示的程序可以正常编译和运行，但是没有任何运行结果，这是因为程序中没有任何程序代码。

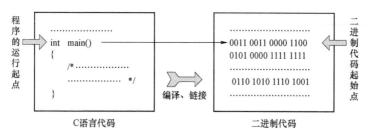

图 3-3 C 语言程序入口位置示意图

作为对比，图 3-4 中给出了在 Keil μVision 中编写的一个仅含有 main() 函数的 C 语言程序。程序将从第 3 行的 main() 函数开始执行。第 4 行和第 12 行的一对大括号之间的语句为 main() 函数的内容。

图 3-4 中给出的示例中，第 1 条语句设置编译时使用的头文件。第 3 条语句为 main() 函数的入口，程序将从此处开始运行。第 4 条语句的大括号为 main() 函数内容的开始。第 5 条语句执行函数 SystemInit，该函数在包含的头文件中有声明。

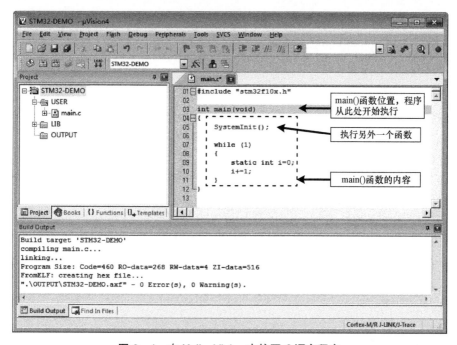

图 3-4 在 Keil μVision 中编写 C 语言程序

程序第 7 条语句为永久循环语句。第 8 条语句和第 11 条语句的一对大括号构成了一个循环语句块。具体来说，当第 7 条语句中的表达式成立的时候，将会执行循环语句块里的内容。执行完毕则重新判断第 7 条语句中的表达式是否成立，若成立则会再次执行循环语句块里的内容。当第 7 条语句中的表达式不成立时,则会执行第 11 条语句的下一条语句。

C 语言中判断表达式成立与否是通过将表达式求值后进行的,若求值后的数值为 1,则表示表达式成立,否则表示表达式不成立。而图 3-4 中,第 7 条语句"while(1)"中括号内的数值为 1,即恒成立。因此第 8 条语句的"{"和第 11 条语句的"}"构成了一个语句块里的代码会永远循环执行。

由于采用 C 语言编写的代码和经过编译、链接后形成的二进制代码在逻辑上是相同的,所以今后对 C 语言程序的解释亦即对相应的可执行代码的解释。本书会以变量、关键词、函数为主题,对 C 语言编程的相关知识进行介绍。

3.3 C 语言中的变量

3.3.1 变量的本质

在 C 语言中,要完成运算等功能,需要对若干个内存空间进行读取、修改等操作,为方便起见可以用一个名字来表示该内存空间,这个名字便称为变量。一个变量一旦被建立,在消除之前一直是不变的,如对于图 3-5 中,变量 a 对应的地址是 0xFF00,变量 b 对应的地址是 0xFF04,在编程中,只需要使用这个名称即可操作相应的内存。

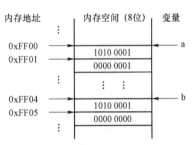

图 3-5 内存中的变量(8 位)

图 3-5 中,每个内存空间包含 8 个二进制数,即 8 个 bit,两个变量 a 和 b 对应的地址分别为 0xFF00 和 0xFF04。假如变量 a 和 b 分别均为 1 个字节,则变量 a 和 b 的值均为 1010 0001(二进制)。

本书给出了其执行时和执行后各变量在内存中的分布,其中的内存地址仅具有一般意义,因为不同的软硬件条件、不同的编译器版本,可能会影响运行时各变量在内存中的位置;但是各个变量所占的字节个数、各个变量的相对位置关系是固定的。

3.3.2 变量的名称规范

C 语言中的变量名称需要符合相应的规范,具体包括以下内容。
(1)变量名称以英文字母或下划线开头。
(2)变零名称除开头外,其余字符可以用字母、数字或下划线构成。
(3)变量名称不能是关键字。

(4) 变量名称区分大小写,如变量 a 和变量 A 是两个变不同的变量。

其中关键字是 C 语言中保留的单词或字母组合,表 3-1 给出了几种变量名称及相关分析。

表 3-1 几种变量名称诊断

名称	是否正确	备注
2number	否	不符合规则(1),应以英文字母或下划线开头
number2	是	符合所有规则
counter?	否	不符合规则(2),变量头之后只能用字母、数字和下划线
counter_	是	符合所有规则
void	否	不符合规则(3),与 C 语言关键字冲突
_void	是	符合所有规则

3.3.3 变量的声明和赋值

C 语言规定,在使用一个变量之前必须对其进行声明。声明一个变量的方式如图 3-6 所示,其中数据类型可以是 C 语言支持的基本数据类型如整型、字符型等,也可以是高级数据类型如数组、结构体、指针等。结尾应分号表示语句结束。C 语言规定各语句之间均应用分号隔开,为了便于阅读,一般一条语句占据一行。声明之后的变量就可以使用了,其数值为随机数,这是因为声明一个变量实际上是给一段内存起个名字,这段内存之前的数据是随机的。

(a) 数据类型变量1;
(b) 数据类型变量1,变量2;
(c) 变量1=值;
(d) 变量1=变量2;
(e) 数据类型变量1=值;

图 3-6 变量的声明和赋值方法

图 3-6(a)和图 3-6(b)介绍了如何声明一个变量以及多个变量,当同时声明多个变量时,各变量之间用逗号进行分隔。

图 3-6(c)、图 3-6(d)则显示了如何给一个已经声明的变量进行赋值。赋值语句的左侧为要进行赋值的变量,语句执行后变量的数值便与等号右侧的数值相等。程序中,变量可以进行多次赋值,完成数据记录、更新等操作。

可以将变量的声明和赋值结合在一个语句中,如图 3-6(e)所示,该语句既声明了变量,同时变量也被赋值为指定值。C 语言中的数字既支持十进制,又支持十六进制,其中十六进制数以 0x 作开头,如 0x10 表示 16,0x0f 表示 15。

表 3-2 给出了声明变量并进行赋值的代码示例，共有 9 条语句。其中语句（4）声明了整型变量 a；语句（5）声明了整型变量 b；语句（6）声明了一个整型变量 c 并将其数值修改为 0x10。语句（7）将 1 赋值给变量 a；语句（8）通过赋值，将 a 的数值赋给 b；在语句（8）执行后，内存中一共有 a、b、c 3 个变量，值分别为 1、1、16。3 个变量的生存期是由语句（3）和语句（9）中的一对大括号包含的区域。

表 3-2 变量声明和赋值代码示例

序号	代码	注释
1	#include " stm32f10x.h "	包含库头文件
2	void main()	main()函数声明
3	{	代码块开始
4	int a;	声明整型变量 a
5	int b;	声明整型变量 b
6	int c = 0x10;	声明整型变量 c，初值为 16
7	a = 1;	变量 a 设置为 1
8	b = a;	设置变量 b 的值
9	}	代码块结束

3.3.4 基本数据类型

C 语言支持多种数据类型，不同的数据类型在数据长度，是否有符号等方面各有不同，在使用各变量时候根据其数据类型即可确定其大小。例如，当规定 a 为字符型（char）时候，a 就表示了一个内存单元的内容。

C 语言中的基本数据类型如下表所示，主要有无值型（void）、字符型（char）、整型（int）、单精度浮点型（float）和双精度浮点型（double）。

3.3.4.1 无值型

void 属于一种特殊的数据类型，类型为 void 的变量所占的字节数为 0，因此这个变量实际上是不存在的，所以 void 是不能直接用来声明一个变量。

3.3.4.2 字符型

C 语言中的字符型变量所占的空间是一个字节。ASCII 码表建立了字符与数据之间的关系，将英文字母、数字、英文标点等多种字符分别与 0x00~0xff 之间的唯一的数字对应（称此数字为该字符的 ASCII 码）。

根据 ASCII 码表，字符 "A" 小于 "a"，因为 "A" 的 ASCII 码为 65，而 "a"

的 ASCII 码为 97。字符"B"大于数字 10，因为字符"B"的 ASCII 码为 66。字符"9"大于数字 9，因为字符"9"的 ASCII 码为 57。

字符型数据类型还可以在前面加上前缀 unsigned，构成无符号字符型（unsigned char）数据类型。例如对于字符型变量 a 和无符号字符型变量 b，二者对应的内存空间中的数据均为 0xff，则在实际运用中，a 为 −1（此时 a 是有符号数，−1 的补码为 0xff，0xff 的原码是 −1），b 为 255（此时 b 是无符号数，255 的补码是 0xff，0xff 的原码是 255）。这是因为二者的数据类型不同，编译器会相应编译出不同的二进制代码。

字符型数据类型在前面加上前缀 signed，构成有符号字符型（signed char）数据类型，与 char 型数据类型等价。

3.3.4.3 整数型

C 语言中整型数据所占的字节个数与编译器版本、操作系统版本、硬件版本有关。虽然有些环境下整型数据所占的字节个数是 2（16 位），有些环境下所占的字节个数是 4（32 位），但是原理都是相通的。本文介绍的是整型数据所占字节个数为 4 的情形。

整数型变量类型根据前缀是 signed 还是 unsigned 可以分为有符号整数（signed int）型和无符号整数（unsigned int）型。二者的区别是所代表的数字是否有符号，即是否有正数、负数之分。例如对于两个整型变量 a 和 b，分别是有符号整数型和无符号整数型，则假设二者对应的内存空间中的数据均为 0xffffffff，则 a 为 −1（此时因为 a 为有符号数，−1 的补码是 0xffffffff，0xffffffff 的原码是 −1），b 为 4294967295（此时因为 b 为无符号数，4294967295 的补码是 0xffffffff，0xffffffff 的原码是 4294967295，$2^{32}-1=4294967295$）。

有符号整数型与整型等价，在使用整型数据中，如果不写前缀，则默认是有符号整数型。

int 类型前面还可以加上 long 和 short 前缀，从而形成新的数据类型，改变所占的字节数，起到提高效率、节约内存等作用。具体来说，添加 long 的 int 变量类型占 4 个字节，而添加 short 的 int 变量类型占 2 个字节。

3.3.4.4 单精度浮点型

C 语言中，单精度浮点型占据的字节数为 4，且均为有符号数，也就是说用 unsigned 或 signed 来做前缀修饰单精度浮点型是没有意义的。

3.3.4.5 双精度浮点型

双精度浮点型与单精度浮点型很相似，不同的是，双精度浮点型占据的字节数为 8，因而可以表达更高精度的小数。双精度浮点型同样是有符号数。

3.3.5 基本数据类型变量的声明和赋值

3.3.5.1 字符型变量的声明和赋值

字符型变量主要包括有符号和无符号两种类型。可以用等号对字符型变量进行赋值，等号右侧的字符型变量或常数的值将会传递给等号左侧的字符型变量。

表 3-3 中，语句（4）声明了 a、b、c 三个有符号字符型变量；语句（5）声明了一个无符号字符型变量；对于能用符号表示的字符可直接用单引号括起来表示，如 "!" "@" "#" 'a' '9' 'Z' 等，语句（6）示范了如何将字符 "!" 赋给变量 a；语句（7）是采用字符的 ASCII 码的形式进行赋值，实现了将 "!" 赋给变量 b；语句（8）则示范了在变量之间的赋值，将变量 a 赋给了变量 c，语句（8）执行完毕后，变量 a、b、c 的值均为 "!"，而变量 d 的值为随机数。查看 a、b、c 的内存空间，三者的二进制数据均为 "0010 0001"。

表 3-3 字符型变量的操作代码举例

序号	代码	注释
1	#include "stm32f10x.h"	包含库头文件
2	void main()	main()函数声明
3	{	代码块开始
4	char a,b,c;	声明 a、b、c 三个有符号字符型变量
5	unsigned char d;	声明 d 为无符号字符型变量
6	a = '!';	将字符叹号赋值给字符变量 a
7	b = 33;	将 33 赋值给变量 b，33 是字符 "!" 的 ASCII 码
8	c = a;	将变量 a 的值赋给变量 c
9	}	代码块结束

一些不能用符号表示的控制符，只能用 ASCII 码值来表示，如需要将换行符赋值给一个字符型变量时，可以将其相应的 ASCII 码（换行符对应 10）赋值给该变量，当然期间也可以用十六进制的方式表示常数 10，为 0xA。此外，对于某些特殊符号，C 语言提供了相应的替代符号。表 3-4 列出了一些典型的特殊符号的信息。

表 3-4 特殊符号的名称和数值信息

特殊符号名称	ASCII 码	十六进制	C 语言提供的替代符号
跳格符	9	0x9	'\t'
换行符	10	0xa	'\n'
换页符	12	0xc	'\f'
回车符	13	0xd	'\r'
双引号	34	0x22	'"'或'\"'
单引号	39	0x27	'\''
转义符	92	0x5c	'\\'

表 3-4 中，为了对指定的特殊符号进行表示，C 语言采用的方法是利用符号"\"和特殊字符一同组成新的字符组合来表示新的意义。符号"\"的这种功能称为转义，所以 C 语言中，成符号"\"为转义符。C 语言编译器在编译源代码时，如果发现"\"，则判断其与后续的字符是否形成固定的组合，如果出现，则将该组合看作一个字符，用相应的 ASCII 码进行替代，否则才将"\"看作斜杠符号。

表 3-5 中，声明了 3 个字符型变量，分别为 a、b 和 c。分别采用了三种形式对变量进行赋值，执行完毕后 3 个变量的数值均为 13。

表 3-5 转义符的使用方法示例

序号	代码	注释
1	#include "stm32f10x.h"	包含库头文件
2	void main()	main()函数声明
3	{	代码块开始
4	char a = '\r';	声明整型变量 a，值为 13
5	char b = 13;	声明整型变量 b，值为 13
6	char c = 0xd;	声明整型变量 c，值为 13
7	}	代码块结束

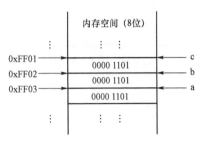

图 3-7 变量分布图

图 3-7 为各变量在内存中的分布,可以看出,3 个变量所对应的内存中的数据相同,且各占据一个字节的空间。

3.3.5.2 整型变量的声明和赋值

表 3-6 给出了声明整型变量的方法以及如何对整型变量进行操作。使用等号对整型变量进行赋值,等号右侧的变量、常数或者表达式的值将会传递给等号左侧的变量。

表 3-6 整型变量的声明与操作示例

序号	代码	注释
1	#include "stm32f10x.h"	包含库头文件
2	void main()	main()函数声明
3	{	代码块开始
4	int a,b,c,f;	声明有符号整型变量 a、b、c、f
5	unsigned int d,e;	声明无符号整型变量 d、e
6	a = 100;	将十进制数 100 赋给变量 a
7	b = 0144;	将八进制数 144 赋给变量 b
8	c = 0x64;	将十六进制数 64 赋给变量 c
9	f = a;	将变量 a 的值赋给变量 f
10	}	代码块结束

表 3-6 中,语句(4)声明了四个有符号整型变量;语句(5)声明了两个无符号整型变量 d 和 e;语句(6)将十进制数 100 的值赋给了 a;语句(7)将八进制数 144 的值赋给了 b;语句(8)将十六进制数 64 的值赋给了 c;语句(9)则示范了在变量之间的赋值,将变量 a 的值赋给了变量 f。执行完毕后,a、b、c 和 f 的值均为 100,而 d 和 e 为随机数。查看变量 a、b、c 和 f 的内存空间可知,四个变量的二进制数据均为"0000 0000 0000 0000 0000 0110 0100"。

表 3-6 同时也演示了常数的三种表示方法,分别为:十进制数(以非 0 开始的数,如 220、-560、45 900)、八进制数(以 0 开始的数,如 06、0106、057)、十六进制数(以 0X 或 0x 开始的数,如 0X0D、0XFF、0x4e)。另外,可在整型常数

后添加一个"L"或"1"字母表示该数为长整型数，如 22L、0773L、0Xae4L 等。

图 3-8 为中各变量在内存中的分布，可以看出，变量 a、b 和 c 所对应的内存中的数据相同，且各占据 4 个字节的空间。

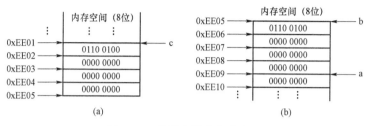

图 3-8 整型变量内存分布图

3.3.5.3 浮点型变量的声明和赋值

浮点型数据类型分为单精度浮点型和双精度浮点型，二者的主要区别在于所占的字节数和精度不同，其中单精度浮点型占 4 个字节，而双精度浮点型占 8 个字节。浮点型变量的声明如表 3-7 中的代码所示。

表 3-7 浮点型变量的声明与操作示例

序号	代码	注释
1	#include "stm32f10x.h"	包含库头文件
2	void main()	main()函数声明
3	{	代码块开始
4	float a,b,c,d,e;	声明浮点型变量 a、b、c、d、e
5	a = 0.22;	将 0.22 赋给变量 a
6	b = -.22;	将 -0.22 赋给变量 b
7	c = -0.35e-2;	将 -0.003 5 赋给变量 c
8	d = -.35e-2;	将 -0.003 5 赋给变量 d
9	e = a;	将变量 a 的值赋给变量 e
10	}	代码块结束

图 3-7 中，语句（4）声明了 a、b、c 三个单精度浮点型变量；语句（5）将 0.22 的值赋给了 a；语句（6）将 -0.22 赋给了 b，绝对值小于 1 的浮点数，其小数

点前面的零可以省略,因此此处写成了 -.22;语句(7)将 -0.003 5 赋给了 c,这里采用了科学计数法的一种浮点数的表达方法;语句(8)将 -0.003 5 赋给了 d,这里仍然使用科学计数法,但是省略了小数点前面位的 0;语句(9)则示范了在变量之间的赋值,将变量 a 赋给了变量 e,语句(9)执行完毕后,a 为 0.22,b 为 -0.22,c 和 d 均为 -0.003 4,e 为 0.22。浮点数只能使用十进制表述方式,双精度浮点型变量的声明和赋值方法与单精度浮点型变量的声明和赋值方法基本相同,将 float 用 double 替换即可。

3.3.5.4 基本数据类型之间的相互转换

C 语言支持基本数据类型的相互转换,其方法为在需要进行数据类型转换的变量前加上数据类型(数据类型用小括号包含),具体的示例代码如表 3-8 所示。

表 3-8 基本数据类型之间的相互转换

序号	代码	注释
1	#include "stm32f10x.h"	包含库头文件
2	void main()	main()函数声明
3	{	代码块开始
4	int a;	声明整型变量 a
5	char b;	声明字符型变量 b
6	float c;	声明浮点型变量 c
7	short d;	声明短整型变量 d
8	a = 0x12345678;	设置变量为 0x12345678
9	b = (char)a;	设置变量 b 的值
10	c = (float)a;	设置变量 c 的值
11	d = (short)a;	设置变量 d 的值
12	}	代码块结束

3.3.6 高级数据类型

3.3.6.1 枚举型

存在某种类型的变量,其仅可以取若干个数值中的一个。例如有一种用来表示身高的变量类型,a 是该类型的一个变量,其取值为 0、1 或者 2,共三种值。其中

0 表示矮，1 表示中等，2 代表高，显然这不同于之前介绍的变量类型。虽然此时仍可以采用折中的办法，将变量 a 仍然声明为 int 型，在赋值的时候记得只可以赋 0、1、2 中的某个值。但是这样应用很不方便，而且在阅读程序的时候还要查阅相关的程序说明才能知道 0、1、2 究竟代表什么意思。

使用 C 语言中的枚举型变量是解决该问题的一个好办法。若变量 a 只可以取 0、1、2 三个值，分别代表瘦、中等和胖，则可以应用枚举建立相应的标识符（如 THIN、MIDDLE、FAT，标识符的名称规范同变量的名称规范），并在之后用等号将 THIN、MIDDLE 和 FAT 的值赋给变量 a。请看 enum 类型变量的声明。

图 3-9 给出了 enum 类型变量的声明格式，其中 a 为声明的变量。其中大括号内为取值列表，具体来说也就是之前列举的 THIN、MIDDLE 等标识符，在声明的同时还可以为各标识符赋值。

```
(a) enum 类型名 {标识符1=整型常数1, 标识符2=整型常数2, …}a;
(b) enum 类型名 {标识符1=整型常数1, 标识符2=整型常数2, …};
    类型名 a;
```

图 3-9　enum 类型变量的声明

图 3-10 为相应的代码示例，其中用 person 作为类型名，该类型可取的三个值分别用 THIN、MIDDLE 和 FAT 表示，同时三者分别赋值 0、1、2。这样声明的变量 a 仅可以取 THIN、MIDDLE 和 FAT 三者之一，同时其取值具有可读性。当省略了对 THIN、MIDDLE、FAT 的赋值时，默认从 0 开始。图中还给出了在声明变量 a 后，将 a 设置为 FAT 和 THIN 的操作语句。

```
(a) enum person{THIN=0, MIDDLE=1, FAT=2}a;      (c) enum person{THIN, MIDDLE, FAT}a;
(b) enum person{THIN=0, MIDDLE=1, FAT=2};       (d) enum person{THIN, MIDDLE, FAT};
    person a;                                        person a;
例如: a=FAT;                                    例如: a=THIN;
```

图 3-10　enum 类型变量声明代码举例

3.3.6.2　数组型

数组型变量在编程中应用十分广泛，其本质是内存中的若干连续的空间，每个空间的长度和数据类型由数组的声明语句决定，通过对内存中数组的分布即可理解数组型变量的原理。C 语言对数组提供了很好的支持，访问数组成员的方法多种多样，是编写 C 语言程序常常用到的数据类型。

1. 概念及声明

数组是一种数据组合，其声明方式为"数据类型+变量名+［数组长度］"，声明一个数组变量后,便在内存中出现了"数组长度"个连续的空间,每个空间的数据类型由声明语句中的"数据类型"项指定,如图 3-11 所示。图中给出了(a)、(b)、(c)、(d)四种声明数组的方式,其中(c)和(d)还同时完成了对数组成员的赋值。

(a) 数据类型变量1 [数组长度];	例如: char a [10];
(b) 数据类型变量1 [数组长度],变量2 [数组长度];	例如: char a [5],b[10];
(c) 数据类型变量1 []={值1,值2,…};	例如: char a []={1,2,3};
(d) 数据类型变量1 [数组长度] = {值1,值2,…};	例如: char a [5]={1,2,3,4,5};

图 3-11 数组型变量的声明和赋值

图 3-11(a)中声明了一个数组 a,数组长度为 10;图 3-11(b)中声明了两个数组变量 a 和 b,其中数组 a 的数组长度为 5,b 的数组长度为 10;图 3-11(c)中声明了一个数组变量 a,同时用三个值 1、2、3 给数组赋值(三个值用大括号包含,各值之间用","分隔),该语句虽然没有指明数组长度,但是由于值的个数为 3,所以数组的长度被限制为 3;图 3-11(d)中声明了一个数组变量 a,指明了数组 a 的长度为 5,同时将 5 个值 1、2、3、4、5 赋给了数组 a,此处由于已经指明了数组长度,因此等号右侧的数值的个数不能多于 5 个,当少于 5 个时,会从第一个成员开始赋值,不足的部分会自动补零。

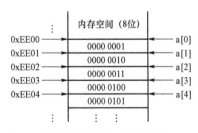

图 3-12 数组在内存中的分布

声明数组变量后,变量在内存中的分布如图 3-12 所示,同时还可以用变量+[序号]的方式访问各个数组成员。引入数组后不但增加了很多可用变量,而且由于这些变量是连续的,通过修改序号便可以访问各个变量,因此为实现一些循环、数据记录等功能提供了便利。

图 3-12 演示了数组在内存中的分布,由于每个 char 型变量所占字节个数为 1,因此数组 a 从内存地址 0xEE00 开始,数组的 5 个成员所占的内存空间分别为 0xEE00、0xEE01、0xEE02、0xEE03、0xEE04,访问各数据成员依次用 a [0]、a [1]、a [2]、a [3]、a [4] 即可。

2. 多维数组

数组变量的声明语句中,若变量后只有一对中括号,这种数组称为一维数组。例如语句 int a [5] 即声明了一维数组变量,数组的成员为 a [0]、a [1]、a [2]、a [3]、a [4]。其中,中括号内的数字为数组下标。在多维数组情况下,变量后的中括号多于一组。图 3-13 所示即为二维数组的声明和赋值，相应的代码示例如图 3-14 所示。

```
(a) 数据类型变量1 [数组长度1] [数据长度2];
(b) 数据类型变量1 [数组长度1] [数据长度2], 变量2[数组长度3] [数据长度4], …;
(c) 数据类型变量1 [数组长度1] [数据长度2] = {{值1, 值2, …}, {值3, 值4, …}, …};
(d) 数据类型变量1 [] [数据长度2] = {{值1, 值2, …}, {值3, 值4, …}, …};
(e) 数据类型变量1 [数组长度1] [数据长度2] = {值1, 值2, …};
(f) 数据类型变量1 [] [数据长度2] = {值1, 值2, …};
```

图 3-13 二维数组的声明和赋值

```
(a) char a[3][2];                        /*声明一个char型二维数组a*/
(b) char a[3][2],b[4][3];                /*声明两个char型二维数组a和b */
(c) char a[3][2]={{1,1},{2,2},{3,3}};    /*声明一个char型二维数组a并赋值*/
(d) char a[][2]={{1,1},{2,2},{3,3}};     /*声明一个char型二维数组a并赋值（省略下标1）*/
(e) char a[3][2]={1,1,2,2,3,3};          /*声明一个char型二维数组a并赋值*/
(f) char a[][2]={1,1,2,2,3,3};           /*声明一个char型二维数组a并赋值（省略下标1）*/
```

图 3-14 二维数组的声明和赋值代码

图 3-13 (a) 介绍了如何声明一个二维数组，图 3-14 (a) 为相应的代码，该代码声明了一个 3×2 的二维数组；图 3-13 (b) 示范了在一条语句中声明多个二维数组变量，图 3-14 (b) 为相应代码；图 3-13 (c) 介绍了如何在声明二维数组的同时为其赋值，图 3-14 (c) 为相应代码，声明了一个 3×2 的数组，等号右侧的大括号内包含三个数据 {1, 1}、{2, 2} 和 {3, 3}，这三个数据分别给二维数组的 3 个成员 a[0]、a[1] 和 a[2] 赋值（此时可以将 a[0]、a[1] 和 a[2] 看作 3 个变量，从而将二维数组退化为一维数组）；图 3-13 (d) 为图 3-13 (c) 的变种形式：省略了第一个方括号中的数组长度；图 3-13 (e) 在声明二维数组的同时，采用了连续赋值的方式给二维数组赋值，图 3-14 (e) 为相应的代码；图 3-13 (f) 为图 3-13 (e) 的变形：省略了第一个方括号内的数组长度。图 3-13 的 (b)、(c)、(d)、(e) 中，如果等号右侧提供的数值不够用，则会自动补零以实现对数组成员的赋值。

图 3-15 所示为采用图 3-14 (c) 语句后二维数组 a 在内存中的分布图，在这里假定计算机从内存 0xEE00 处开始为二维数组分配空间。数组变量的声明语句中，第一个方括号内数字为 3，第二个方括号内数字为 2。因此内存中会有 3 个内存块，每个内存块中包含 2 个 char 型数据。a[0]、a[1] 和 a[2] 分别代表了上述三个内存块的起始地址。对于 a[i][j] 来说（i=0, 1, 2 且 j=0, 1），它代表了二维数组中第 i 个内存块的第 j 个成员的值。

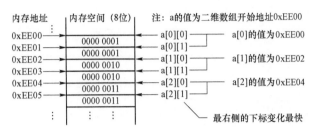

图 3-15 二维数组在内存中的分布图

根据二维数组在内存中的分布规律可知，最右侧的下标变化最快。多维数组在内存中的分布与二维数组在内存中的分布原理相同，一个三维数组的语句如图 3-16 中所示。其中字符型数组变量 a 的后方有 3 个方括号，因此数组为三维数组。此时，第一个方括号中的数字 2 对应于内存中的 2 个"数组内存块"，每个"数组内存块"中又包含 3 个"中等的内存块"，每个"中等的内存块"中又包含 2 个"最小的内存块"。每个最小的内存块即 1 个 char 型数据。

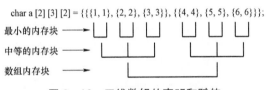

图 3-16 三维数组的声明和赋值

举例来说，图 3-16 中三维数组 a 的内存空间为 0xEE00～0xEE0B，共计 2×3×2=12 个 char 型数据空间（此处由于一个 char 型变量占 8 位，所以刚好也是 12 个字节），其内存分布图如图 3-17 所示。

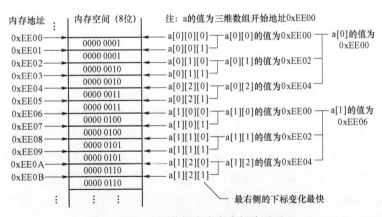

图 3-17 三维数组在内存空间中的分配

对于三维数组 a 来说，a [i] [j] [k]（i=0、1，j=0、1、2，k=0、1）代表了三维数组中第 i 个"数组内存块"的第 j 个"中等的内存块"的第 k 个"最小内存块"的数值，或者说是三维数组中第（i×N+j×M+k）个成员，这里 N 为中等内存块的个数，即 2，M 是最小内存块的个数，即 3。

多维数组的内存分布规律可由三维数组的内存分布规律推出：内存块由数组声明语句中最右侧的方括号开始进行分配，逐步扩大，各内存块之间连续。例如对于声明的 n 维数组 type a $[N_1][N_2]\cdots[N_n]$，其中 type 为 C 语言支持的任意一种变量类型，如 int、char、double 等。其内存分配情况如图 3-18 所示。

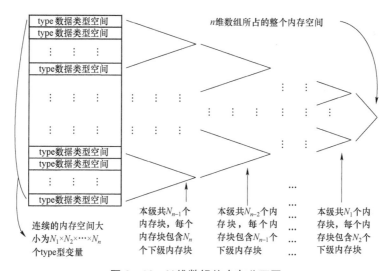

图 3-18　N 维数组的内存分配图

图 3-18 中，首先 N_n 个 type 型内存空间构成一个内存块，之后 N_{n-1} 个内存块构成一个上级内存块，之后 N_{n-2} 个新的内存块构成一个更上一级的内存块，依次不断扩展，最后 N_1 个内存块构成总的多维数组内存空间，大小为 $N_1 \times N_2 \times \cdots \times N_n$ 个 type 型变量。

3. 应用举例

本节给出一个一维数组的应用示例。假如一个班级有 5 名同学参加数学竞赛，其学号为 1~5，每名同学有各自考试成绩，这样便可以用数组来表示每个同学的学号和成绩。由于每名同学的学号和成绩都在 100 以内且为非负数，所以用 unsigned char 型数组即可，如图 3-19 所示。

图 3-19（a）列出了 5 名同学的学号和成绩，图 3-19（b）声明了 2 个无符号字符型数组，分别用来存储 5 名同学的学号和成绩。这样对应一个下标 i（i=0、1、

2、3、4)，则 number［i］表示了学号，score［i］表示了成绩。图 3－19（c）对数组的各个成员赋初值。这样通过数组便将 5 名同学的学号和成绩存储了起来。相应的内存分布图如图 3－20 所示。

学号	成绩
1	88
2	89
3	87
4	95
5	92

(a)

```
unsigned char number [5];
unsigned char score [5];
```

(b)

```
number[0]=1;score[0]=88;
number[1]=2;score[1]=89;
number[2]=3;score[2]=87;
number[3]=4;score[3]=95;
number[4]=5;score[4]=92;
```

(c)

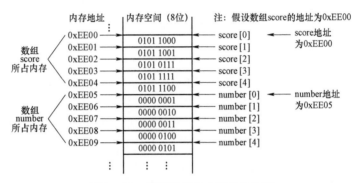

图 3－19 数组应用举例

图 3－20 数组示例在内存中的分配

图 3－20 中，数组 score 开始于 0xEE00，各成员变量 score［0］～score［4］的地址依次为 0xEE00～0xEE04，值依次为 88、89、87、95、92；数组 number 开始于 0xEE05，各成员变量 number[0]～number[4]的地址依次为 0xEE05～0xEE09，值依次为 1、2、3、4、5。

5.3.6.3 自定义数据类型

C 语言提供了一种机制，可以使编程人员自定义数据类型，主要包括结构体和联合体两种。

1. 结构体

1）结构体的概念。

打个比方：程序中需要这样一种数据类型，该类型的一个变量占据 7 个字节的长度，可以存储 3 个字符和 1 个有符号的整型数。图 3－21 中声明了两个变量 a 和 b，这两个变量就属于我们希望的数据类型。其中使用了关键字 struct，所以称呼这种自定义的数据类型为“结构体”，这种结构体类型的变量称为“结构体变量”，在图 3－21 中的“新数据类型”就是“结构体”，而 a、b 就是“结构体变量”。

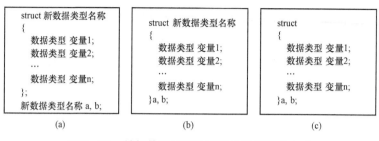

图 3-21 结构体及结构体变量的常规声明方式

图 3-21 给出了结构体以及结构体变量的声明方式，共计（a）、（b）、（c）三种，均可以声明 a、b 两个变量。例如采用图 3-21（a）中所示的格式，struct 关键字后面接着的是一种数据类型名称，然后是一对大括号内，括号内声明了多个变量（这些变量称为成员变量，其类型可以是 C 语言中的一些基本数据类型如 int、char 等，也可以是高级类型如数组以及本节介绍的结构体、指针等），大括号后结尾是分号，表示本条语句结束。在声明了该"结构体"之后，便可以在程序中用来声明变量了，声明变量的方法与之前介绍的变量的声明方法相似。

与图 3-21 相对应的代码如图 3-22 所示。图 3-22（a）中定义的结构体名称为"charnew"（这里自定义的数据类型的名称要符合一定的规范，规范与变量命名的规范相同），大括号内的内容表明，charnew 这种数据类型包含 3 个 char 型数据和 1 个 int 型数据。在图 3-22（a）定义了结构体"charnew"之后，便可以用来声明变量 a 和 b 了。

图 3-22 定义结构体及声明结构体变量示例代码

图 3-22（b）是另一种定义结构体的形式，将定义"结构体"与声明变量 a 和 b 放在了同一条语句中，最后以分号结束。还可以进一步简化省去"新数据类型名称"，如图 3-22（c）所示，虽然这样的代码使得定义的结构体没有名称，但是 a、b 两个变量依然包括"3 个 char 型变量和 1 个 int 型变量"，代码简洁。

结构体变量在内存中的分布如图 3-23 所示。可以看出，从一个结构体变量的起始位置开始，按照声明的顺序依次分布各个成员变量。例如对于图 3-21（a）中自定义的数据类型"新数据类型名称"和由此声明的变量 a、b，由 b 的起始位置开始，依次分布了 b 的成员变量：变量 1，变量 2，……，直至变量 n，每个变量所占的空间大小由各变量的数据类型决定。这里需要注意的是，访问各成员变量采用的方法是用"."操作符，例如用"b.变量 1"访问 b 的成员变量"变量 1"，用"b.变量 2"访问 b 的成员变量"变量 2"，依次类推。当结构体内又有其他自定义类型的变量时，如变量 m，则对变量 m 成员变量的访问仍然用"."操作符，如变量 m 内部成员变量"变量 k"，则可以用"b.变量 m.变量 k"来访问。上述讨论对于变量 a 来说，亦成立。

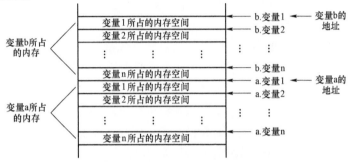

图 3-23 结构体变量在内存中的分布

因此，图 3-22 中声明的变量 a 和 b 在内存中的分布方式可表示为图 3-24。

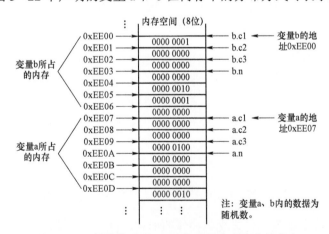

图 3-24 结构体"charnew"变量在内存中的分布

图 3-24 中，用户定义的数据类型（结构体）由 3 个 char 型成员变量和 1 个 int 型成员变量构成。该结构体的 2 个实例为变量 a 和 b，若 a 的地址为 0xEE07，则 0xEE07、0xEE08、0xEE09、0xEE0A 分别为 a 的成员变量 c1、c2、c3、n 的地址，各成员变量的访问方式为 a.c1、a.c2、a.c3、a.n。变量 a 所占的内存空间为 0xEE07～

0xEE0D。变量 b 地址为 0xEE00，连续分布 b 的 3 个 char 型成员变量为 c1、c2、c3 和一个 int 型变量 n，变量 b 所占的内存空间为 0xEE00～0xEE06。

因此，对于一个结构体变量来说，其在内存中的分布即从变量的地址开始按照地址增加的方向顺次安排各成员变量，访问各个成员变量可以用变量名+"."的方式实现。

2）结构体的位成员变量。

由于在 C 语言提供的基本数据类型中，最短的数据类型为 char，占据 1 个字节，即由 8 个二进制数构成。而如果每个成员变量的取值范围很小时，会带来较大的内存浪费。图 3-25 中所示的一个结构体 password，其内部各成员变量的取值都在 0～2，即便每个变量都采用 char 型，变量 a 也要占据 12 个字节的内存空间。

在结构体的成员变量后可以规定该变量所占的二进制位数，从而形成"位成员变量"，相应的结构体成为"位结构"，避免内存浪费问题，其实现方式如图 3-26 所示，其中数据类型必须是 int（unsigned 或 signed），整型常数必须是非负的整数，范围是 0～15，表示二进制位的个数，即表示有多少位。

```
struct password
{
    char key 1;/*0,1或2*/
    char key 2;/*0,1或2*/
    char key 3;/*0,1或2*/
    char key 4;/*0,1或2*/
    char key 5;/*0,1或2*/
    char key 6;/*0,1或2*/
    char key 7;/*0,1或2*/
    char key 9;/*0,1或2*/
    char key 10;/*0,1或2*/
    char key 11;/*0,1或2*/
    char key 12;/*0,1或2*/
} a;
```

图 3-25　结构体 password

```
struct 位结构名
{
    数据类型 变量名:整型常数;
    …
    数据类型 变量名:整型常数;
    …
};
```

图 3-26　结构体中的位成员变量

图 3-27 中结构体的各成员变量均规定了位数，由于每个变量的取值范围为 0～2，因此用两位二进制数完全足够，这样整个结构体所占的内存空间为 $2 \times 12/8 = 3$ 个字节，显著节省了内存。此时结构体各成员变量的访问方式仍然是用"."操作符。例如访问其中的 key1 成员可写成"a.key1"。

结构体中的"位成员变量"可定义为 unsigned，也可定义为 signed，要根据成员变量具体的取值范围和需求来确定，如两位二进制数表示 0、1 或 2，则应声明为无符号型。注意当成员变量的长度为 1 时，会被认为是 unsigned 类型。因为一位二进制数是不可能具有符号的。

```
struct password
{
    unsigned key 1:2;/*0,1或2*/
    unsigned key 2:2;/*0,1或2*/
    unsigned key 3:2;/*0,1或2*/
    unsigned key 4:2;/*0,1或2*/
    unsigned key 5:2;/*0,1或2*/
    unsigned key 6:2;/*0,1或2*/
    unsigned key 7:2;/*0,1或2*/
    unsigned key 9:2;/*0,1或2*/
    unsigned key 10:2;/*0,1或2*/
    unsigned key 11:2;/*0,1或2*/
    unsigned key 12:2;/*0,1或2*/
}a;
```

图 3-27 含有为成员变量的结构体

在实际应用中,可以将"位成员变量"与一般的成员变量混合使用出现在一个结构体中,达到节省内存和系统资源的目的。

3) 结构体应用举例。

本节给出一个应用示例,该例子在介绍数组类型时已经有所交代,现重新给出,并采用结构体的方法描述。

假如一个班级有 5 名同学参加数学竞赛,其学号为 1~5,每名同学有各自的考试成绩,则可以定义"学生"这样一种结构体,将每名同学的学号和成绩作为其成员变量,如图 3-28 所示。

学号	成绩
1	88
2	89
3	87
4	95
5	92

(a)

```
struct student
{
    unsigned char number;
    unsigned char score;
};
student a [5];
```

(b)

```
a[0].number =1;a[0].score =88;
a[1].number =2;a[1].score =89;
a[2].number =3;a[2].score =87;
a[3].number =4;a[3].score =95;
a[4].number =5;a[4].score =92;
```

(c)

图 3-28 自定义数据类型举例

图 3-28 (a) 列出了 5 名同学各自的学号和成绩,图 3-28 (b) 定义了一种自定义的数据类型"student",也就是定义了结构体"student",该结构体含有两个成员变量:"number"和"score",分别表示学号和成绩,并声明了用数组 a [5] 来表示 5 名学生。图 3-28 (b) 中使用"unsigned char"型数据类型是因为每名同学的学号和成绩都是小于 100 的非负数,与使用"int"型数据相比还可以节省内存。图 3-28 (c) 为每个变量赋值。"student"型数组 a 声明和赋值完毕后,在内存中的分布情况如图 3-29 所示。

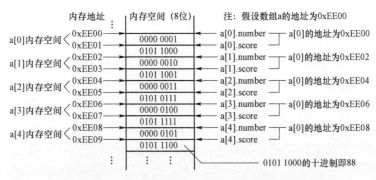

图 3-29 自定义数据类型"学生"型变量的内存分布

图 3-29 表示出了 "student" 型数组变量在内存中的分布，可以看出在内存中连续分配了 5 个 student 类型的数据空间，从 0xEE00 至 0xEE09 共 10 个字节。通过改变数组 a 的下标即可访问各个数组成员 a[0]～a[4]，应用更加方便。灵活运用结构体，可以将底层数据进行综合和归纳，如本例中即将学生的学号和成绩综合到了每个 student 类型成员的内部，便于进行程序编写。

2. 联合体

可以在结构体内部声明多个不同类型的成员变量，并根据需要使用其中的一种。由此形成的变量可称为多功能变量，因为它既可以存储整型数据，又可以存储浮点型数据，甚至可以存储之前介绍过的自定义数据类型。例如，图 3-30 中声明的变量 a，可以存储 char、int、double 和 student 类型，其在内存中的分布如图 3-31 所示。当使用 a 存储 char 型变量时，可以用 a.c1，当存储 int 型变量时，可以用 a.c2，诸此类推，便可以用 a 存储多种类型的变量。

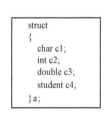
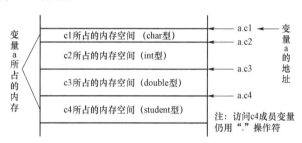

图 3-30 "多功能"结构体　　　图 3-31 "多功能"结构体类型变量的内存分布

该方案有一个缺点，那就是此时变量 a 所占的空间是所有成员变量所占空间的和，即在满足了自身需求的同时，却带来了很大和不必要的内存浪费。而本节介绍的"联合体"则很好地解决了这一问题，其对应的关键字为"union"，用法与关键字"struct"相同。

图 3-32 定义了一种联合体，其成员变量有 4 个，分别是一个 char 型变量 c1，一个 int 型变量 c2，一个 double 型变量 c3 和一个 student 型变量 c4。a 是该联合体的一个实例。图 3-33 为变量 a 在内存中的分布图，此时变量 a 的空间与成员变量中占空间最大者保持一致，每个成员变量的开始地址均与变量 a 的地址相同，由此实现了内存空间的复用。此时采用 a.c1、a.c2、a.c3 和 a.c4 分别可以存储 char，int，double 和 student 类型的变量。

参考关键字"struct"的用法，将其中的关键字"struct"改为"union"即可定义相应的联合体。采用联合体定义数据类型的格式和示例分别如图 3-34 和图 3-35 所示。

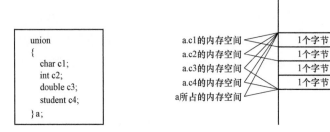

图 3-32 "多功能"联合体   图 3-33 "多功能"联合体变量在内存中的分布

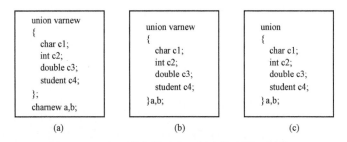

图 3-34 联合体及联合体体变量的常规声明方式

图 3-35 定义联合体及声明联合体变量示例代码

　　图 3-34 给出了联合体的常规声明方式,共计（a）、（b）、（c）三种,均可以实现声明两个联合体变量:变量 a 和变量 b 两个变量。例如采用图 3-34（a）中所示的格式,union 关键字后接一种数据类型名称,然后接一对大括号,括号内给出了多个变量,这些变量称为成员变量,其类型可以是基本数据类型如 int、char 等,也可以是高级类型如数组以及本节介绍的结构体、指针等。大括号后接分号表示本语句结束。之后便可以在程序中使用这种新定义的数据类型（联合体）来声明变量了,声明变量的方法和之前介绍的基本类型变量的声明方法相同。与图 3-34（a）相对应的代码如图 3-35（a）所示,其中联合体类型定义为 varnew（这里自定义的数据类型的名称要符合一定的规范,规范与变量命名的规范相同）,大括号内的内容表明,varnew 这种联合体包含 1 个 char 型变量 c1、1 个 int 型变量 c2、1 个 double

型变量 c3 和 1 个 student 型变量 c4。定义了 charnew 数据类型后，便可以用来声明变量 a 和 b 了。

图 3-34（b）是另外一种定义联合体的形式，即在一条语句中完成联合体的定义和变量的声明，其代码如图 3-35（b）所示，联合体名称为 varnew，在大括号结束后，紧接着写变量 a 和 b，完成了联合体的定义和变量 a、b 的声明。可以进一步简化省去联合体的名称，如图 3-34（c）所示，代码更加简洁。

联合体变量在内存中的分布如图 3-36 所示，其中联合体以及变量 a、b 的定义如图 3-34（a）所示。可以看出，联合体变量的起始位置也即各个成员变量的地址。当联合体内又有其他自定义类型的变量时，比如变量 m，则对变量 m 成员变量的访问仍然用"."操作符，例如变量 m 内部成员变量"变量 k"，则可以用"b.变量 m.变量 k"来访问。上述讨论对于变量 a 来说，亦成立。

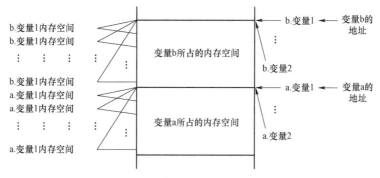

图 3-36 联合体变量在内存中的分布

图 3-35 中声明的变量 a 和 b 在内存中的分布如图 3-37 所示，若 a 的地址为 0xEE04，则各成员变量 c1、c2、c3、c4 的地址也是 0xEE04，各成员变量的访问方式为 a.c1、a.c2、a.c3、a.c4。变量 a 所占的内存空间为 0xEE04～0xEE07。变量 b

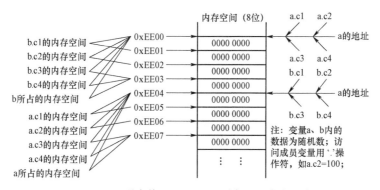

图 3-37 联合体"varnew"型变量的内存分布

的地址为 0xEE00，成员变量 c1、c2、c3 和 c4 的地址也是 0xEE00，变量 b 所占的内存空间为 0xEE00~0xEE03。

由此可知，对于一个联合体类型的变量来说，其所占的内存等于各成员变量中所占内存的最大者，各成员变量的地址与该变量相同，复用内存空间从而节省了内存，访问成员变量用变量名+"."的方式即可。

3.3.6.4 指针型

1. 概念

C 语言中，可以用"&"取得一个变量的地址，这个变量可以是任何一种 C 语言支持的数据类型，包括基本的数据类型如 char、int 等以及高级的数据类型如枚举、结构体、联合体和指针等。假设变量 a 为字符型，变量 p 为指针型，则各表达式的关系如表 3-9 所示。

表 3-9 变量及变量地址的值

表达式	a	&a	p	&p
值	1010 0001（0xA1）	0xFF00	0000 0000 1010 0001（0x00A1）	0xFF10
意义	变量 a 的内容	变量 a 的地址	变量 p 的内容	变量 p 的地址

对于一个指针类型的变量，其内存单元中的数据是一个地址值，如在图 3-38 中，变量 a 为字符型，其地址为 0xFF00，则 a 的值是 1010 0001，对应的十六进制是 0xA1。变量 p 为指针型，其地址为 0xFF10，由于地址总线为 16 位，因此一个指针类型的变量其内容应该由两个单元的变量构成，即由内存地址为 0xFF10 和 0xFF11 两个单元内的数据构成（不同的硬件和操作系统，指针型数据类型所占的字节数不同，但其长度都要满足能够存储一个内存地址）。所以 p 的值为 0000 0000 1010 0001，对应的十六进制为 0x00A1，0x00A1 是一个内存的地址。

对于一个指针型变量来说，其地址（例如图 3-38 中的 0xFF10）在内存中是确定的，其内容可以通过赋值进行修改。例如可以将图 3-38 中 p 的内容由 0000 0000 1010 0001（0x00A1）改为 0000 0000 1010 0010（0x00A2）。

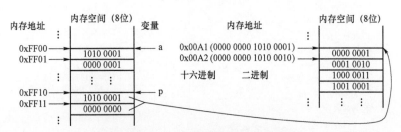

图 3-38 指针数据类型原理示意图

因此，一个指针型的变量隐含的意义是：它的内容（数值）应该被看作一个内存地址。

2. 声明和赋值

在 C 语言中，声明一个指针类型的变量可以用图 3-39 所示的方法，即采用"方框+*+指针变量名称"的格式。其中，方框内是"所指内存的数据类型"，可以是 C 语言中的基本数据类型，如 char、int、double 等，也可以是一些高级的类型，如指针、结构等；方框后的"*"，表示声明的变量是一个指针型，此时"变量 1"的内容是一个内存地址，且该内存地址处的数据是"方框型"。

图 3-39 中，方框内的数据类型便决定了"变量 1"这个指针型变量的内容所确定的内存空间的数据类型，或者方框内的数据类型决定了"变量 1"所指内存的数据类型。

图 3-40 给出了一个指向字符型变量的指针的声明方法，其中方框内的数据类型决定了指针的内容所对应的内存处数据的类型；"*"号与方框一起表明声明的变量是指针型，因而称为"指针标记符"；"变量 1"为变量名称。

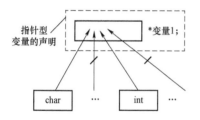

图 3-39 指针类型变量的声明方法

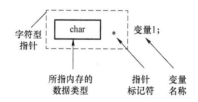

图 3-40 声明指针类型的语句的各部分功能

当采用"char *p;"声明一个指针型变量 p 的时候，可以解释为：p 为一个"指向 char 型的指针"型变量，p 的内容 0000 0000 1010 0001（0x00A1）是一个具体的内存地址，该内存地址 0x00A1 处的数据为 char 型，值为 0000 0001（0x01）；当采用"char **p;"声明一个指针型变量 p 的时候，可以理解为：p 的内容 0000 0000 1010 0001（0x00A1）是一个具体的内存地址，该内存地址 0x00A1 处的数据是一个指针，其值 0001 0010 0000 0001（0x1201）是一个内存地址值，而内存地址 0x1201 处是一个 char 型变量。

一个指针声明后，其内容是随机数，或者理解为该指针指向一个随机的内存地址，此时的指针被形象地称为"野指针"，要对该指针进行赋值后才能使用，否则当使用"*"获取其内容时，会导致错误。通常可以用操作符"&"对变量取地址，并将该地址赋给指针。

C 语言中取得一个指定内存地址内容的操作符为"*"。例如对于图 3-38 中的指针 p，"*p" 便表示了 p 所指内存空间的内容。具体来说，如果 p 是指向字符型的指针变量（声明语句为 "char *p"），则此时自 0x00A1 起一个单元长度的数据即是 "*p" 的值；如果 p 是指向 int 型的指针变量（声明语句为 "int *p"），则此时自 0x00A1 起四个单元长度的数据即是 "*p" 的值；如果 p 是指向指针的指针变量（声明语句为 "char **p" "int **p" 等），则此时自 0x00A1 起四个单元长度的数据即是 "*p" 的值，且该值应看作是一个内存地址。

总结关于指针型数据类型的声明和赋值方法，如图 3-41 所示。其中，(a) 直接声明了一个指针型变量 "变量 1"；(b) 声明了两个指针型变量 "变量 1" 和 "变量 2"，变量之间用逗号隔开；(c) 为指针型变量 "变量 1" 进行赋值；(d) 将 "变量 2" 的值赋给了 "变量 1"；(e) 则声明了指针型变量 "变量 1"，同时对其进行了赋值。

```
(a) 指针类型 变量1；
(b) 指针类型 变量1，变量2；

(c) 变量1=值；
(d) 变量1=变量2；

(e) 指针类型 变量1=值；
```

图 3-41　指针型变量的声明和赋值

(c) 和 (e) 对指针型变量进行了赋值，其中等号右侧的 "值" 是一个地址值，就如图 3-38 中所示的 0x00A1 和 0x00A2 等，也可以用 "&" 来求取变量的地址。

表 3-10 为对指针型变量进行声明和赋值的代码。其中语句 (2) 声明了一个字符型变量 a；语句 (3) 声明了两个 "字符型" 的指针型变量 p1 和 p2；语句 (6) 将变量 a 设置成 0x1；语句 (7) 将变量 a 的地址赋给了 p1；语句 (8) 将变量 p1 的值赋给了 p2。各语句执行完毕后，p1 和 p2 所存储的内容为变量 a 的地址，a 的内容为 0x1。

表 3-10　指针型变量声明和赋值代码

序号	代码	注释
1	#include "stm32f10x.h"	包含库头文件
2	char a;	声明字符型变量 a
3	char *p1,p2;	声明指针变量 p1 和 p2
4	void main()	main()函数声明
5	{	代码块开始
6	a = 0x1;	设置变量 a 的值为 0x1
7	p1 = &a;	将指针 p2 的值设置为 a 的地址
8	p2 = p1;	将指针 p2 的值设置为指针 p1 的值
9	}	代码块结束

3. 指针类型的相互转换

C 语言支持不同类型的指针的相互转换，只需要将新的指针类型置于小括号内，并放置在一个指针变量左侧即可，如表 3-11 所示。

表 3-11 指针类型相互转换

序号	代码	注释
1	#include "stm32f10x.h"	包含库头文件
2	short a = 0x1234;	声明整型变量 a 并设置初值为 0x1234
3	short *p1;	声明"整数型"指针变量 p1
4	char *p2;	声明"字符型"指针变量 p2
5	void main()	main()函数声明
6	{	代码块开始
7	p1 = &a;	设置指针 p1 的值为变量 a 的地址
8	p2 = (char *)p1;	设置指针 p2 的值为指针 p1 的值
9	}	代码块结束

表 3-11 中的语句（2）声明了一个整型变量 a 并将其赋值为 0x1234，a 的内存地址假设为 0x3300，相应的内存空间 0x3300 和 0x3301 分别赋值为 0x34 和 0x12。表 3-11 中的语句（3）声明了一个短整型的指针型变量 p1，语句（4）声明了一个长整型的的指针型变量 p2，语句（7）将 a 的地址赋给了 p1，则 p1 的内容为 0x3300，也就是变量 a 的地址。如图 3-42 所示。

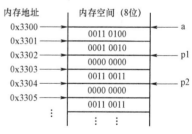

图 3-42 各变量的内存分布

指针变量 p1 的地址为 0x3302，指针变量 p2 的地址为 0x3304。表 3-11 中语句（8）将 p1 的值赋给了 p2，这里采用了指针类类型的转换。由于 p1 是"short*"型，而 p2 是"char *"型，因此"*p1"的值为 0x1234，而"*p2"的值为 0x34。

4. 多维指针

采用数据类型和多个"*"的组合可声明多维指针变量。例如语句"char **p"中，p 为二维指针变量，表示变量 p 的内容是一个内存地址，而该内存地址存储的数据仍然是一个指针。如图 3-43 所示。

其中，二维指针变量 p 的内容为二进制 0010 0010 0000 0000（0x2200），该值是一个内存地址 0x2200，地址 0x2200 处的数值仍然是一个指针，指针的值为二进制 0011 0011 0000 0000（0x3300），0x3300 仍然是一个地址，地址 0x3300 处的数值，根据 p 的定义语句，为 char 型，也就是二进制 0000 0000。

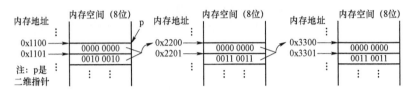

图 3-43　二维指针内存示意图

指针变量的内容可以使用操作符"*"获取，使用方法如表 3-12 所示。

表 3-12　二维指针的表达式取值

表达式	p	&p	*p	**p
值	0x2200	0x1100	0x3300	0x00
意义	变量 p 的数值	变量 p 的地址	变量 p 的数值为 0x2200，"*p"为地址 0x2200 处的数值	变量 p 的数值为 0x2200，地址 0x2200 处的数值为 0x3300，"**p"为地址 0x3300 处的数值

多维指针的操作方法与二维指针相类似，无论指针的维数是多少，其本质仍然是一个指针，其数值是一个内存地址。

5. 应用举例

1）内存共享和修改。

由于指针的数值是一个内存地址，因此不同的程序模块只要传递共同的一个指针，便可以在不同模块中对该指针的内容进行修改，便于实现数据的共享和共同维护。举例来说，在内存的一个位置有 n 个字节的数据，程序中的某个模块只需要一个指针变量便可以对该段内存进行访问和修改。

2）无值指针。

以一维无值指针为例，其声明方式为"void *p"，此时指针 p 的内容是一个地址，但是并未指定该地址的数据是何种类型。借助于 C 语言中指针类型的强制转换，可以根据需要将无值指针转化为需要的指针类型。

3）存储指针的数组。

在声明数组时，将数据类型设定为指针型，这样数组中的各个元素的内容都是一个内存地址。相应的代码如表 3-13 所示。

表 3-13 存储指针的数组的代码示例

序号	代码	注释
1	#include "stm32f10x.h"	包含库头文件
2	char *p[3];	声明一个数组，数组的每个元素都是指针
3	char a = 0x00;	声明字符型变量 a，值为 0
4	char b = 0x01;	声明字符型变量 b，值为 1
5	char c = 0x02;	声明字符型变量 c，值为 2
6	void main()	main() 函数声明
7	{	代码块开始
8	p[0] = &a;	设置数组 p 的元素 0 的值为变量 a 的地址
9	p[1] = &b;	设置数组 p 的元素 1 的值为变量 b 的地址
10	p[2] = &c;	设置数组 p 的元素 2 的值为变量 c 的地址
11	}	代码块结束

表 3-13 中，语句（2）声明了 1 个指针数组 p，数组的 3 个成员为 p [0]、p [1]、p [2]，均为字符型指针变量，其内容均表示 1 个内存地址；语句（3）、（4）、（5）定义了 3 个字符型的变量 a、b、c 并分别赋值为 0x00、0x01、0x02；语句（8）将变量 a 的内存地址赋给了 p [0]；语句（9）将变量 b 的内存地址赋给了 p [1]；语句（10）将变量 c 的内存地址赋给了 p [2]。

图 3-44 为各变量在内存中的分布。这里假设变量 a 的地址为 0x3306，变量 b 和变量 c 的地址分别为 0x3307 和 0x3308。指针数组 p 的地址为 0x3300，p 的三个成员 p [0]、p [1] 和 p [2] 的地址分别为 0x3300、0x3302 和 0x3304，内容分别为 0x3306、0x3307 和 0x3308，内容分别表示了变量 a、b 和 c 的地址。

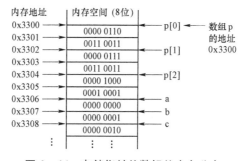

图 3-44 存储指针的数组的内存分布

4）指向数组的指针。

指针的内容（是 1 个内存地址）是数组的地址，示范代码如表 3-14 所示。

表 3-14 指向数组的指针的用法

序号	代码	注释
1	#include "stm32f10x.h"	包含库头文件
2	char a[3] = {0,1,2};	声明字符型数组 a，包含 3 个元素
3	char *p1;	声明字符型指针 p1
4	char *p2;	声明字符型指针 p2
5	void main()	main()函数声明
6	{	代码块开始
7	p1 = a;	将数组 a 的地址赋值给指针 p1
8	p2 = &a[0];	将数组 a 的第一个元素的地址赋值给指针 p2
9	}	代码块结束

表 3-14 中的语句（2）声明了 1 个字符型的数组 a，并给 a 的 3 个成员分别赋值为 0、1、2。语句（3）声明了 1 个字符型的指针 p1。语句（4）声明了 1 个字符型的指针 p2。语句（7）将数组 a 的地址赋给了 p1。语句（8）将数组 a 的第一个元素 a [0] 的地址赋给了 p2。

图 3-45 给出了变量在内存中的分布图。假设数组的地址为 0x3300，则 a [0]、a [1]、a [2] 的地址分别为 0x3300，0x3301 和 0x3302。变量 p1 的地址为 0x3303，且 p1 的内容为 0x3300，p1 的内容是一个内存地址，也就是数组 a 的内存地址，它是数组 a 的指针。变量 p2 的地址为 0x3305，且 p2 的内容为 0x3300。

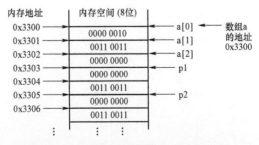

图 3-45 指向数组的指针的内存分布

5）字符指针。

在 C 语言中可以利用指针灵活操作字符串，图 3-46 为利用字符指针操作字符串的原理。

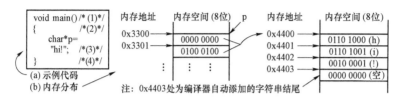

图 3-46　字符串指针示例代码及内存分布

图 3-46 中的左图为字符指针的示例代码，其中语句（3）声明了一个 char 型指针并将字符串"hi!"的值赋给了 p，这里的 p 是一个字符指针，字符串用双引号包含。该段程序经过编译器编译后生成的机器代码的操作是：在内存中分配一段空间，该段空间的字节数是字符串"hi!"的长度再加 1，将字符串"hi"存储到这段内存后，在多出的那个字节内存入 0，这么做的目的是在使用该字符串的时候，知道是否到了字符串的结尾。

相应的内存分布如图 3-46 的右图所示，设字符串"hi!"由内存地址 0x4400 开始存放，则 0x4400、0x4401、0x4402、0x4403 处的数据分别为 0x68、0x69、0x21 和 0x00，分别对应字符"h"、"i"、"!"和"空字符"。而指针 p 其实是一个字符指针，假设它的地址是 0x3300，它的内容是字符串"hi!"的起始地址，即字符"h"的地址，亦即 0x4400。这样，由 p 便可以操作字符串"hi!"了。

6）地址运算。

由于一个指针型变量的数值是一个地址值，所以可以对一个指针型变量的数值进行加减等操作，表 3-15 给出了具体的代码示例。

表 3-15　利用指针进行地址运算的代码

序号	代码	注释
1	#include "stm32f10x.h"	包含库头文件
2	char c;	声明字符型变量 c
3	char b;	声明字符型变量 b
4	short *q;	声明短整型指针变量 q
5	char *p;	声明字符型指针变量 p
6	char a[3] = {1,2,3};	声明字符数组 a，元素个数为 3，初值分别为 1、2、3

续表

序号	代码	注释
7	void main()	main()函数声明
8	{	代码块开始
9	p = a;	将数组 a 的地址赋值给指针 p
10	q = (short *)a;	将数组 a 的地址赋值给指针 q
11	b = *(p+1);	指针 p 加 1 后取内容,并将内容存入变量 b
12	c = *((char *)(q+1));	指针 q 加 1 后取内容,并将内容存入变量 c
13	}	代码块结束

表 3-15 中,语句(2)声明了 1 个字符型变量 c;语句(3)声明了 1 个字符型变量 b;语句(4)声明了 1 个短整型指针变量 q;语句(5)声明了 1 个字符型指针变量 p;语句(6)声明了 1 个字符型数组 a,a 的 3 个成员分别为 1、2、3;语句(9)设置指针 p 为数组 a 的地址,因此 p 指向数组 a 的地址亦即数组 a 的第一个元素 a[0]的地址;语句(10)将指针 q 的值设置为数组 a 的地址,因此 q 指向数组 a 的地址亦即数组 a 的第一个元素 a[0]的地址;语句(11)将指针 p 加 1 后的地址的数据赋给字符 b;语句(12)将指针 q 加 1 后的地址的数据赋给字符 c,此时为了取出(q+1)处的字符值,采用了指针类型的强制转换:先将(q+1)转换为 char 型指针,之后再用操作符"*"取其内容,这里还用到了小括号来保证表达式的优先级。

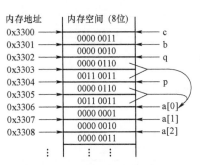

图 3-47 地址运算内存分布

图 3-47 所示的代码执行之后各变量在内存中的分布。假设数组 a 在内存中的地址为 0x3306,数组 a 的三个成员 a[0]、a[1]和 a[2]的地址分别为 0x3306、0x3307 和 0x3308,值分别为 1、2 和 3。指针 p 的地址为 0x3304,值为 0x3306,即数组 a 的地址。指针 q 的地址为 0x3302,值为 0x3306,亦为数组 a 的地址。字符型变量 b 的地址为 0x3301,其值为指针 p 加 1 后取内容,由于 p 是字符型指针,所以对 p 加 1 为 0x3307,此时用"*"取内容,为 2,因此 b 的值为 2。字符型变量 c 的地址为 0x3300,其值为指针 q 加 1 后取内容,此时由于 q 是 short 型指针,则 q 加 1 为 0x3308 强制转化为字符型指针,并取内容后得 3。

一个指针加 1 后,其结果是指针的内容加上该指针的内容所对应的空间的数据类型的字节数,即对于一个指针 p,如果其定义为"type *p"(其中 type 为 int,char, short，…），则 p+1 的值为 p 的内容加上 sizeof(type)，其中 sizeof(type) 表示一个 type 类型变量所占的字节数。

7）指针与数组。

C 语言中的指针与数组有很多相似的地方，二者都可以表示 1 个内存地址。表 3-16 给出了操作指针和数组的示例代码，其中语句（2）声明了 1 个字符型变量 e，语句（3）声明了 1 个字符型变量 d，语句（4）声明了 1 个字符型变量 c，语句（5）声明了 1 个字符型变量 b，语句（6）声明了 1 个字符型指针 p，语句（7）声明了字符型数组 a，3 个成员变量 a[0]、a[1] 和 a[2] 分别赋为 1、2 和 3。

表 3-16 操作指针与数组的代码示例

序号	代码	注释
1	#include "stm32f10x.h"	包含库头文件
2	char e;	声明字符型变量 e
3	char d;	声明字符型变量 d
4	char c;	声明字符型变量 c
5	char b;	声明字符型变量 b
6	char *p;	声明字符型指针 p
7	char a[3] = {1,2,3};	声明字符数组 a，元素个数为 3，初值分别为 1、2、3
8	void main()	main() 函数声明
9	{	代码块开始
10	p = a;	设置 p 的值为数组 a 的地址
11	b = a[1];	设置 b 的值为 a[1] 的值
12	c = *(a+1)	将数组 a 加 1 后的地址的内容赋值给变量 c
13	d = *(p+1);	将指针 p 加 1 后的地址的内容赋值给变量 d
14	e = p[1];	设置 e 的值为 p[1] 的值，即地址（p+1）处的值
15	}	代码块结束

表 3-16 中，语句（10）将 a 的地址赋给了 p，指针 p 的内容是一个地址值，该地址为数组 a 的地址，也即数组 a 的第一个成员 a[0] 的地址；语句（11）将数组 a 的成员 a[1] 赋给字符 b；语句（12）对表达式 (a+1) 取内容，并赋给字符 c，这里需要注意的是，C 语言中声明一个数组后，这个数组名（比如本例中的数组 a）是作为一个地址看待的，所以 (a+1) 代表了一种地址运算；语句（13）将指针 p 加 1 后取内容再赋给字符 d；语句（14）将指针 p 用操作符"[ ]"进行取内容，并赋

给字符 e。

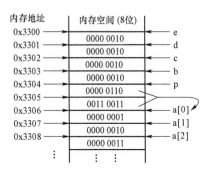

图 3-48 指针与数组示范代码的内存分布

图 3-48 为各变量在内存中的分布图，假设数组 a 的地址为 0x3306，则地址 0x3306、0x3307、0x3308 分别是数组 a 的 3 个成员 a[0]、a[1]、a[2]，其值分别为 1、2、3。指针 p 的地址是 0x3304，内容为 0x3306，即数组 a 的地址。变量 b 的地址为 0x3303，其值为 2，即 a[1]。变量 c 的地址是 0x3302，其值为 2，因为 (a+1) 的结果为地址值 0x3307，该值为一个内存地址，所以取内容后为 2。语句（13）执行后 d 的值为 2，d 的地址为 0x3301。语句（14）中，字符变量 e 的地址为 0x3300，对指针采用了"[]"操作符，由于此时指针的值为 0x3306，该操作符意味着从地址 0x3306 开始，取第 2 个成员（第一个成员为 p[0]），而由于指针 p 为字符型指针，所以 p[1] 的地址为 0x3307，值为 2。

指针和数组有很大的相似性，二者均表示了地址，也均可以用"*"操作符和"[]"操作符。例如对于数组 a，其地址为 0x3306，则 (a+n) 所表示的地址为 a[n] 的地址，即 (a+n) 与 &a[n] 等价；对于指针 p，p 的内容是 0x3306，p[n] 所表示的即地址 p+n*sizeof(type) 处的值，其中 sizeof 为求取 type 所占的字节数，type 由指针的类型决定，如 p 定义为字符型指针，则 type 为 char，当 p 定义为 int 型指针，则 type 为 int。

然而指针和数组也有一些区别，如对于一个指针来说，它占据一定的字节个数，有自身的地址值，而其内容是一个内存地址，如图 3-48 中，字符指针 p 的地址是 0x3304，而其内容为 0x3306；而数组在程序看来，其名称是一个地址值，占内存空间的是其三个成员 a[0]、a[1] 和 a[2]。

8）自定义数据类型的指针。

既然一个指针变量的值表示一个内存地址，而其值是任意的，这也就是说理论上一个指针变量可以表示任何一个内存地址。这里需要引起注意的是，这些内存地址可能是非法的、受保护的，或者是被其他程序使用的，对这些内存空间进行读取和修改可能会影响系统的正常运行。

现在假设 student 是一个结构体类型，可以用语句"student a;"声明一个类型为 student 的变量 a，并用"student *p=&a;"声明一个指向变量 a 的指针 p（注意"student *p;"的意思是声明一个指针，指针名称为 p，且 p 所指向的内存里存放的是一个 student 类型的变量）。此时语句"a.score"和"p->score"均可以访问成员变量 score。

表 3-17 中，语句（2）声明了一个字符型变量 x1；语句（3）声明了一个字符型变量 x2；语句（4）定义了一个名称为 student 的结构体，并声明一个 student 类型的变量 a 和一个指针型的变量 p，p 的内容是一个内存地址；语句（7）将 a 的地址赋给 p，这样 p 的值便是 a 的内存地址；语句（8）将 student 类型变量 a 的成员变量 score 赋给 x1；语句（9）用指针 p 来访问变量 a 的成员变量，并将其值赋给变量 x2，方法是用"->"操作符。因此，用指针 p 配合"->"操作符可以访问 p 的内容所表示的内存区域的结构体变量的成员变量。

表 3-17 自定义的结构体变量的指针用法示例

序号	代码	注释
1	#include "stm32f10x.h"	包含库头文件
2	char x1;	声明字符型变量 x1
3	char x2;	声明字符型变量 x2
4	struct student {char number;char score;} *p,a;	声明结构体类型的变量指针 p 和 a
5	void main()	main()函数声明
6	{	代码块开始
7	p = &a;	将变量 a 的地址设置给指针 p
8	x1 = a.score;	设置 x1 为 a 的成员变量 score 的值
9	x2 = p->score;	利用 p 获取 score 的值，并赋给 x2
10	}	代码块结束

代码执行完毕后，各变量在内存中的分布如图 3-49 所示。假设 a 的地址为 0x3306，则 p 的地址为 0x3304，p 的内容为 0x3306，其中 0x3306 即 a 的地址。假设内存 0x3306 处的数据为 0x01，内存 0x3307 处的数据为 0x50。变量 x1 的地址为 0x3302，变量 x2 的地址为 0x3303，二者的值均为 0x50。

因此，访问一个自定义数据类型的变量的成员变量（如 student 类型变量 a 的两个成员变量 number 和 score），除了用变量配合"."的方式来访问外，还可以用指向该种变量的指针配合"->"来实现。

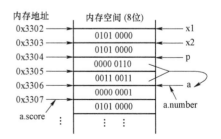

图 3-49 自定义结构变量指针的内存分布

9）安全使用指针的规则。

由于指针的特殊型，其值表示了一个内存地址，对该指针进行的操作例如"*"（取内容）和"->"（访问成员变量）等均需要该内存地址真实存在且合法。而在程序中，一个指针被声明后，其值是随机的，必须对其进行赋值后才能使用；有时候，一个指针所指向的内存空间虽然是合法的，但是经过一些代码后，该段内存空间可能已经被释放，此时再使用指针也会引发程序错误，所以使用指针需要遵守一定的规则。该规则可以概括为三点：在声明指针后，立即进行归 0 操作；在使用指针前，进行合法检验；在内存释放后，对指针进行归 0 操作。

C 语言中声明一个变量，只是为某块内存区域起了名字。声明一个指针类型的变量后，将其值赋为 0，这个操作称为归 0 操作。当使用该指针的时候，首先判断其是否为 0，这样可以避免未对其进行正确赋值而引发的程序错误。

表 3-18 给出了一个安全使用指针的示例。首先语句（2）和语句（3）声明了字符型变量 a 和 b。语句（4）声明了一个字符型指针 p 并赋值为 0；语句（7）将变量 a 的地址赋值给了指针 p；语句（8）在使用指针 p 的时候，首先判断是否为 0，避免了访问非法地址。在语句（10）中，由于指针 p 已经使用完毕，所以将其重新赋值为 0，方便以后的代码重新使用该指针时可以判断该指针是否合法。

表 3-18 安全使用指针的代码示例

序号	代码	注释
1	#include "stm32f10x.h"	包含库头文件
2	char a;	
3	char b;	
4	char *p = 0;	
5	void main()	main()函数声明
6	{	代码块开始
7	p = &a;	声明整型变量 a
8	if(p! = 0)b = *p;	声明整型变量 b
9	p = 0;	
10	}	代码块结束

3.3.7 变量的生存期

在 C 语言中，程序的入口是 main()函数，之后一对大括号括起了 main()函数的所有代码，其间声明的所有变量的生存期由这对大括号确定。

也就是说，声明在 main() 函数的内部的变量，其生存期由 main() 函数的一对大括号确定，此时的变量为局部变量，用关键字 auto 进行说明，当 auto 省略时，所有的非全程变量都被认为是局部变量。局部变量在函数内部声明时产生，但不会自动初始化，随着函数的结束，这个变量也将消失。

那么在 main() 函数之外声明的变量呢？C 语言中声明在 main() 函数外部的变量，也就是说不受任何大括号约束的变量，称为全局变量，其生存期是整个程序运行期间，也就是说它可以在程序的任何位置被使用，并且在整个程序的运行中都保留其值，全局变量习惯上通常在程序的主函数前说明。

图 3-50 给出全局变量和局部变量的相关示范代码和内存分布，其中（a）中的语句（1）声明了一个 char 型变量 gName，这里 gName 即为全局变量，其类型属于有符号字符型，生存期为整个程序运行期。语句（4）声明了一个局部变量 a，类型亦为有符号字符型，生存期为整个 main() 函数。语句（4）执行完毕后，两变量在内存中的分布如图 3-50（b）所示，其中 a 的地址为 0x3300，其数据为随机数据；变量 gName 作为全局变量，已经被初始化为 0，且所处的内存区域与局部变量不同。

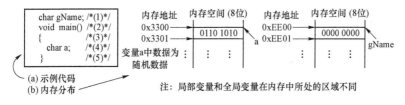

图 3-50 全局变量和局部变量

可以在声明全局变量的时候为变量名增加前缀"g"，这样在使用该变量时，编程人员根据"g"便可以得知此变量为全局变量，慎重进行修改等操作以避免给程序其他部分带来影响，这一点在程序规模很大的时候尤其有用。

用 static 关键字声明的变量，其生存期是整个程序运行过程，却只能在声明该变量的代码块中进行访问。这种变量称为静态变量，在程序开始运行前已经分配了内存，并且仅在程序开始运行之前初始化一遍，因此可以看作一种特殊的全局变量。例如在表 3-19 的代码中，变量 i 会不断自增到 100，之后重新归 0 并继续增加。需要注意的是在第 6 行代码中为将 0 赋值给变量 i，仅是为静态变量 i 设置了初值，之后不再起作用。

表3-19 利用静态变量进行计数的程序示例

序号	代码	注释
1	#include "stm32f10x.h"	包含芯片库文件的头文件
2	int main(void)	代码入口main()函数
3	{	函数开头
4	while(1)	永远循环
5	{	while语句块起始
6	static int i = 0;	定义静态变量i，并设置初值为0
7	i + = 1;	变量i自加1
8	if(i>100)i = 0;	当i大于100时，i赋值为0
9	}	while语句块结束
10	}	函数结束

作为对比，在表3-20中的代码中，变量i为临时变量，i的值只有0和1两种。在每次运行到第6条语句的时候，系统重新产生变量i并为其赋初值0。

表3-20 临时变量的用法示例

序号	代码	注释
1	#include "stm32f10x.h"	包含芯片库文件的头文件
2	int main(void)	代码入口main()函数
3	{	函数开头
4	while(1)	永远循环
5	{	while语句块起始
6	int i = 0;	定义临时变量i，并设置初值为0
7	i + = 1;	变量i自加1，之后i变成1
8	if(i>100)i = 0;	当i大于100时，i赋值为0（永远不会成立）
9	}	while语句块结束
10	}	函数结束

3.4 C语言中的常量

C语言中的常量数值不变,之前介绍的各种字符常量、各种整型常量等均属此类,现将C语言中的常量及相关的表示方法总结如下。

3.4.1 数字型常量

C语言中的数字型常量分为整数型和浮点型。对于整数型来说,可以用其十进制表示方法,如100、120等;也可用其十六进制表示方法,如0x64、0x78,分别对应十进制的100和120,其中0x前缀即表示了该常数为十六进制;还可以用八进制表示,如0144、0170分别对应十进制的100和120,其中首数字0表示了该数为八进制数。另外,可在整型常数后添加一个"L"或"l"字母表示该数为长整型数,如22L、0773L、0Xae4L。

对于浮点型来说,表示方法仅有十进制一种,如0.000 1,但此时尚有两种替代形式:其一是对于小于0的浮点型常数可以省略小数点左侧的0,写作.000 1,其二是写作科学计数法的形式,如1e-4,其中e表示10的幂。

3.4.2 字符型常量

在C语言中,字符型常量的表示方法是用一对单引号括起指定的字符,如"'A'""'w'"等,也可以用相应的ASCII码(一个整数)来表示,例如0x30代表了字符"0",0x35代表了字符"5"。此外对于一些转义字符,如回车符等,可以采用单引号括起相应的转义符,如"'\r'"即表示回车符号。

3.5 C语言的运算符

C语言中的运算符号指的是一些实现特定功能的由非数字和字母组成的符号,比如加减乘除(分别对应+,-,×,/)等,按其应用场合的不同,主要有算术运算符、大小关系运算符、逻辑关系运算符、位操作运算符以及一些完成特殊任务的运算符等,本节按照应用场合的不同,对C语言中的运算符进行介绍。

3.5.1 模块运算符

C语言中的模块运算符由"起始"和"终止"两部分组成,如小括号运算符的开始为"(",终止为")",这两部分连同其中间部分构成一个模块,实现了特定的功能,如表3-21所示。

表 3-21　模块运算符的功能

名称	操作符	作用
小括号	()	①该操作符内的表达式最先被计算，通过该操作符可约定表达式的优先级别；②进行类型转换的时候，该操作符内填充数据类型；③用于限定函数的参数列表；④与某些C语言关键词搭配构成固定语句
中括号	[]	①用来取得数组变量的元素；②用来取得指针变量取偏移后的值
大括号	{}	①作为开头和结尾构成一个程序块；②作为函数体的开头和结尾；③作为结构体、联合体等的开头和结尾；④用于为数组赋值。

小括号操作符的作用主要有四个，分别为约定优先级、进行类型转换、限定函数的参数列表以及用在某些关键词构成的固定语句中；中括号可以用来获得数组变量的元素和指针变量取偏移后的值；而大括号的用途主要也有四个方面，分别为构成一个程序块，作为函数体的开头和结尾，作为结构体、联合体中作为开头和结尾以及为数组进行赋值。图 3-51 中的代码展示了模块运算符的使用方法。

```
void main()                         /*(1) 主函数入口*/
{                                   /*(2) 开始大括号*/
  struct student
  {
    unsigned char number;
    unsigned char score;
  }a;                               /*(3) 定义一个结构体student并声明该类型的变量a*/
  unsigned char b[]={1,2,3,4,5,6};  /*(4) 声明一个整型数组b并赋值为1，2，3，4*/
  if(1>0)                           /*(5) 条件判断语句，如果小括号内的表达式成立，则*/
                                    /*执行后续大括号内的语句*/
  {
    unsigned char c=3;
    b[0]=c;
  }
  unsigned char c=(b[1]+b[2])*b[3]; /*(6) 声明无符号字符型变量c并将b[1]与b[2]的和与b[3]的积赋给c*/
  double d=(double)b[3]/(double)b[4]; /*(7) 声明整型变量d并将a与b的商赋给d*/
}                                   /*(8) 结束大括号*/
```

图 3-51　模块运算符的使用方法示例代码

3.5.2 算数运算符

C语言中运用多种算数运算符，可以方便地完成加法、减法、乘法、除法、移位等，并可以通过小括号规定算式中不同部分的优先级，如表 3-22 所示。

表 3-22　算数运算符的功能

运算符	作用及举例
+	四则运算中的加法操作符。例如表达式"10+2"的结果为12
-	四则运算中的减法操作符。例如表达式"10-2"的结果为8

续表

运算符	作用及举例
*	四则运算中的乘法操作符。例如表达式 10*2 的结果为 20
/	四则运算中的除法操作符。例如表达式 10/2 的结果为 5
%	四则运算中的求余数操作符。例如表达式 10%2 的结果为 0
&	二进制求与操作。例如表达式 10&2 的结果为 2。注：10 对应的二进制数据为 b1010，2 对应的二进制数位 b0010，二者逐位进行与操作后为 b0010，即 2
|	二进制求或操作。例如表达式 10|2 的结果为 10。注：10 对应的二进制数据为 b1010，2 对应的二进制数位 b0010，二者逐位进行与操作后为 b1010，即 10
^	二进制求异或操作。例如表达式 10^2 的结果为 8。注：10 对应的二进制数据为 b1010，2 对应的二进制数位 b0010，二者逐位进行与操作后为 b1000，即 8
~	二进制求反操作。例如表达式～10 的结果为 3。注：10 对应的二进制数据为 b1010，逐位取反后为 b0101，即 8
<<	二进制左移位操作。例如表达式 10<<2 的结果为 40。注：10 对应的二进制数据为 b1010，向左移 2 位后为 b00101000，即 40
>>	二进制右移位操作。例如表达式 10>>2 的结果为 2。注：10 对应的二进制数据为 b1010，向左移 2 位后为 b0010，即 2

C 语言支持在一个表达式中将多种运算符进行组合，并使用小括号改变部分计算的优先级。例如表 3-23 所示的代码中示范了一个复杂的计算算例。程序执行之后，变量 b 的数值应为 18*（18+2）+（18+18）/18-（18<<1）-（18%4）= 360+2-36-2=324，变量 c 的数值从表达式上看，似乎应为 18+（18-5）/2=18+6.5=24.5，但因为变量 a 和 c 均为整型，所以实际运行中，小数部分被舍去，因此变量 c 的最终数值为 24。变量 d 的数值为 18。变量 e 的数值为 18+（18-5）/2=18+6.5=24.5。

表 3-23 算数运算符的代码示例

序号	代码	注释
1	#include "stm32f10x.h"	包含芯片库文件的头文件
2	int main(void)	代码入口 main()函数
3	{	函数开头
4	int a;	定义整型变量 a
5	int b;	定义整型变量 b

续表

序号	代码	注释
6	int c;	定义整型变量 c
7	float d;	定义浮点型变量 d
8	float e;	定义浮点型变量 e
9	a = 18;	将 18 赋值为 a
10	b = a*(a+2)+(a+18)/a−(a<<1)−(a%4);	将表达式的数值赋给 b
11	c = a+(a−5)/2;	将表达式的数值赋给 c
12	d = a;	将 a 的数值赋给 d
13	e = d+(d−5)/2;	将表达式的数值赋给 e
14	}	函数结束

3.5.3 变量自操作

当需要对一个变量进行操作，之后又将结果存入该变量时，可以使用 C 语言专用的运算符。表 3-24 中给出了相应的操作符以及对应的等效表达式。利用这些操作符可以精简代码，并降低重复输入变量名称带来的潜在错误风险。

表 3-24 自操作运算符的功能

运算符	作用及举例
+=	变量自加。例如 a+=2，表达将变量 a 与 2 相加之后的数值赋给 a
−=	变量自减。例如 a−=2，表达将变量 a 与 2 相减之后的数值赋给 a
*=	变量自乘。例如 a*=2，表达将变量 a 与 2 相乘之后的数值赋给 a
/=	变量自除。例如 a+=2，表达将变量 a 与 2 相除之后的数值赋给 a
%=	变量自求余。例如 a%=2，表达将变量 a 除以 2 求余数之后的数值赋给 a
&=	变量自与。例如 a+=2，表达将变量 a 与 2 进行与操作之后的数值赋给 a
|=	变量自或。例如 a+=2，表达将变量 a 与 2 进行或操作之后的数值赋给 a
^=	变量自异或。例如 a+=2，表达将变量 a 与 2 进行异或操作之后的数值赋给 a
<<=	变量自左移位。例如 a+=2，表达将变量 a 左移 2 位之后的数值赋给 a
>>=	变量自右移位。例如 a+=2，表达将变量 a 右移 2 位之后的数值赋给 a

利用自操作运算符可以精简代码,提高代码的可阅读性。表 3-25 给出了一个代码示例以及执行完各条指令后变量的数值。

表 3-25 自操作运算符的代码示例

序号	代码	注释
1	#include "stm32f10x.h"	包含芯片库文件的头文件
2	int main(void)	代码入口 main()函数
3	{	函数开头
4	int a;	定义整型变量 a
5	a = 100;	将 100 赋值为 a
6	a + = 5;	a 自加 5,执行之后 a 变为 105
7	a* = 2;	a 自乘 2,执行之后 a 变为 210
8	a% = 200;	a 除以 200 后求余数,执行之后 a 变为 10
9	a| = 4;	a 与 4 进行或操作,结果存入 a 中。即二进制 b1010 与二进制 b0100 进行或操作,结果为 b1110 即 14 存入了 a 中
10	a<< = 1;	a 左移 1 位之后存入 a。执行之后 a 变为了 28
11	}	函数结束

3.5.4 大小关系运算符

大小关系运算符是用来比较数值、变量、常数或者表达式的大小关系的。主要有大于、小于、等于、不等于、不大于和不小于。如表 3-26 所示。

表 3-26 大小关系运算符

运算符	作用
>	表示两个表达式的关系是"大于"
>=	表示两个表达式的关系是"大于等于"("不小于")
<	表示两个表达式的关系是"大于"
<=	表示两个表达式的关系是"大于"
= =	表示两个表达式的关系是"大于"
!=	表示两个表达式的关系是"大于"

利用大小关系运算符形成的表达式的比较结果为 0 或者 1。如果为 0，表示表达式不成立；如果为 1，则表示表达式成立。表 3-27 中的代码中展示了比较操作符的具体使用方法。

表 3-27 大小关系运算符的示例代码

序号	代码	注释
1	#include "stm32f10x.h"	包含芯片库文件的头文件
2	int main(void)	代码入口 main()函数
3	{	函数开头
4	int a;	定义整型变量 a
5	int b;	定义整型变量 b
6	a = 100;	将 100 赋值为 a
7	a = (a = = 100);	a 与 100 比较，因为 a 此时为 100，所以等号右侧表达式为 1。执行之后，1 赋值给 a，a 的值为 1
8	b = (a>1);	a 与 1 比较，因为 a 此时为 1，所以等号右侧表达式为 0。执行之后，0 赋值给 b，b 的值为 1
9	}	函数结束

3.5.5 逻辑关系运算符

逻辑关系运算符可以用来连接多个逻辑比较的结果。利用逻辑关系运算符得到的结果有"成立"和"不成立"两种，分别是根据数值 0 和数值 1 进行判定的。C 语言中支持的逻辑关系运算符有"逻辑并且""逻辑或者"和"逻辑非"三种，如表 3-28 所示。

表 3-28 逻辑关系运算符

序号	运算符	作用
1	&&	表示逻辑关系"并且"
2	||	表示逻辑关系"或者"
3	!	表示逻辑关系"非"

表 3-29 中的代码使用了不同逻辑关系运算符。当语句执行之后，变量 x1、x2、x3、x4 的值均为 1，而变量 y1、y2、y3、y4 的值均为 0。

表3-29 逻辑关系运算符代码示例

序号	代码	注释
1	#include "stm32f10x.h"	包含芯片库文件的头文件
2	int a,b,x1,x2,x3,x4,y1,y2,y3,y4;	声明整型变量
3	int main(void)	代码入口 main()函数
4	{	函数开头
5	a = 12;	设置变量 a 的值为 12
6	b = 11;	设置变量 b 的值为 11
7	x1 = (a>b)&&(a>b)&&5;	变量 x1 的值为等号右侧表达式
8	x2 = 5&&5;	变量 x2 的值为等号右侧表达式
9	x3 = (a<b)||5;	变量 x3 的值为等号右侧表达式
10	x4 = !0;	变量 x4 的值为等号右侧表达式
11	y1 = (a<b)&&5;	变量 y1 的值为等号右侧表达式
12	y2 = (a<b)&&(a>b);	变量 y2 的值为等号右侧表达式
13	y3 = !5;	变量 y3 的值为等号右侧表达式
14	y4 = (a<b)||(a = = 0);	变量 y4 的值为等号右侧表达式
15	return 1;	函数返回值为 1
16	}	函数结束

3.5.6 特殊运算符

C 语言中常用的特殊运算符有取地址和取内容两种，如表 3-30 所示。

表3-30 特殊运算符

运算符	作用
&	放置在变量之前，用来取变量的地址
*	放置在指针变量之前，用来取指针所指向的内存的数据

表 3-31 中的代码示范了如何利用特殊运算符获取变量的地址和指针变量的内容。

表 3-31 特殊运算符示例代码

序号	代码	注释
1	#include "stm32f10x.h"	包含芯片库文件的头文件
2	int a,b,c,*p;	声明变量
3	int main(void)	代码入口 main()函数
4	{	函数开头
5	a = 100;	设置变量 a 值为 100
6	p = &a;	设置指针 p 的值为变量 a 的地址
7	b = *p;	设置变量 b 的值为指针 p 的内容（一个地址）所代表的内存的数据，即 100
8	c = (int)p;	设置变量 c 的值为指针变量 p 的内容。该语句将变量 a 的地址作为一个整数存入变量 c
9	return 1;	函数返回值为 1
10	}	函数结束

3.6 C 语言中的语句

3.6.1 赋值语句

在 C 语言中，使用 "=" 完成变量赋值，其具体作用是将位于等号右侧的表达式的数值赋值给等号左侧的变量。赋值语句为在程序执行过程中更改变量的数值提供了条件。需要注意的是，一些自操作指令也是可以完成修改变量的任务的，因此可以作为一种特殊类型的赋值语句。

3.6.2 判断语句

为了表明语句的含义，C 语言中引入了一些英文单词来标识语句作用并形成语法结构，这些单词称为 C 语言的关键字。

C 语言中，利用判断语句可以创造程序分支，为不同条件下执行不同的代码提供条件。判断语句的标准格式如表 3-32 所示，其中 C 语言支持逐次判断多个逻辑表达式是否成立并执行相应的代码块的内容。当一个代码块的内容执行完毕后将跳出判断语句。在实际使用中，可以根据需要省略逻辑表达式 2 以及之后代码，即可以仅使用 if 语句而省略 "else if" 语句和 "else" 语句。

表 3-32 条件判断语句的用法

代码	注释
if(逻辑表达式 1)	判断逻辑表达式是否成立
{	代码块 1 开始
...	代码块 1 的语句，在逻辑表达式 1 成立的时候被运行
}	代码块 1 结束
else if(逻辑表达式 2)	判断逻辑表达式 2 是否成立
{	代码块 2 开始
...	
}	代码块 2 结束
else if(逻辑表达式 3)	判断逻辑表达式 3 是否成立
{	代码块 3 开始
...	
}	代码块 3 结束
...	判断其他逻辑表达式是否成立以及相应的代码块
else	当所有逻辑表达式都不成立时，执行最后一个代码块
{	最后一个代码块开始
...	当所有逻辑都不满足时，执行的最后一个代码块
}	最后一个代码块结束

表 3-33 给出了一个利用判断语句改变变量数值的例子。其作用是当变量 a 的数值大于 10 的时候，为变量 b 赋值 100；当变量 a 不大于 10 并且大于 5 的时候，为变量 b 赋值 50；当变量 a 不大于 5 并且大于 0 的时候，为变量 b 赋值 20，否则为变量 b 赋值 10。

表 3-33 条件判断语句的代码示例

序号	代码	注释
1	#include "stm32f10x.h"	包含芯片库文件的头文件
2	int main(void)	代码入口 main()函数
3	{	函数开头
4	int a = 10;	声明整型变量 a，并设置初值为 10

续表

序号	代码	注释
5	int b;	声明整型变量 b，未设置初值，此时 b 数值随机
6	if(a>10)	判断 a 是否大于 10
7	{	第 1 个判断条件的代码块开始
8	b = 100;	将 100 赋值给 b
9	}	第 1 个判断条件的代码块结束
10	else if(a>5)	判断 a 是否大于 5，注意隐含了 a 不大于 10
11	{	第 2 个判断条件的代码块开始
12	b = 50;	将 50 赋值给 b
13	}	第 2 个判断条件的代码块结束
14	else if(a>0)	判断 a 是否大于 0，注意隐含了 a 不大于 10 和 5
15	{	第 3 个判断条件的代码块开始
16	b = 20;	将 20 赋值给 b
17	}	第 3 个判断条件的代码块结束
18	else	a 的数值不满足上述所有条件
19	{	最后一个代码块开始
20	b = 10;	将 10 赋值给 b
21	}	最后一个代码块结束
22	return 1;	函数返回值为 1
23	}	函数结束

3.6.3 循环语句 for

利用 for 循环语句可以重复执行一个代码块，当执行完毕一遍代码块之后，会再次检查循环条件是否满足，如果满足则会再次执行该代码块。整个过程不断重复，直至循环条件不再满足，或者有其他指令终止了 for 循环语句的执行。表 3-24 给了利用变量 i 控制变量 s 的数值的例子。其中，语句 for 之后的小括号内的三个表达式分别为初始化、循环条件和尾语句。具体来说，i=1 将变量 i 的数值设置为 1，该语句只会执行一次，可以看作对循环语句中变量的初始化；i<=5 为循环条件，即只有当该条件成立的时候，代码块中的内容才会被执行；i+=1 为尾语句，其会在代码块中的内容执行完毕之后再执行。可以看出，在表 3-34 所示的代码中，当 i 为 1、2、3、4 和 5 时，均会执行代码块的内容。之后 i 变为 6，循环条件不再满足，语句执行完毕。由于变量 s 初值为 0，因此当循环语句执行完毕后，s 的数值为 0+1+2+3+4+5=15。

表 3-34 循环语句"for"的代码示例

序号	代码	注释
1	#include "stm32f10x.h"	包含芯片库文件的头文件
2	int main(void)	代码入口 main()函数
3	{	函数开头
4	int i;	声明整型变量 i，未设置初值，此时 i 数值随机
5	int s = 0;	声明整型变量 s，设置初值为 0
6	for(i=1;i<=5;i+=1)	for 循环语句，变量 i 初值为 1，循环条件为 i 不大于 5，尾语句为 i 自加 1
7	{	for 循环语句代码块开始
8	s+=i;	变量 s 自加运算，所增加的数值为 i
9	}	for 循环语句代码块结束
10	return 1;	函数返回值为 1
11	}	函数结束

3.6.4 循环语句 while

利用 while 循环语句可以在某条件满足的情况下，重复执行特定的代码块。while 语句之后的小括号内为循环条件，当循环条件成立的时候，代码块中的内容会被执行一遍；之后会再次判断循环条件是否成立，如果成立则再次执行代码块中的内容。如此重复，直至循环条件不成立。表 3-35 给出了一个示例，根据变量 i 的数据改变变量 s 的数值。可以看出，当 i 为 1、2、3、4、5 的时候，循环条件均成立，因此 s 进行自加操作，之后 i 变为 6，循环条件不再成立，语句结束。最终 s 的数值为 0+1+2+3+4+5=15。

表 3–35 循环语句"while"的代码示例

序号	代码	注释
1	#include "stm32f10x.h"	包含芯片库文件的头文件
2	int main(void)	代码入口 main()函数
3	{	函数开头
4	int i;	声明整型变量 i，未设置初值，此时 i 数值随机
5	int s = 0;	声明整型变量 s，设置初值为 0
6	i = 1;	
7	while(i<=5)	while 循环语句，循环条件为 i 不大于 5
8	{	while 循环语句代码块开始
9	s+ =i;	变量 s 自加运算，所增加的数值为 i
10	i+ =1;	变量 i 自加 1
11	}	while 循环语句代码块开始
12	return 1;	函数返回值为 1
13	}	函数结束

3.6.5 循环语句 do/while

利用 do/while 循环语句可以执行一个代码块，之后判断循环条件是否成立，若成立则再次执行该代码块。如此不断循环，直至某次条件不再成立。注意基于 do/while 的循环语句的特征为先运行后判断，即当运行完一次代码块之后再判断条件是否成立，如果成立则会再次运行该代码块。而单纯是用 while 构成的循环语句的特点是先判断后运行，即首先判断循环条件是否成立，成立后才会运行相应的代码块。表 3–36 中给出了一个利用 do/while 构成的循环语句，仍然是以变量 i 为循环条件，修改变量 s 的数值。s 的最终结果为 0+1+2+3+4+5=15。

表 3–36 循环语句"do/while"的代码示例

序号	代码	注释
1	#include "stm32f10x.h"	包含芯片库文件的头文件
2	int main(void)	代码入口 main()函数
3	{	函数开头

续表

序号	代码	注释
4	int i;	声明整型变量 i，未设置初值，此时 i 数值随机
5	int s = 0;	声明整型变量 s，设置初值为 0
6	i = 1;	设置变量 i 的值为 1
7	do	关键字 do
8	{	while 循环语句代码块开始
9	s + = i;	变量 s 自加运算，所增加的数值为 i
10	i + = 1;	变量 i 自加 1
11	}	while 循环语句代码块结束
12	while(i<=5)	关键字 while，循环条件为 i 不大于 5
13	return 1;	函数返回值为 1
14	}	函数结束

3.6.6 循环终止语句

当循环条件不满足的时候，循环语句会终止执行。除此之外，还可以用关键字 break 和 continue 来打断循环语句的执行。其中 break 的作用是终止整个循环语句，即跳转到循环语句之后的代码中；而 continue 的作用是终止当次的循环语句，之后判断下次循环条件是否成立，若成立则继续执行循环语句的内容。为了对二者的区别进行对比，表 3-37 给出了利用变量 i 修改变量 s1 和变量 s2 的数值的代码。其中关于变量 s1 的代码中，使用了 break 语句，而关于变量 s2 的代码中，则使用了 continue 语句。二者均根据 i 是否等于 2 来变更程序分支。

表 3-37 循环终止语句的代码示例

序号	代码	注释
1	#include "stm32f10x.h"	包含芯片库文件的头文件
2	int main(void)	代码入口 main() 函数
3	{	函数开头
4	int i;	声明整型变量 i，未设置初值，此时 i 数值随机
5	int s = 0;	声明整型变量 s，设置初值为 0

续表

序号	代码	注释
6	i = 1;	
7	do	关键字 do
8	{	while 循环语句代码块开始
9	s += i;	变量 s 自加运算，所增加的数值为 i
10	i += 1;	变量 i 自加 1
11	}	while 循环语句代码块结束
12	while(i<=5)	关键字 while，循环条件为 i 不大于 5
13	return 1;	函数返回值为 1
14	}	函数结束

3.7　C 语言的函数

为了对程序代码的功能进行封装，可以使用函数。C 语言中的函数由函数返回值类型、函数名和参数列表构成，如表 3-38 所示。例如在一个程序中，需要求 3 个整数中最大值的，可以在 main() 函数中采用如下代码实现。

表 3-38　在主函数中求取最大值的示例代码

序号	代码	注释
1	#include "stm32f10x.h"	包含芯片库文件的头文件
2	int main(void)	代码入口 main() 函数
3	{	函数开头
4	int a = 5;	声明整型变量 a，设置初值为 5（示例）
5	int b = 10;	声明整型变量 b，设置初值为 10（示例）
6	int c = 4;	声明整型变量 c，设置初值为 4（示例）
7	int max = a;	声明整型变量 max，设置初值为 a
8	if(b>max)	判断 b 是否大于 max，如果是，则将 b 赋值给 max
9	{	判断条件的代码块开始
10	max = b;	将变量 b 赋值给变量 max

续表

序号	代码	注释
11	}	判断条件的代码块结束
12	if(c>max)	判断 c 是否大于 max，如果是则将 c 赋值给 max
13	{	判断条件的代码块开始
14	max = c;	将变量 c 赋值给变量 max
15	}	判断条件的代码块结束
16	return 1;	函数返回值为 1
17	}	main()函数结束

当需要多次求解 3 个变量中的最大值的时候，需要重复编写表中的代码，这显然是非常不方便的。一种解决办法是建立一个专门求解 3 个数最大值的函数，如命名为 getMax，并在需要的时候调用该函数，如表 3-39 所示。

表 3-39 利用函数求取最大值的示例代码

序号	代码	注释
1	#include "stm32f10x.h"	包含芯片库文件的头文件
2	int getMax(int x1, int x2,int x3)	定义了函数的返回值类型为整数型（int 型），函数的名称为 getMax，调用函数需要 3 个整数型参数
3	{	函数 getMax 开始
4	int result = x1;	声明变量 result，该变量仅在函数内有效（也就是最近的一个大括号内有效），初值设置为与第一个参数 x1 相同
5	if(x2>result)	判断 x2 是否大于 result，如果是，则将 x2 赋值给 result
6	{	条件判断语句块开始
7	result = x2;	将变量 x2 赋值给 result
8	}	条件判断语句块结束
9	if(x3>result)	判断 x3 是否大于 result，如果是，则将 x3 赋值给 result
10	{	条件判断语句块开始
11	result = x3;	将变量 x3 赋值给 result
12	}	条件判断语句块开始
13	return result;	将 result 的数值返回

续表

序号	代码	注释
14	}	函数 getMax 结束
15	int main(void)	代码入口 main()函数
16	{	函数开头
17	int a = 5;	声明整型变量 a，设置初值为 5（示例）
18	int b = 10;	声明整型变量 b，设置初值为 10（示例）
19	int c = 4;	声明整型变量 c，设置初值为 4（示例）
20	int max;	声明整型变量 max，未设置初值
21	max = getMax(a,b,c);	调用函数 getMax 计算变量 a、b、c 的最大值，之后将最大值赋值给变量 max。注意等号右侧的式子会被首先计算，其结果为整数型，之后该结果被送入等号左侧的变量 max 中
22	return 1;	函数返回值为 1
23	}	main()函数结束

由此可知，C 语言中的函数是一段独立的代码块，函数名称的命名规则与变量的命名规则一致，并且不能与 C 语言中已经规定使用的关键字和函数名称冲突。函数具有返回值类型、函数名称和参数列表三部分。返回值的类型也即 C 语言中变量的类型，如整数型、浮点型、字符型和指针型等。参数列表中每个变量均需说明类型，参数之间用逗号隔开，所有参数介于一对小括号中。当函数不需要返回值的时候，可以将其声明为 void 类型。

3.8 宏定义

在 C 语言中，可以使用宏定义将一个一段代码等效成另一段代码。源代码中的宏定义在编译之前，就会由编译器首先替换成实际等效的代码，之后源代码才会经过编译和链接，最终生成目标文件。使用宏定义，可以简化代码并增强代码的可读性。例如可以将圆周率 3.141 592 6 定义成一个代码 PI，这样在程序中可以使用 PI 作为圆周率。表 3-40 中给出了对圆周率进行宏定义并用来计算圆的面积的示例代码。

表 3-40　应用宏定义的代码示例

序号	代码	注释
1	#include "stm32f10x.h"	包含芯片库文件的头文件
2	#define PI 3.141 592 6	宏定义，定义 PI 3.141 592 6
3	int main(void)	代码入口 main()函数
4	{	函数开头
5	float r = 5;	声明浮点型变量 r，设置初值为 5，该变量表示半径
6	float area = PI*r*r;	声明浮点型变量 area，初值为 PI*r*r，其中 PI 为圆周率，该式即求得了面积，并存储在变量 area 中
7	return 1;	函数返回值为 1
8	}	main()函数结束

宏定义中还可以使用参数，从而具备类似于 C 语言的函数一样的功能。同样，这些相应的宏定义也是在编译之前被替换为实际的代码的。计算圆的面积的宏定义和示例代码如表 3-41 所示，其中参数 x 就是圆的半径，编译器会在编译代码之前，首先将第 6 行代码替换为"float area=（3.14*（r）*（r））;"。此外，在第 2 行的宏定义中，之所以在表达式中将每个 x 放在小括号中，是为了避免出现优先级错误。例如，在宏定义中未将参数放在小括号中，即定义 A（x）为 3.14*x*x，则 A（3+2）会变为 3.14*3+2*3+2，而不是 3.14*（3+2）*（3+2）。

表 3-41　利用宏定义求取圆面积的示例代码

序号	代码	注释
1	#include "stm32f10x.h"	包含芯片库文件的头文件
2	#define A(x)(3.14*(x)*(x))	宏定义，定义求圆的面积的公式
3	int main(void)	代码入口 main()函数
4	{	函数开头
5	float r = 5;	声明浮点型变量 r，设置初值为 5，该变量表示半径
6	float area = A(r)	声明浮点型变量 area，A(r)即求得了面积，并存储在变量 area 中
7	return 1;	函数返回值为 1
8	}	main()函数结束

宏定义还可以使用多个参数，不同参数之间用逗号隔开即可。例如可以设计一个限制变量最大值和最小值的宏，定义为 LIMIT（a, minVal, maxVal），则其示例代码如表 3-42 所示。宏定义中，每个参数也都放置在一对小括号内。该宏定义可以用来限制变量的数值。

表 3-42 利用宏实现限幅功能的代码示例

序号	代码	注释
1	#include "stm32f10x.h"	包含芯片库文件的头文件

2	#define LIMIT(a,minVal,maxVal)\
	if(1){if((a)<(minVal))(a)=(minVal);\
	if((a)>(maxVal))(a)=(maxVal);}
		宏定义，限制第一个参数的最小值和最大值。使用了续行符"\"，该符号表示其后的一行与当前行同属一行

3	int main(void)	代码入口 main()函数
4	{	函数开头
5	float val = 5;	声明浮点型变量 val，设置初值为 5（示例）
6	LIMIT(val,0,1);	限制变量 val 介于 0 和 1 之间
7	return 1;	函数返回值为 1
8	}	main()函数结束

3.9 本章小结

本章简要介绍了利用 C 语言进行编程的知识。其中包括 C 语言的基础知识、变量、常量、数据类型、关键字和函数等相关内容。在实际项目开发过程中，需要根据实际情况灵活应用，编写运行效率高、可阅读性强的程序代码，提高程序的可靠性和可维护性。

第 4 章

串行通信接口及应用

串行通信可以实现计算机与 ARM 芯片 STM32F103VBT7 的通信,基于该通信接口,计算机可以向芯片发送命令和数据,控制芯片的运行状态;计算机也可以获取芯片发送的数据,诊断芯片的工作状态以及算法的运行情况。本章将介绍计算机与 ARM 芯片之间的串行通信硬件和软件设计方法,并编写完成下位机程序和上位机软件,实现观测 ARM 芯片中算法运行情况、修改 ARM 芯片中变量数值、控制系统工作模式的目的。

4.1 串行通信硬件电路设计

4.1.1 控制器侧的硬件电路设计

ARM 芯片管脚的供电电压为 3.3 V,当管脚电压为 0 时表示逻辑低,当管脚电压为 3.3 V 时表示逻辑高。控制器侧的硬件电路功能框图如图 4-1 所示,主要包括以下两个部分。

(1) 将 ARM 芯片管脚的输出电压转变为 0 V 和 5 V,并用来驱动光纤、芯片 HFBR-1521,将电压信号变换为光信号。

(2) 利用光纤接收芯片 HFBR-2521,将接收到的光信号转换为电压信号,其中高电平为 3.3 V,低电平为 0 V,之后送入 ARM 芯片的接收管脚。

设计的控制器侧的硬件电路原理如图 4-2 所示。为了尽量减小控制器的体积和成本,可以将 ARM 芯片与通信电路用排针进行连接(需要调试和刷写参数的时候才将通信电路与 ARM 芯片进行连接)。

本书设计的电路板图如图 4-3 所示,使用一个间距为 2.54 mm 的排针作为接口,需要的时候将控制器侧的通信电路与排针相连,进行调试和参数修改。

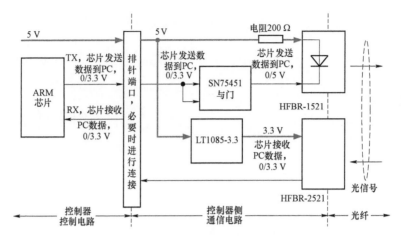

图 4-1 控制器侧的硬件电路功能框图

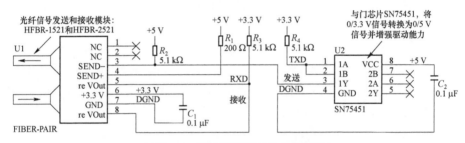

图 4-2 控制器侧的硬件电路原理

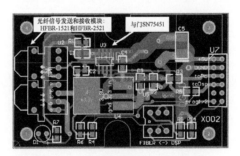

图 4-3 控制器侧的硬件电路板图

4.1.2 计算机侧的硬件电路设计

目前计算机广泛使用 USB 接口，因此本节设计了 USB 转串口电路，利用串口完成 ARM 芯片与计算机软件之间的信息交互。使用的 USB 转串口芯片为 CP2102，其原理框图如图 4-4 所示。CP2102 将 USB 信号转变为串行信号，发送至 ARM 的串行信号经过与门之后转变为 0/5 V，并用来驱动光纤发送芯片。接收到的来自

ARM 的光信号经过 HFBR-2521 芯片后转化为 0/3.3 V 电信号，并送入 CP2102 芯片的串行接收管脚。

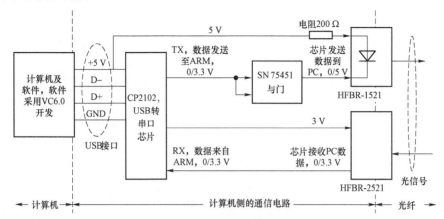

图 4-4 计算机侧通信电路的功能框图

计算机侧通信电路的原理图如图 4-5 所示，集合了 USB 接口、USB 转串口芯片 CP2102、与门芯片 SN75451、电压尖峰抑制芯片 SP0503BAHT 等。

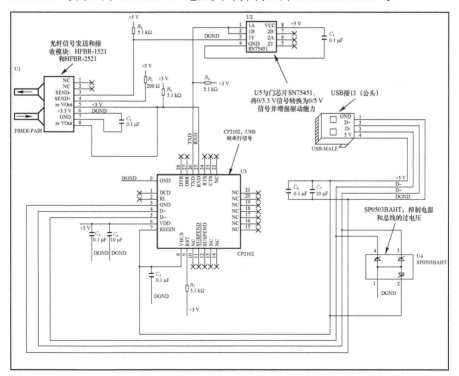

图 4-5 计算机侧通信电路的原理图

本项目设计的电路板图如图 4-6 所示,电路板长为 65 mm,宽为 21 mm。最终完成的实物图如图 4-7 所示,采用热塑管对电路板进行了密封,以起到保护电路板的作用。

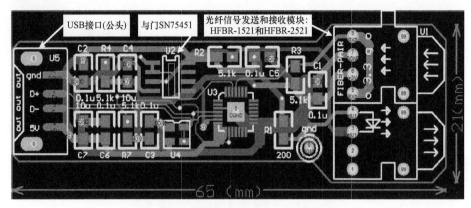

图 4-6　计算机侧通信设备的电路板图

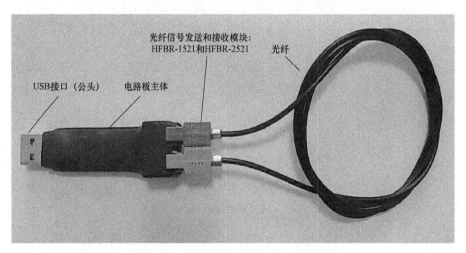

图 4-7　计算机侧通信设备的实物图

4.2　上位机的串口通信软件

4.2.1　软件总体设计方案

4.2.1.1　串口通信类的设计

上位机软件运行在 Windows 操作系统环境下,采用 Microsoft Visual C++6.0

编写上位机软件。其功能主要包括以下几个。

（1）查看 ARM 芯片中变量的数据。

（2）修改 ARM 芯片中变量的值。

（3）向 ARM 芯片发送指令修改特定的配置数据。

在控制器开发过程中，需要实时观察电压、电流等数据的波形状态，并根据需要调整多个变量的数值，因此软件需要具备实时调试的功能。当控制器交付现场工程师或者车厂生产人员后，需要根据车辆的具体情况调整电池电压、加速时间、保护电流、加速曲线等数值，因此还需要一款参数刷写软件。两种场合中工作人员的需求不同，因此本书中设计了两款软件：实时调试软件和参数刷写软件，并对功能进行了界定。

Windows 操作系统提供了 API（Application Programing Interface）函数用来操作串口。为了便于对串口进行操作，本书首先定义了通用进行串口操作的类（class），并命名为 classComport。其功能是以固定的波特率（如波特率选择 115 200）打开串口，并且发送和接收数据的格式为 8 位数据位、1 个停止位、无奇偶校验。类的主要代码如表 4-1 所示，实际使用中应在通信协议中加入检验环节，判断通信数据是否合法，提高程序的强壮性。

表 4-1 自定义串口通信类代码示例

序号	代码	注释
1	#include<windows.h>	Windows 提供的 API 头文件
2	class classComport	声明项目自定义的串口通信类
3	{	串口通信类的代码块开始
4	public:	成员变量和成员函数，public 型
5	HANDLE hCm;	声明串口的句柄
6	OVERLAPPED readOL;	用于异步模式读串口
7	OVERLAPPED writeOL;	用于异步模式写串口
8	classComport()	构造函数
9	{	构造函数代码块开始
10	hCm = (HANDLE) - 1;	设置句柄为无效

续表

序号	代码	注释
11	memset(&readOL,0,sizeof(readOL)); readOL.hEvent=::CreateEvent(NULL, TRUE,FALSE,NULL);	设置用异步模式读串口时所使用的参数，创建参数的事件
12	memset(&wrtOL,0,sizeof(writeOL)); wrtOL.hEvent=::CreateEvent(NULL, TRUE,FALSE,NULL);	设置用异步模式写串口时所使用的参数，创建参数的事件
13	}	构造函数代码块结束
14	~classComport()	串口通信类的析构函数
15	{	析构函数代码块开始
16	if(hCm!=(HANDLE)-1)	判断串口是否已经打开
17	{	判断语句的代码块开始
18	PurgeComm(hCm,0xf);	清空串口的缓存区
19	::CloseHandle(hCm);	关闭串口
20	hCm=(HANDLE)-1;	设置串口句柄为无效
21	CloseHandle(readOL.hEvent);	关闭参数的事件句柄（读串口）
22	CloseHandle(wrtOL.hEvent);	关闭参数的事件句柄（写串口）
23	}	判断语句的代码块结束
24	}	析构函数代码块结束
25	void Open()	打开串口
26	{	成员函数 Open()的代码块开始
27	hCm=::CreateFile(" COM3 ", 0xC0000000L,0,0,3, 0x40000080,0);	打开串口3，第2个参数表示使用串口收发，第 6 个参数表示使用异步重叠模式打开串口
28	::SetupComm(hCm,30000,30000);	设置缓冲区的大小
29	::PurgeComm(hCm,0xf);	清空发送和接收的缓存区

续表

序号	代码	注释

30	DCB a;
	memset(&a,0,sizeof(DCB));
	a.DCBlength = sizeof(a);
	::GetCommState(hCm,&a);
	a.BaudRate = 115 200;
	a.ByteSize = 8;
	a.Parity = 0;
	a.StopBits = 1;
	::SetCommState(hCm,&a);
		声明一个 DCB 类型的变量 a，使用 API 函数 GetCommState 获取当前串口的配置并存入 a。修改 a 的波特率为 115 200，数据位数为 8，校验类型为无校验，停止位位数为 1。之后使用 API 函数 SetCommState 去设置串口的运行参数

31	}	成员函数 Open() 的代码块结束
32	int Rx(void * pDest)	读取串口数据的函数
33	{	读取串口数据的函数代码块开始
34	DWORD err;	声明变量 err，用来记录串口故障
35	COMSTAT st;	声明变量 st，用来记录串口状态
36	unsigned long nRd = 0;	声明无符号长整型变量 nRd，表示从串口读取到的字符的个数
37	::ClearCommError(_hCm,&err,&st);	获取串口的故障和状态信息
38	::ReadFile(hCm,pDest,st.cbInQue, &nRd,&readOL);	从串口读取 nToRd 个字符到 pDest 中
39	return nRd;	返回实际读到的字符的个数
40	}	读取串口数据的函数代码块结束
41	int Tx(char x)	发送一个字符 x
42	{	成员函数 Tx 的语句块开始
43	unsigned int n = 0;	声明整型变量 n，记录发送成功的字节数
44	::WriteFile(hCm,&x,1,&n,NULL);	发送字符 x
45	}	成员函数 Tx 的语句块结束
46	};	串口类的代码块结束

本书设计采用了异步重叠的方式打开串口，因此对串口数据的发送和接收都不会产生阻塞，程序不会被函数 ReadFile 和 WriteFile 阻塞而影响其他功能。需要说明的是，为了提高代码简洁性，本书给出的代码中并未对一些系统函数的执行结果进行检验，真正使用的时候应充分考虑函数执行结果，并加入相应的故障处理代码。

此外，如果使用的 USB 转串口模块在 Windows 操作系统中生成的串口端口号不等于 3，也应该相应修改串口的序号，具体方法可以通过 Windows 操作系统自带的设备管理器查看。

4.2.1.2 串口通信类的测试

在 Visual C++6.0 中建立了测试工程 portclass，用来测试本书涉及的串口通信类的功能。其具体步骤如下。

（1）打开 Visual C++6.0，选择菜单"文件（F）"中的"新建（N）..."子菜单，如图 4-8 所示，单击之后将弹出新建工程的对话框。

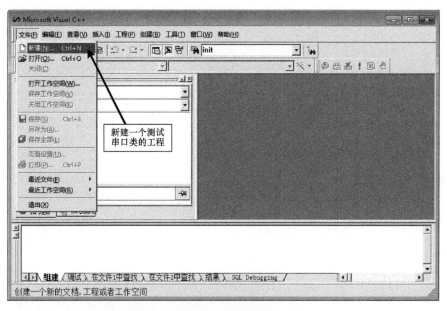

图 4-8 新建工程

在图 4-9 中，设置新建的工程类型为"MFC AppWizard[exe]"，设置工程名为 portclass，并选择合适的存储位置。例如本例中设置的存储位置为 D:\portclass。最后单击"确定"按钮，将进入详细设计工程属性的环节。

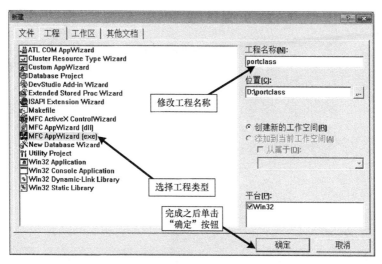

图 4-9　选择工程的类型为基于 MFC 的可执行文件

在图 4-10 中选择工程的类型为"基本对话框",因此工程编译后生成的可执行文件的主界面为一个对话框,可实现对自定义的串口通信类进行测试和验证。

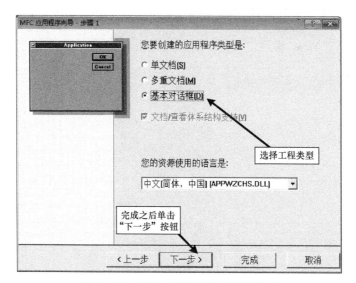

图 4-10　设置工程为基于对话框模式

在图 4-11 中设置工程是否包含版权对话框等属性,之后单击"下一步"按钮。

在图 4-12 中设置工程生成的程序的界面风格,以及是否自动添加注释等属性,之后单击"下一步"按钮。

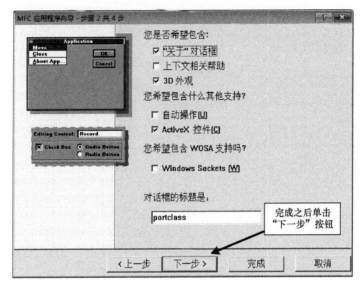

图 4-11　设置工程的属性（一）

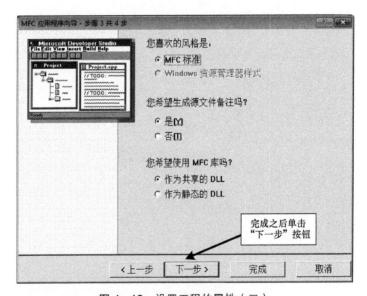

图 4-12　设置工程的属性（二）

在图 4-13 中查看工程生成的应用程序类和对话框类，一般保持默认值名称即可，之后单击"完成"按钮。

在图 4-14 显示的对话框中可以看到工程的所有信息，确认无误后单击"确定"按钮，一个基本的基于对话框的应用程序框架搭建完成。

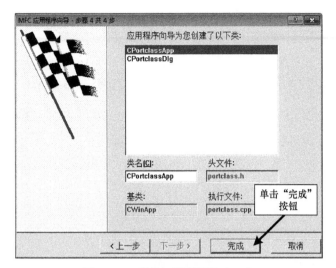

图 4-13 设置工程的属性（三）

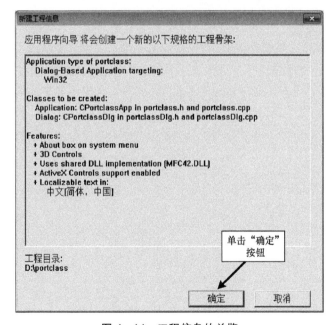

图 4-14 工程信息的总览

图 4-15 为新建完成的工程的界面，其中左侧区域显示了文件列表，也可以通过下方的标签页按照类、资源等的模式进行显示。右侧显示了当前打开的文件，既可以是对话框等资源文件，也可以是 C 语言源文件等。

图 4-15 新建完成的工程

图 4-16 显示了编辑对话框界面的步骤,具体包括四部分:① 添加编辑框控件 1,用于显示接收到的字符;② 添加静态文本框并设置名称为"Rx=",表示接收到的字符个数;③ 添加编辑框控件 2,用于显示接收到的字符的个数;④ 添加按钮并设置名称为"打开串口+开始测试"。

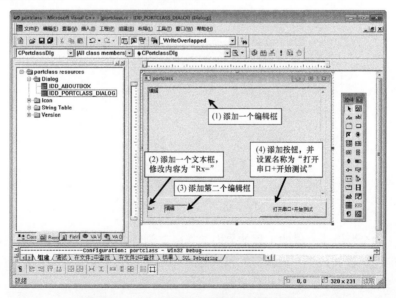

图 4-16 在工程的对话框界面中添加控件

图4-17显示了编辑框控件1的属性设置。该控件为多行显示模式,具有垂直滚动功能,并且为只读型,避免用户输入数据改变控件内容。

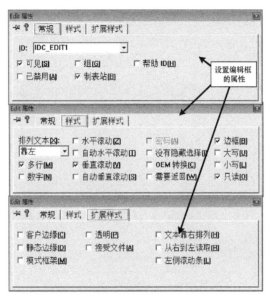

图4-17 编辑框控件1的属性设置

图4-18显示了编辑框控件2的属性设置。该控件为单行显示模式,具有自动水平滚动功能,并且为只读型,避免用户输入数据改变控件内容。

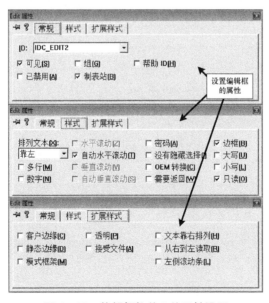

图4-18 编辑框控件2的属性设置

单击菜单栏中的"查看（V）"并选择"建立类向导..."，打开类向导的对话框，如图 4-19 所示。

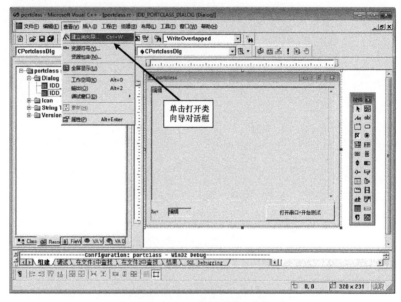

图 4-19 打开类向导界面

图 4-20 为类向导对话框的界面，切换至其中的"Member Variables"标签页，其中列出了各个控件的 ID，双击编辑框控件 1，为其捆绑变量。

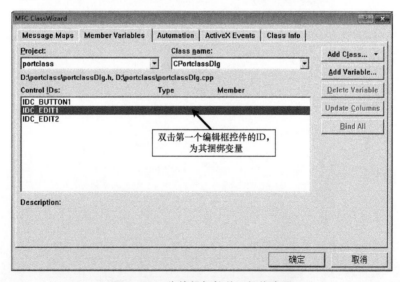

图 4-20 为编辑框控件 1 捆绑变量

设置与编辑框控件 1 捆绑的变量名称为"m_rev",类型为字符串"CString"型,设置完成后单击"OK"按钮进行确认,如图 4-21 所示。

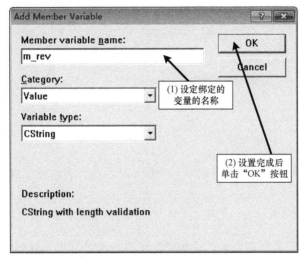

图 4-21　设置与编辑框控件 1 所捆绑的变量的信息

在"Member Variables"标签页中,双击编辑框控件 2,为其捆绑变量,如图 4-22 所示。

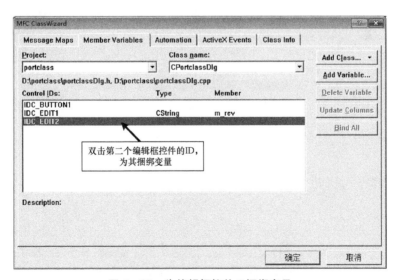

图 4-22　为编辑框控件 2 捆绑变量

设置与编辑框控件 2 捆绑的变量名称为"m_nRx",类型为整数"int"型,设置完成后单击"OK"按钮进行确认,如图 4-23 所示。

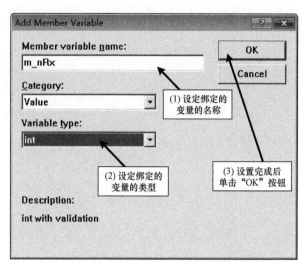

图 4-23　设置与编辑框控件 2 所捆绑的变量的信息

图 4-24 显示了为两个编辑框控件捆绑变量后的界面，分别显示了变量的类型和名称，单击"确定"按钮进行确认。

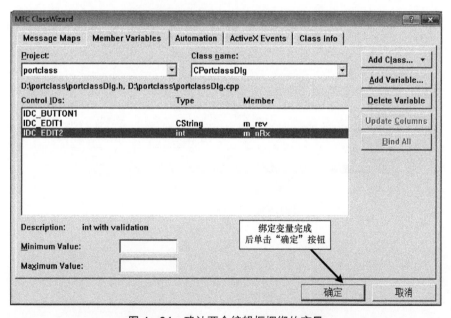

图 4-24　确认两个编辑框捆绑的变量

之后需要向工程中添加已经设计完成的自定义串口通信类，如图 4-25 所示。单击菜单"插入（I）"并选择"类（C）…"，将弹出新建类的对话框。

第 4 章　串行通信接口及应用　　101

图 4-25　向工程插入新的类

在新建类的对话框中设置新建类类型、名称和基类等信息，完成后单击"确定"按钮，如图 4-26 所示。

图 4-26　设置新插入的类的属性

打开文件 classComport.h，该文件中定义了新建立的串口通信类。将之前编写完成的代码复制到该文件中，如图 4-27 所示。之后在工程中删除自动生成的 classComport.cpp 文件，因为头文件中已经包含串口通信类的定义和实现。

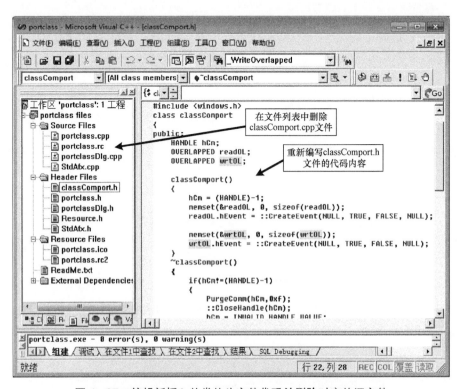

图 4-27　编辑新插入的类的头文件代码并删除对应的源文件

对话框的定义位于头文件 portClassDlg.h 中，为了在对话框中使用串口通信类，需要首先包含头文件 portclass.h，如图 4-28 所示。之后在对话框类的定义中，声明一个串口通信类的实例 com，也即变量 com 的类型为串口通信类。通过使用改变量可以完成对串口的操作。

双击资源编辑界面中对话框上的按钮"打开串口+开始测试"，在弹出的对话框中单击"OK"按钮，如图 4-29 所示，Visual C++6.0 软件将自动添加消息处理函数，并显示代码编辑界面。

图 4-30 显示了按钮"打开串口+开始测试"的消息处理函数的源代码。在该函数中添加打开串口的代码，方法是使用自定义的串口通信类的成员函数"Open"。之后若串口打开成功，则启动定时器并设置定时器的周期为 100 ms。

第 4 章 串行通信接口及应用　103

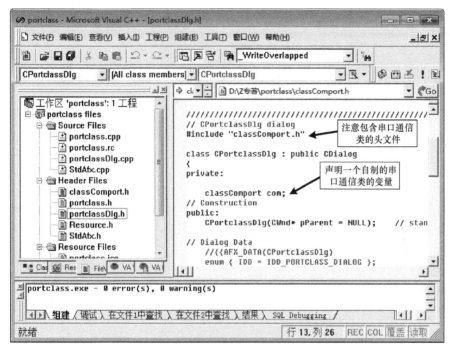

图 4-28　在对话框的头文件中使用自定义的串口通信类

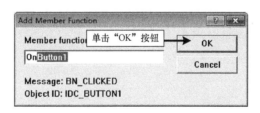

图 4-29　添加按钮控件的消息处理函数

利用类向导为添加定时器的消息处理函数，如图 4-31 所示。双击消息事件"WM_TIMER"，软件会自动添加定时器的处理函数 OnTimer，之后单击"Edit Code"按钮，可进入代码编辑界面。

图 4-32 给出了定时器消息处理函数的代码。其中创建了一个随机字符 a，a 的取值可以为字符"0"～"9"。通过串口将字符 a 发送出去，由于串口的收发用一条光纤进行了连接，所以发送出去的字符也将被串口接收到。接着软件调用"Sleep"函数等待 10 ms，然后声明一个字符数组 s［2000］，并将 2 000 个字符均设置为 0。通过调用串口通信类的"Rx"函数，可以将接收到的字符存储在字符数组 s 中，函数的返回值表明了接收到的字符个数。当接收到的字符个数超过 0 时，将发送的字符、接收到的字符和一个用来分隔的字符"_"添加到字符串"m_rev"中。

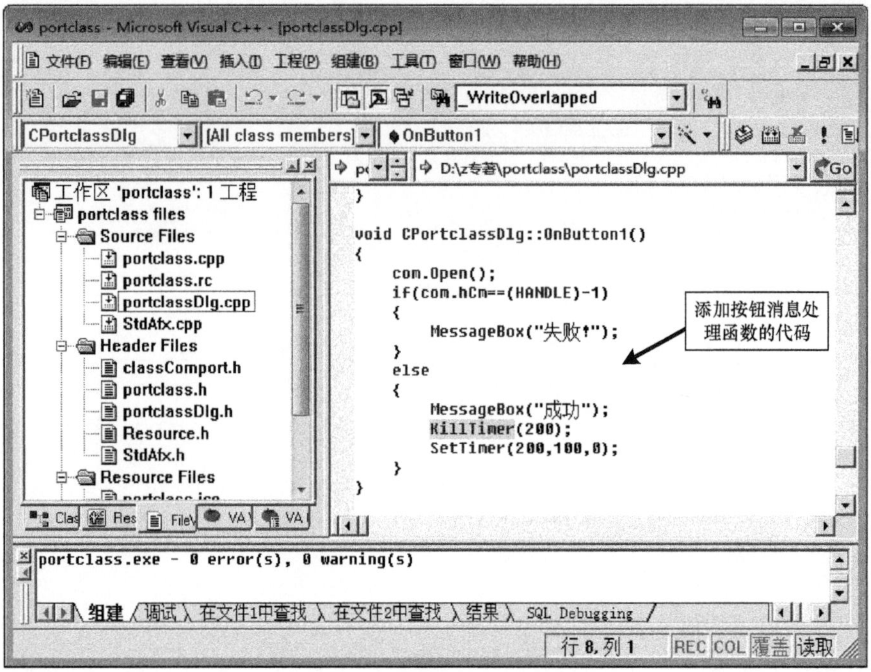

图 4-30 编写打开串口的代码

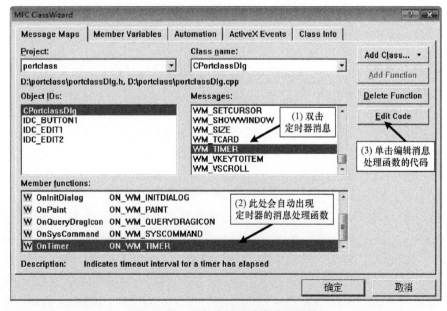

图 4-31 添加定时器消息处理函数

最后将字符串"m_rev"的总长度赋值给变量"m_nRx",并调用函数"UpdateData"将变量的数据显示到与变量绑定的控件上。

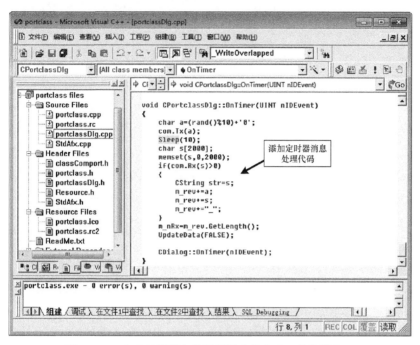

图 4-32　在定时器消息处理函数中接收串口数据并显示

4.2.1.3　结果分析及使用方法

图 4-33 和图 4-34 显示了程序运行后的界面。单击"打开串口+开始测试"

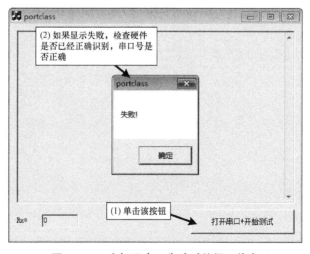

图 4-33　当打开串口失败时的提示信息

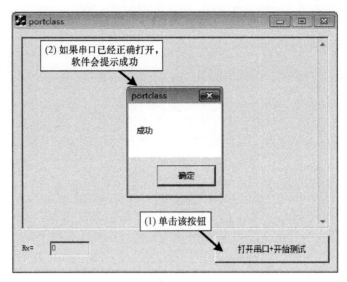

图 4-34 打开串口成功后的提示信息

按钮之后,会弹出提示消息框,告诉操作者打开串口是否成功。若打开串口成功,则软件会开启定时器,并在定时器消息中执行发送数据、接收数据以及更新显示的操作。

图 4-35 显示了软件运行过程中的界面图。由运行结果可知,程序可以定时发送和接收数据。这表明项目自主设计的串口通信类工作正常,可用于上位机软件中,完成与 ARM 的串行通信。

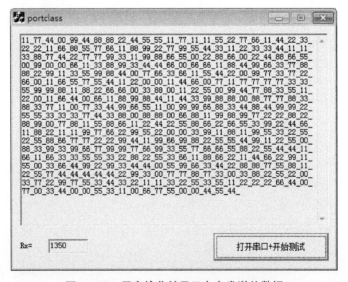

图 4-35 程序接收并显示自身发送的数据

建立串口通信类的使用方法有以下几种。

（1）建立 classComport 型的变量。

（2）使用串口通信类的 Open()函数来打开串口，并根据串口的句柄判断操作是否成功。若操作不成功，应注意修改串口的配置。

（3）使用串口通信类的 Tx()函数来发送 1 个字符，若有多个字符需要发送，需要多次调用该函数。

（4）使用串口通信类的 Rx()函数来接收缓存区中的字符，根据函数的返回值判断接收到的字符的个数。

在由上位机软件和 ARM 芯片构成的通信系统中，任何一次通信过程都是由上位机发起的。上位机通过串口通信类的"Tx"成员函数发送数据，每发送完毕 1 个字节的数据后进行等待以确保数据可以发送完成。而上位机接收数据则可以采用两种方法：第一种方法是上位机软件建立固定周期的定时器，如 100 ms，每次发生定时器事件的时候读取串口数据，该方法适用于实时调试软件，可以在定时获取 ARM 发出的数据后进行波形绘制等操作；第二种方法是在上位机发送给 ARM 信号数据后，直接等待 ARM 芯片返回的数据，适用于参数刷写软件，可以及时检测到指令是否执行成功。

4.2.2 上位机与 ARM 的通信协议

上位机与 ARM 的通信协议如表 4-2 所示，任何通信过程均由上位机向 ARM 芯片发送命令开始。上位机向 ARM 发送的命令由 10 个字节的数据构成，前 3 个字节分别为 0xaa、0xbb 和 0xcc，用来表示一次命令的开始。第 4 个字节的数据为命令类型，第 5 个字节为通道号码，第 6~9 个字节为数据，第 10 个字节为前 9 个字节数据之和，用来完成对该次命令的校验。串行通信的硬件协议设置为：波特率 115 200，无奇偶校验，数据位为 8 位。

表 4-2 上位机与 ARM 的通信协议

命令类型	通道号码	含义
0	1~9	修改实时调试软件中通道 1~通道 9 所显示变量。注意在 ARM 程序中，声明了一个有 250 个元素的指针数组，并用来存储程序中使用的变量的地址。利用该命令，实时调试软件可以设置某个通道（通道 1~通道 9）显示的是 250 个元素中的哪个
1	1~9	修改实时调试软件中通道 1~通道 9 所显示变量变比，变比为该次命令所包含的数据（见第 6~9 个字节）的万分之一

续表

命令类型	通道号码	含义
2	任意	命令 ARM 向上位机软件连续发送通道 1~通道 9 所对应的变量的数值，在发送之前 ARM 程序会将变量叠加偏置值并进行放缩（利用上位机发送给 ARM 的设定的通道的偏置和变比，偏置初始值为 0，变比初始值为 1）
3	任意	命令 ARM 向上位机软件发送 250 个变量的名字。注意在 ARM 程序中，声明了一个包含 6 500 个元素的字符数组，用来存储 250 个变量的名字，即每个变量名字最长为 26 个字符。ARM 收到该次指令后，将会把 6 500 个字符通过串口发送给上位机软件
4	任意	命令 ARM 停止向上位机软件发送数据
5	0~199	把本次命令包含的数据写入 EEPROM 的特定位置，具体位置由本次命令包含的通道号码确定，范围为 0~199
6	1~9	修改实时调试软件中通道 1~通道 9 所显示变量的数值，数值大小即该次命令所包含的数据（见第 6~9 个字节）的万分之一，并强制取正数
7	1~9	修改实时调试软件中通道 1~通道 9 所显示变量的数值，数值大小即该次命令所包含的数据（见第 6~9 个字节）的万分之一，并强制取负数
8	1~9	修改实时调试软件中通道 1~通道 9 所显示变量的偏置值，数值大小即该次命令所包含的数据（见第 6~9 个字节）的万分之一，并强制取正数
9	1~9	修改实时调试软件中通道 1~通道 9 所显示变量的偏置值，数值大小即该次命令所包含的数据（见第 6~9 个字节）的万分之一，并强制取负数
10	0~199	读取 EEPROM 的特定位置的数值，具体位置由本次命令包含的通道号码确定，范围为 0~199。ARM 程序将得到的 EEPROM 的数据填充到收到的命令中，并重新计算校验字节的数值（第 10 个字节），之后发回给上位机。

基于此通信协议，任何连续 10 个字节只有满足了如下条件才会被识别为 1 条命令。

（1）第 1 个字节的数据为 0xaa。
（2）第 2 个字节的数据为 0xbb。
（3）第 3 个字节的数据为 0xcc。
（4）第 10 个字节的数据为前 9 个字节数据之和。

此协议有效地提高了通信的可靠性，避免了通信线路干扰等因素导致执行错误命令。在上位机软件和 ARM 芯片的编程工作中，双方均应遵守该协议，以保证通信的可靠性和正确性。

4.2.3　实时调试软件的设计与开发

4.2.3.1　工程的创建

开发完成的实时调试软件界面如图 4-36 所示，其中包括获取变量名称、运行停止波形界面和数据处理等功能。软件基于 Visual C++6.0 提供的单文档型工程，视图基于 CFormView，方便在界面中增加按钮等控件，可丰富软件功能，提高软件的易用性。

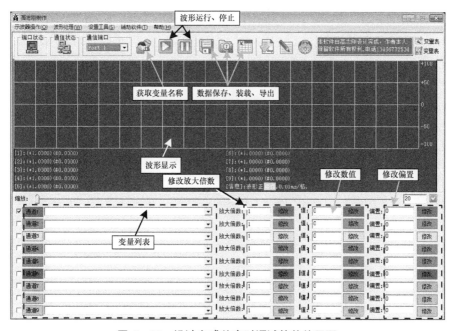

图 4-36　设计完成的实时调试软件的界面

在 Visual C++6.0 中新建工程，程序类型选择为 RTDebug，如图 4-37 所示，之后单击"下一步"按钮。

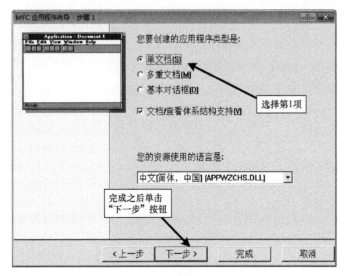

图 4-37　设置工程为单文档类型

设置工程为不包含数据库，如图 4-38 所示，之后单击"下一步"按钮继续操作。

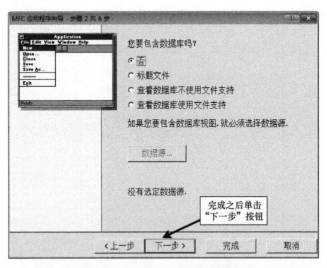

图 4-38　设置工程中使用的数据库

设置工程为不使用复合文档支持，其余选项保持默认，如图 4-39 所示，之后单击"下一步"按钮继续操作。

第 4 章 串行通信接口及应用　111

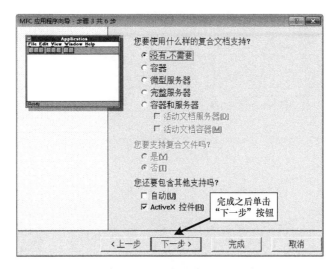

图 4-39　工程不使用复合文档支持

在图 4-40 所示的对话框中，设置工程的工具栏和状态栏等属性，之后单击"下一步"按钮继续操作。

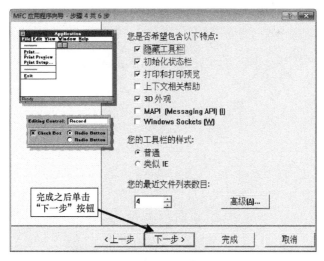

图 4-40　设置工程其他属性（一）

在图 4-41 所示的对话框中，设置工程的界面风格等属性，之后单击"下一步"按钮继续操作。

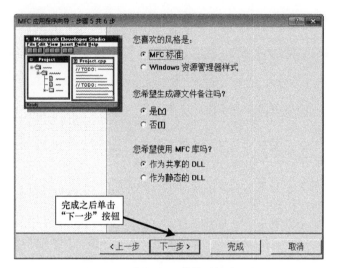

图 4-41　设置工程其他属性（二）

在图 4-42 中，可以查看程序中视图类、应用程序类、框架类以及文档类的名称和属性。为了在界面中使用按钮等控件，修改视图类的基类为"CFormView"，其余配置保持不变。最后单击"完成"按钮。

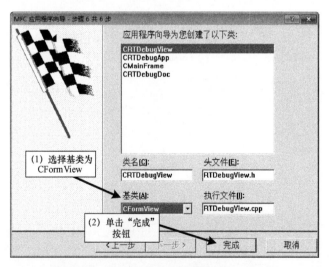

图 4-42　选择视图类的基类为 CFormView

图 4-43 显示了工程的所有属性，单击"确定"按钮之后，一个新建立的程序就完成了，该程序可以编译并运行，是一个精简的单文档类型程序。

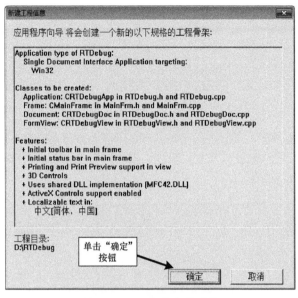

图 4-43 工程信息的总览

4.2.3.2 获取 ARM 芯片中变量名称

项目中设计的上位机监控软件可以支持 9 个通道的变量修改和波形显示。在程序开发过程中，可首先完成一个通道的设计，并用来验证软件功能，待验证通过后再按照相同的方法完成 9 个通道的设计。具体步骤如下。

（1）删除生成工具栏和状态栏的相关代码，删除 MainFrm.cpp 中 OnCreate()函数中关于工具栏和状态栏的代码。

（2）初始化软件界面大小为 1 000×750。即在 RTDebug.cpp 的 InitInstance()函数的最后一条语句"return TRUE"之前增加调整软件界面窗口大小的语句，如下所示：

m_pMainWnd->MoveWindow(0,0,1100,750);

m_pMainWnd->CenterWindow();

这两条语句中，第一条语句调用函数 MoveWindow()，设置程序窗口界面的长为 1 100 像素，宽为 750 像素；第二条语句调用函数 CenterWindow()，使窗口居中显示。

（3）在程序视图的主对话框中添加一个按钮，名称改为"获取变量名称"，按钮的 ID 改为 IDC_GETVARNAMES。按钮的属性如图 4-44 所示，当用户单击此按钮时，软件将向 ARM 芯片发送获取变量名称的命令。

图 4-44 设置按钮"获取变量名称"的属性

(4)在程序视图的主对话框中添加一个下拉列表框(Combo Box),控件的 ID 改为 IDC_COMBO1,类型为"下拉列表",具体属性如图 4-45 所示,该列表框将用来存储所有变量的名称。

图 4-45 设置下拉列表框的属性

(5)利用类向导,双击 ID 为 IDC_COMBO1 的下拉列表框,将弹出设置绑定变量的界面,如图 4-46 所示。

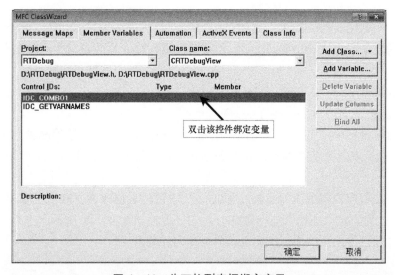

图 4-46 为下拉列表框绑定变量

在图 4-47 中，设置与下拉列表框绑定的变量，名称为"cbo1"，类别为"Control"，变量类型为"CComboBox"，最后单击"OK"按钮完成设置。

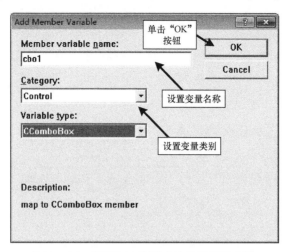

图 4-47 设置与下拉列表控件捆绑的变量

图 4-48 显示了将下拉列表框与变量进行绑定后的结果，单击"确定"按钮完成。

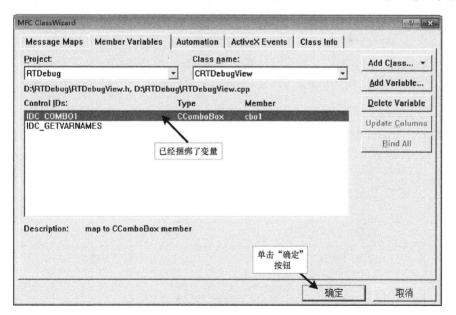

图 4-48 确认下拉列表框与变量进行了捆绑

（6）将自制的串口通信类对应的文件 classComport.h 加入工程中。或者利用新插入类 classComport，将 classComport.h 中的文件内容用自制的串口通信类代码替换，删除 classComport.cpp 文件。

（7）在 RTDebugView.h 文件定义的 CRTDebugView 类中，增加成员变量 com，类型为 classComport。并在该文件的起始处包含自制的串口通信类的头文件，即 #include "classComport.h"。

（8）在程序视图的主对话框中，双击"获取变量名称"按钮，添加成员函数，如图 4–49 所示，添加的函数名称为 OnGetvarnames。单击"OK"按钮后将进入编辑函数内容的界面，该函数位于文件 RTDebugView.cpp 中。

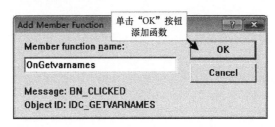

图 4–49　添加按钮"获取变量名称"的消息处理函数

在获取变量名称的成员函数中，首先利用串口通信类的 Open 成员函数打开串口，之后判断操作是否成功，若串口打开失败则退出函数。当串口成功打开后，软件会首先发送命令去禁止 ARM 发送数据，之后会发送命令让 ARM 发送变量名称。

图 4–50 中使用了函数 writeToArm 去按照串口通信协议发送数据，其代码如表 4–3 所示。将命令类型、通道号和数据放到 10 个待传输字节的指定位置，并计算前 9 个字节数据的代数和。

表 4–3　向 ARM 发送数据的代码示例

序号	代码	注释
1	void CRTDebugView::writeToArm (int cmd,int channel,int data)	将命令类型、通道号码和数据按照规定的格式发送给 ARM 的函数
2	{	函数代码块开始
3	int i = 0;	定义变量 i，并设置初值为 0
4	unsigned char s[10] = {0xaa,0xbb,0xcc,0,0,0,0,0,0,0};	定义无符号型变量数组，共有 10 个元素，并设置初值
5	s[3] = cmd;	设置命令类型
6	s[4] = channel;	设置通道号码
7	s[5] = (data&0xff000000)>>24;	设置数据的最高位
8	s[6] = (data&0x00ff0000)>>16;	设置数据的次高位

续表

序号	代码	注释
9	s[7]=(data&0x0000ff00)>>8;	设置数据的次低位
10	s[8]=data&0xff;	设置数据的最低位
11	s[9]=s[0]+s[1]+s[2]+s[3]+s[4]+s[5]+s[6]+s[7]+s[8];	计算前 9 个字节的数据的和,并存入变量 s[9]中
12	for(i=0;i<10;i++)	变量 i 从 0 到 9 共循环执行 10 次
13	{	循环语句块开始
14	com.Tx(s[i]);	发送一个字符
15	Sleep(10);	等待 10 ms
16	}	循环语句块结束
17	}	函数结束

图 4-50 编写获取变量名称的代码

程序向 ARM 发送获取变量信息的命令后,会等待 3 s。之后,程序检查收到的字符个数是否为 6 500,如果不是则说明接收变量失败,程序给出错误提示后退出函数。如果接收变量名称成功,程序则会依次检查 250 个变量的名称,若名称存在,则加入列表框中。

用已经烧录完下位机程序的 ARM 芯片对上位机软件进行测试,执行结果如图 4-51 所示,软件成功获取了下位机中的变量名称。软件界面的其他空白区域可用于显示其他通道的信息以及绘制各通道变量的波形。

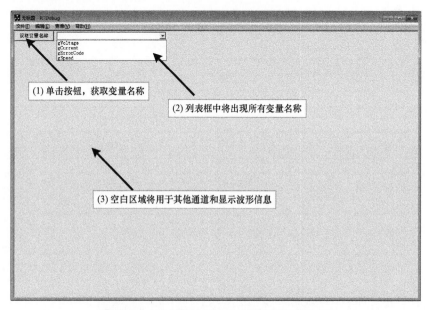

图 4-51　实时调试软件正确获取了变量名称

4.2.3.3　改变通道对应的变量

在实时调试软件运行过程中,用户可以单击通道的下拉列表框选择不同的变量,进行波形查看和数据修改等。为此,首先需要在类向导中为下拉列表框建立消息处理函数,如图 4-52 所示。当用户改变下拉列表框显示的条目时,对应的消息为"CBN_SELCHANGE",双击该消息后软件将弹出添加该消息的处理函数的对话框。

在图 4-53 中可以设置消息处理函数的名称,该对话框还表明了消息类型和列表框的 ID 等信息,完成之后单击"OK"按钮。

图 4-54 为添加了下拉列表框之后的界面,单击"Edit Code"将进入编辑源代码的界面。

第 4 章 串行通信接口及应用 119

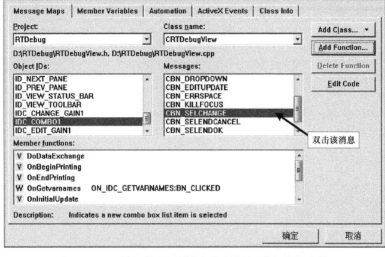

图 4-52 利用类向导列表框控件添加消息处理函数

图 4-53 设置下拉列表框的消息处理函数的名称

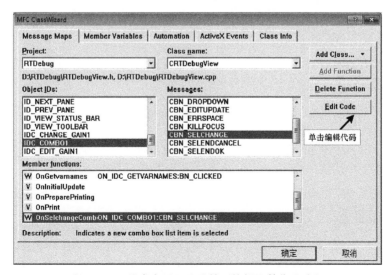

图 4-54 从类向导界面跳转到编辑函数代码功能

下拉列表框的消息处理函数的源代码如图 4-55 所示。程序后面获得下拉列表框中选定的条目的序号，若该序号有效则调用串口数据发送函数 writeToArm 向 ARM 芯片发送命令。

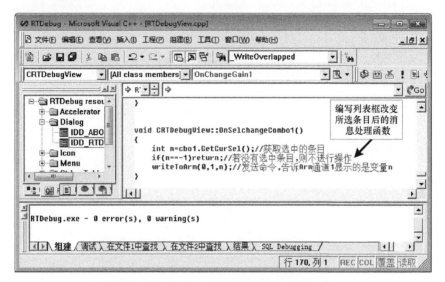

图 4-55　编写下拉列表框的消息处理函数

4.2.3.4　改变通道的变比

在主对话框中增加一个编辑框，编辑框的 ID 设置为 "IDC_EDIT_GAIN1"，表示了第 1 个通道的变比。编辑框的其他属性如图 4-56 所示。

图 4-56　设置编辑框（设置通道变量变比）的属性

在主对话框中增加一个按钮，编辑框的 ID 设置为 "IDC_CHANGE_GAIN1"，表示修改第 1 个通道的变比。按钮的其他属性如图 4-57 所示。

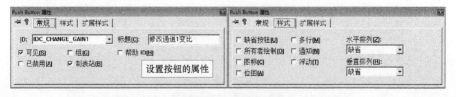

图 4-57　设置按钮（改变通道变比）的属性

在类向导中，切换至"Member Variables"标签页，双击控件，可为其捆绑变量。为编辑框"IDC_EDIT_GAIN1"捆绑变量"gain1"，类型为浮点型，该变量表示了第 1 个通道的变比，如图 4-58 所示。

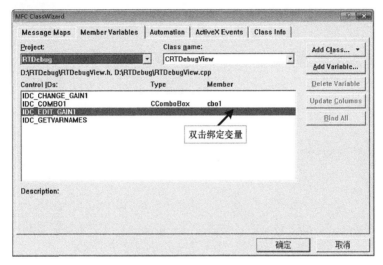

图 4-58 利用类向导为编辑框（增益）捆绑变量

图 4-59 为变量"gain1"的具体信息，设置完成后单击"OK"按钮。

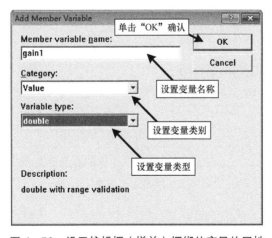

图 4-59 设置编辑框（增益）捆绑的变量的属性

图 4-60 为设置完成所捆绑的变量后的界面。截至目前，下拉列表框和关于通道增益的编辑框均已经捆绑了变量。确认无误后单击"确定"按钮，重新回到对话框编辑界面中。

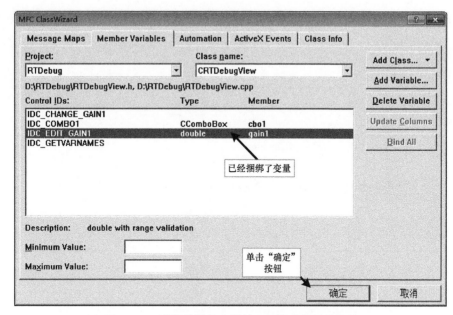

图 4-60　确定编辑框（增益）捆绑的变量的属性

在对话框编辑界面中，双击主对话框中添加的 ID"IDC_CHANGE_GAIN1"的按钮，在弹出的添加成员函数的对话框中选择"OK"，将出现为设置该按钮的消息处理函数名称的对话框，如图 4-61 所示。单击"OK"按钮后将进入代码编辑界面。

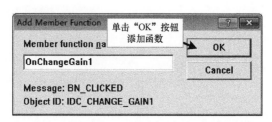

图 4-61　设置按钮（修改增益）消息处理函数的名称

将进入编辑成员函数代码的界面，如图 4-62 所示。在修改通道 1 变比的成员函数中，首先使用 UpdateData() 函数将编辑框的数据更新到变量"gain1"中，之后将"gain1"放大 10 000 倍，并利用 writeToArm 函数发送给下位机。

4.2.3.5　改变通道对应的变量的数值

在主对话框中增加一个编辑框，编辑框的 ID 设置为"IDC_EDIT_VALUE1"，表示第 1 个通道的数值。编辑框的其他属性如图 4-63 所示。

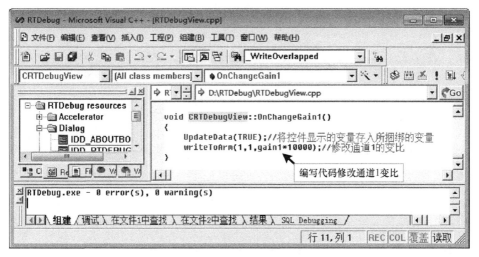

图 4-62　修改通道增益的消息处理函数

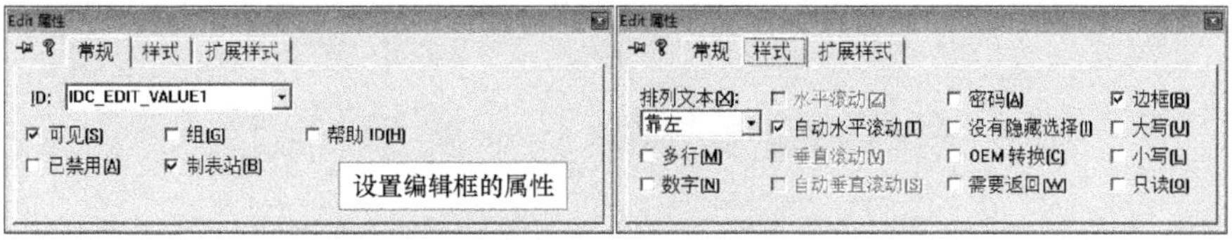

图 4-63　编辑框（设置通道变量数值）的属性

在主对话框中增加 1 个按钮，编辑框的 ID 设置为"IDC_CHANGE_VALUE1"，表示修改第 1 个通道的数值。按钮的其他属性如图 4-64 所示。

图 4-64　设置按钮（改变通道变量数值）的属性

在类向导中，切换至"Member Variables"标签页，双击控件，可为其捆绑变量。为编辑框"IDC_EDIT_VALUE1"捆绑变量"value1"，类型为浮点型，该变量表示了第 1 个通道的变比，如图 4-65 所示。

图 4-66 为变量"value1"的具体信息，设置完成后单击"OK"按钮。

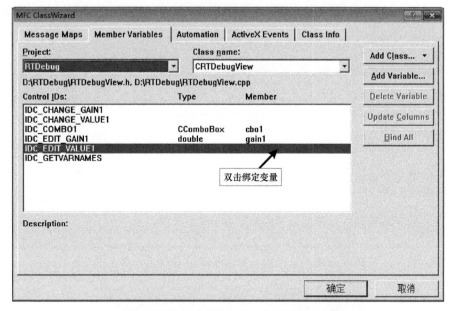

图 4-65 利用类向导为编辑框（变量数值）捆绑变量

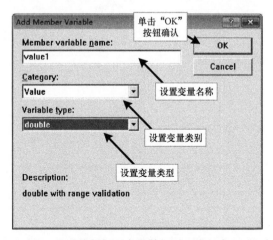

图 4-66 设置编辑框（变量数值）捆绑的变量的属性

图 4-67 为设置完成所捆绑的变量后的界面。截至目前，下拉列表框、关于通道增益的编辑框和关于通道变量数值的编辑框均已经捆绑了变量。确认无误后单击"确定"按钮，重新回到对话框编辑界面中。

在对话框编辑界面中，双击主对话框中添加的"ID 为 IDC_CHANGE_VALUE1"的按钮，在弹出的添加成员函数的对话框中选择"OK"，将出现为设置该按钮的消息处理函数名称的对话框，如图 4-68 所示。单击"OK"按钮后将进入代码编辑界面。

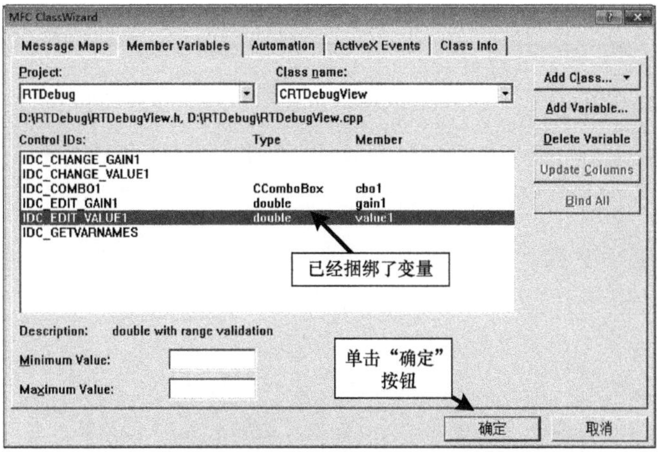

图4-67 确定编辑框(变量数值)捆绑的变量的属性

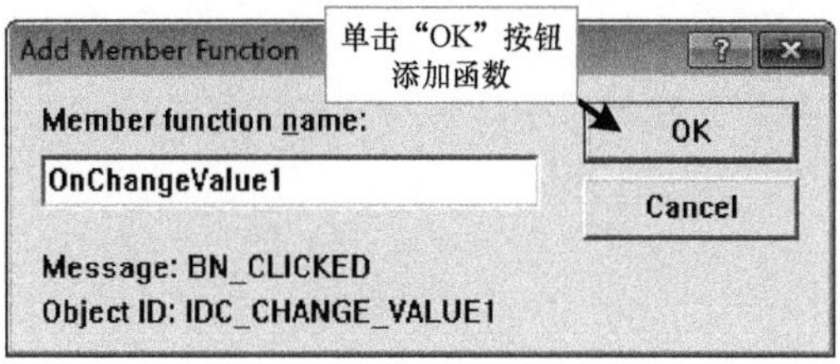

图4-68 设置按钮(修改变量数值)消息处理函数的名称

进入编辑成员函数代码的界面,如图4-69所示。在修改通道1变量数值的成员函数中,首先使用"UpdateData"函数将编辑框的数据更新到变量"value1"中,

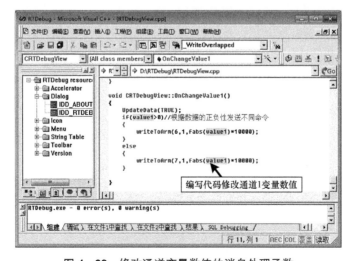

图4-69 修改通道变量数值的消息处理函数

之后将"value1"放大 10 000 倍，并根据"value1"的正负性和通信协议，利用 writeToArm 函数发送给下位机。

4.2.3.6 改变通道的偏置

在主对话框中增加一个编辑框，编辑框的 ID 设置为"IDC_EDIT_BIAS1"，表示第 1 个通道的变量的偏置。编辑框的其他属性如图 4–70 所示。

图 4–70　编辑框（设置通道变量的偏置）的属性

在主对话框中增加一个按钮，编辑框的 ID 设置为"IDC_CHANGE_BIAS1"，表示修改第 1 个通道的偏置。按钮的其他属性如图 4–71 所示。

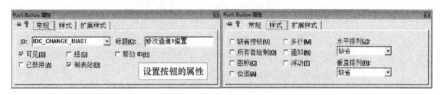

图 4–71　设置按钮（改变通道变比）的属性

在类向导中，切换至"Member Variables"标签页，双击控件，可为其捆绑变量。为编辑框"IDC_EDIT_BIAS1"捆绑变量"bias1"，类型为浮点型，该变量表示第 1 个通道的偏置，如图 4–72 所示。

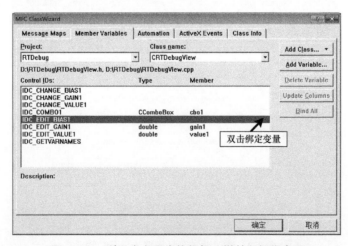

图 4–72　利用类向导为编辑框（增益）捆绑变量

图4-73为变量"bias1"的具体信息，设置完成后单击"OK"按钮。

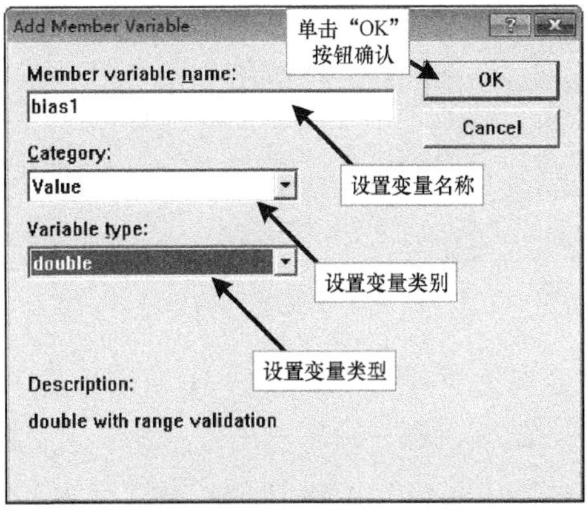

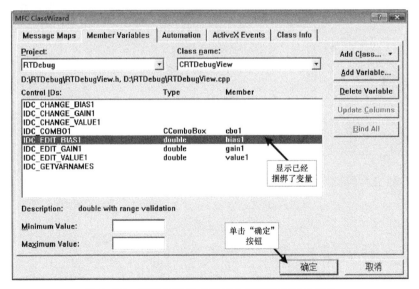

图4-73 设置编辑框（偏置）捆绑的变量的属性

图4-74为设置完成所捆绑的变量后的界面。至此，下拉列表框、关于通道增益的编辑框、关于通道数值的编辑框和关于通道偏置的编辑框均已经捆绑了变量。确认无误后单击"确定"按钮，重新回到对话框编辑界面中。

图4-74 确定编辑框（偏置）捆绑的变量的属性

在对话框编辑界面中，双击主对话框中添加的ID为"IDC_CHANGE_BIAS1"的按钮，在弹出的添加成员函数的对话框中单击"OK"按钮，将出现为设置该按钮的消息处理函数名称的对话框，如图4-75所示。单击"OK"按钮后将进入代码编辑界面。

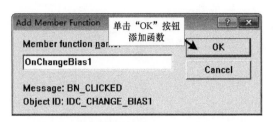

图 4-75 设置按钮（修改偏置）消息处理函数的名称

将进入编辑成员函数代码的界面，如图 4-76 所示。在修改通道 1 偏置的成员函数中，首先使用 UpdateData 函数将编辑框的数据更新到变量"value1"中，之后将"value1"放大 10 000 倍，并利用 writeToArm 函数发送给下位机。

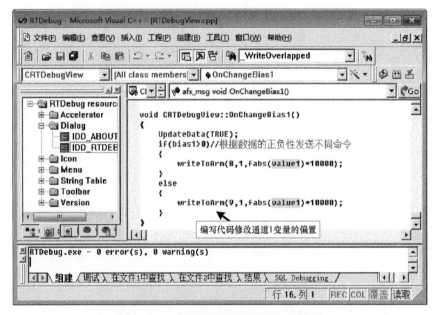

图 4-76 修改通道偏置的消息处理函数

4.2.3.7 波形运行与停止功能

在主界面中添加按钮，ID 设置为"IDC_SCOPERUN"，名称设置为"运行"，其余设置如图 4-77 所示。

在对话框编辑界面中，双击主对话框中添加的 ID 为"IDC_SCOPERUN"的按钮，在弹出的添加成员函数的对话框中选择"OK"，将出现为设置该按钮的消息处理函数名称的对话框，如图 4-78 所示。单击"OK"按钮后将进入代码编辑界面。

图 4-77 设置按钮（示波器运行）的属性

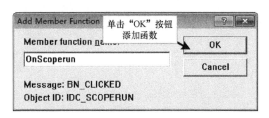

图 4-78 设置按钮（示波器运行）消息处理函数的名称

在主界面中添加按钮，ID 设置为 "IDC_SCOPESTOP"，名称设置为 "停止"，其余设置如图 4-79 所示。

图 4-79 设置按钮（示波器停止）的属性

在对话框编辑界面中，双击主对话框中添加的 ID 为 "IDC_SCOPESTOP" 的按钮，在弹出的添加成员函数的对话框中单击 "OK" 按钮，将出现为设置该按钮的消息处理函数名称的对话框，如图 4-80 所示。单击 "OK" 按钮后将进入代码编辑界面。

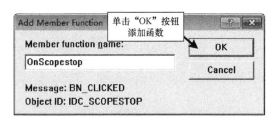

图 4-80 设置按钮（示波器停止）消息处理函数的名称

分别编辑"示波器运行"和"示波器停止"两个函数的代码，如图 4-81 所示，分别向下位机 ARM 芯片发送不同的指令。结合制定的通信协议可知，两个命令分别可以控制下位机发送和停止发送波形数据。

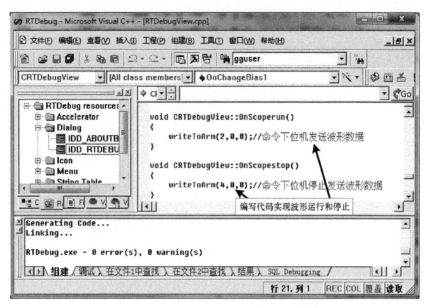

图 4-81　运行和停止示波器的消息处理函数

4.2.3.8　获取变量数据并绘制波形

在主对话框中建立定时器，每隔固定时间将接收到的数据存入内存中并更新波形曲线，即可以实时显示 ARM 芯片中变量的波形。利用类向导添加定时器消息处理函数的过程如图 4-82 所示。

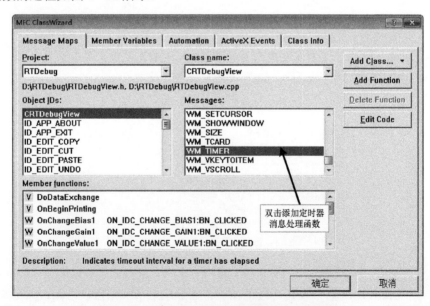

图 4-82　利用类向导添加定时器消息处理函数

双击消息"WM_TIMER"添加了定时器的消息处理函数后,软件将添加一个名称为"OnTimer"的函数,如图 4-83 所示。之后单击"Edit Code"按钮,将进入编辑函数代码的界面。

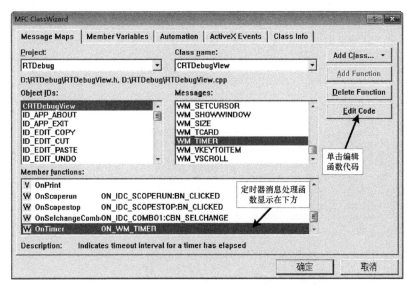

图 4-83　查看定时器消息处理函数名称及代码

图 4-84 中显示了软件生成的定时器消息处理函数的代码,用户可以在该函数中添加接收和显示波形数据的代码。

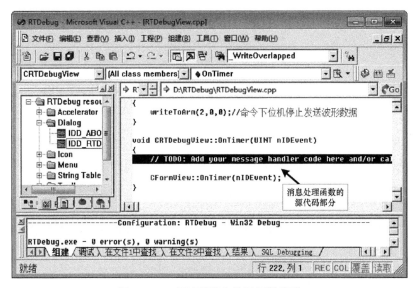

图 4-84　定时器消息处理函数代码

在对话框的初始化函数中，建立相应的定时器。如图 4-85 所示，定时器的周期设置为 200 ms，即 Windows 系统会每隔 200 ms 产生一个定时器消息并发送给程序，程序响应该消息时会调用函数"OnTimer"。

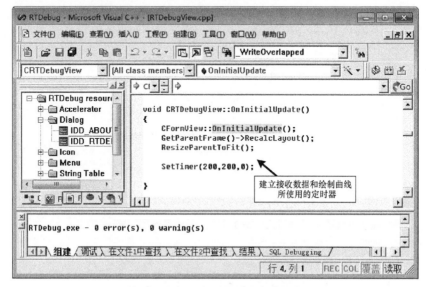

图 4-85　建立定时器的代码

程序中创建了如下三种变量，用来存储接收到的波形数据。

（1）声明整型二维整型数组 m_dat[10][20000]，存储通道 0～通道 9 的数据，通道 0 用于数据同步，其数据总是为 201。通道 1～通道 9 用来显示各变量的曲线。

（2）声明全局变量 m_ch，整型，初值为 0，取值范围为 0～9，表示将要向哪个通道存储数据。

（3）声明全局变量 m_num，整型，初值为 0，取值范围为 0～19 999，表示将要把新接收到的数据存入通道的哪个位置。

程序获取变量数据的流程如图 4-86 所示。每个通道可以存储 20 000 个数据，当接收到一个新数据时，程序首先判断该数据是否等于 201，如果是则说明这是通道 0 的数据，用来进行通信同步，否则便将其存入相应的通道中。通过流程图可以看出，即使在通信过程中发生数据丢失等问题，程序也可以根据接收到的数值"201"来确定后续数据应存储于哪个通道中，从而提高了通信的可靠性。

程序每接收到一个数据，就会将表示通道的变量"m_chn"自增 1。这其中有个例外，即若接收到数值"201"，则会将变量"m_chn"置 0，并将表示通道存储的数据个数的变量"m_num"自增 1。通过这种方法，逐个将所有收到的数据进行处理。

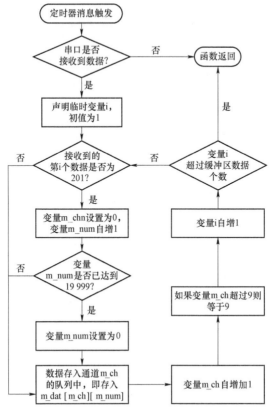

图 4-86 接收各通道变量数据的流程

程序在定时器消息的处理函数中，还会将各通道接收到的数据绘制成曲线。以绘制通道 1 的曲线为例，其流程如图 4-87 所示。程序首先判断该通道波形数据是否需要显示，如果不需要显示则直接返回。当该通道波形数据需要显示时，根据当前界面总共可以显示的数据个数，从存储通道数据的二维数组"m_data"中找到起始点。之后分别将相邻的两个数据用直线进行连接，其间考虑到屏幕像素点的限制，引入变量"X"来表示屏幕每个像素点对应多少个数据。在读取数据的过程中，还需要注意防止数组范围越界。

在绘制曲线的过程中，采用 Windows 操作系统的设备上下文（device context）接口和双缓存技术，可以有效地提高绘图速度并减少波形闪烁。还可以将波形和消息处理封装在一个类中，提高代码的可移植性。图 4-88 显示了通道 1 获取数据并进行曲线绘制的简单程序界面，该程序中已经包含选择不同变量、改变曲线变比、修改变量数值以及修改偏置量的功能。

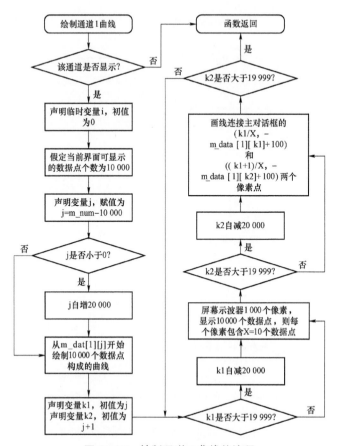

图 4-87 绘制通道 1 曲线的流程

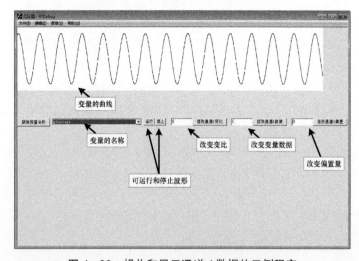

图 4-88 操作和显示通道 1 数据的示例程序

按照相同的方式,添加所有 9 个通道的消息处理、信息接收和波形绘制功能,并调整程序的界面布局,进行软件界面美化,添加必要的辅助功能,最终完成实时调试软件。

4.2.4 参数刷写软件的设计与开发

4.2.4.1 功能介绍

参数刷写软件可以供现场工程师和小功率电动汽车制造厂家使用,用来改变控制器的运行参数和配置,以适应现场的实际需求。例如,可以根据需要修改控制器输出的力矩曲线特性,从而改变车辆的加速特性,适合于不同类型的车辆。

如图 4-89 所示,程序左侧包含了所有可以配置的参数信息,单击单条参数信息后,右侧将列出该参数的取值范围和当前值信息。用户可以修改数值并写入控制器的 EEPROM 中。

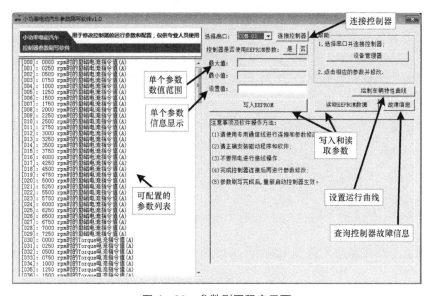

图 4-89 参数刷写程序界面

参数信息中包含了车辆在不同行驶速度下的力矩特性曲线、电机励磁曲线等信息。为了便于直观地配置这些曲线信息,软件还提供了可视化的曲线参数调整功能,如图 4-90 所示。

为了提高系统的可靠性,应该对从 EEPROM 中读取的数据进行校验,如可以多次存储同一数据,或者存储一系列参数的代数和等方法,及时发现数据错误,避免由于读取到的数据错误而影响系统安全。

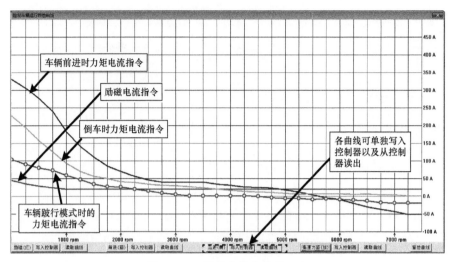

图 4-90　调整曲线参数的界面

4.2.4.2　参数列表说明

在 Visual C++6.0 中新建基于对话框的 MFC 程序，工程名称为"Settings"，并在对话框中创建一个按钮，ID 为"IDC_TURNON"，名称为"打开串口"。按钮的属性设置如图 4-91 所示。

图 4-91　按钮（打开串口）的属性设置

设计的控制器的配置参数及编号如表 4-4 所示。

表 4-4　控制器参数信息

序号	项目名称及说明	范围
0~29	不同转速下的励磁电流指令值，单位为A，从0开始，每250 r/min 一个点，共30个点，最后一个点对应的转速为7 250 r/min	0~500
30~59	不同转速下的车辆前进行驶时的力矩电流指令值，单位为A，从0开始，每250 r/min 一个点，共30个点，最后一个点对应的转速为7 250 r/min	-100~500
60~89	不同转速下的车辆后退行驶时的力矩电流指令值，单位为A，从0开始，每250 r/min 一个点，共30个点，最后一个点对应的转速为7 250 r/min	-100~500
90~119	车辆跛行模式时的力矩电流指令值，单位为A，从0开始，每250 r/min 一个点，共30个点，最后一个点对应的转速为7 250 r/min	-100~500

续表

序号	项目名称及说明	范围
120	控制器输出电流的保护值,单位为 A	1～800
121	电池电压过低保护值,单位为 V	1～100
122	电池电压过高保护值,单位为 V	1～100
123	控制器温度过高保护值,单位为℃	50～150
124	电动机温度过高保护值,单位为℃	50～150
125	异步电动机极对数,单位为对	1～10
126	异步电动机转子时间常数相关量,无单位	1～9 999
127	异步电动机电流环比例系数相关量,无单位	1～9 999
128	异步电动机电流环积分系数相关量,无单位	1～9 999
129	电流指令变化速率相关量,无单位	1～9 999
130	是否开启车辆驻坡功能,1 表示开启,0 表示关闭	0～1
131	激活驻坡功能的转速值,单位为 rpm	1～500
132	驻坡制动系数相关量,无单位	1～9 999
133	是否开启馈能制动功能,1 表示开启,0 表示关闭	0～1
134	馈能制动最大电流限制值,单位为 A	1～500
135	控制器跛行运行温度值,单位为℃	50～150
136	控制器跛行运行电压值,单位为 V	1～100
137	仪表盘电流调整系数,无单位	1～9 999
138	仪表盘车速调整系数,无单位	1～9 999
139～198	保留	0～500
199	是否使用 EEPROM 中的数据,170 表示使用,其余表示不使用	0～200

在对话框中创建一个下拉列表框,ID 为"IDC_LIST_PARAMETERS",用来供用户选择特定的参数,其属性设置如图 4-92 所示。

图 4-92 下拉列表框(串口列表)的属性

在类向导中,切换至"Member Variables"标签页,双击控件,可为其捆绑变量。为编辑框"IDC_LIST_PARAMETERS"捆绑变量"m_listParameters",类型为 CListBox,该变量可用来操作列表框控件,如图 4-93 所示。

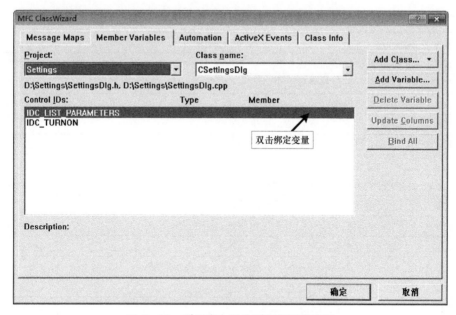

图 4-93 利用类向导为列表框捆绑变量

图 4-94 为变量"m_listParameters"的具体信息,设置完成后单击"OK"按钮。

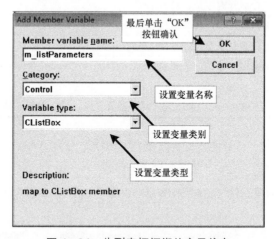

图 4-94 为列表框捆绑的变量信息

图 4-95 为设置完成所捆绑的变量后的界面。确认无误后单击"确定"按钮,重新回到对话框编辑界面中。

在主对话框中建立编辑框控件,ID 设置为"IDC_EDIT_MAX",其属性如图 4-96 所示。该控件为单行显示模式,具有自动水平滚动功能,并且为只读型,用来显示某一参数的最大允许的设置值。

图 4-95 列表框捆绑变量后的信息

图 4-96 编辑框控件（参数最大值）的属性设置

图 4-97 为类向导对话框的界面，切换至其中的"Member Variables"标签页，其中列出了各个控件的 ID，双击编辑框控件"IDC_EDIT_MAX"，为其捆绑变量。由于各参数均为整数，因此捆绑的变量类型为 int 型。

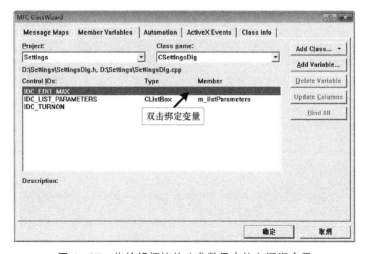

图 4-97 为编辑框控件（参数最大值）捆绑变量

设置与编辑框控件（参数最大值）捆绑的变量名称为"m_nMax"，类型整数型，设置完成后单击"OK"按钮进行确认，如图4-98所示。

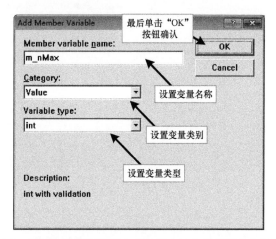

图4-98 设置与编辑框控件（参数最大值）所捆绑的变量的信息

图4-99显示了为编辑框控件捆绑变量后的界面，分别显示了变量的类型和名称，单击"确定"按钮进行确认。

图4-99 确认编辑框（参数最大值）捆绑的变量

在主对话框中建立编辑框控件，ID 设置为"IDC_EDIT_MIN"，其属性如图 4-100 所示。该控件为单行显示模式，具有自动水平滚动功能，并且为只读型，用来显示某一参数的最小允许的设置值。

图 4-100　编辑框控件（参数最小值）的属性设置

打开类向导对话框的界面，切换至其中的"Member Variables"标签页，其中列出了各个控件的 ID，双击编辑框控件"IDC_EDIT_MIN"，为其捆绑变量，如图 4-101 所示。由于各参数均为整数，因此捆绑的变量类型为 int 型。

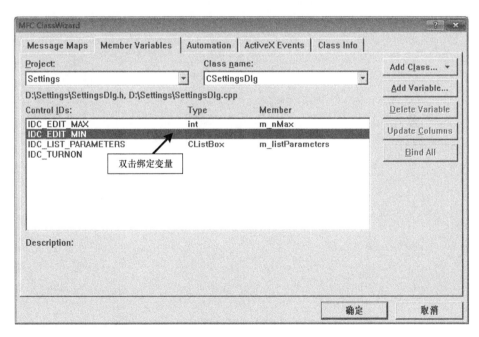

图 4-101　为编辑框控件（参数最小值）捆绑变量

设置与编辑框控件（参数最大值）捆绑的变量名称为"m_nMin"，类型整数型，设置完成后单击"OK"按钮进行确认，如图 4-102 所示。

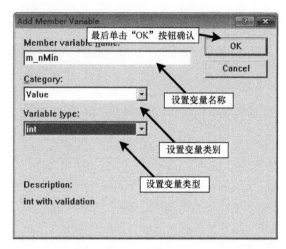

图 4-102　设置与编辑框控件（参数最大值）所捆绑的变量的信息

图 4-103 显示了为编辑框控件捆绑变量后的界面，分别显示了变量的类型和名称，单击"确定"按钮进行确认。

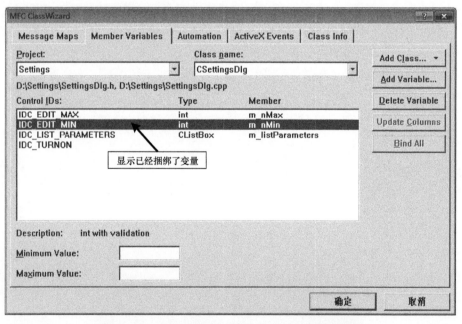

图 4-103　确认编辑框（参数最小值）捆绑的变量

在主对话框中建立编辑框控件，ID 设置为"IDC_EDIT_VALUE"，其属性如图 4-104 所示。该控件为单行显示模式，具有自动水平滚动功能，用来供用户输入设置参数数值。

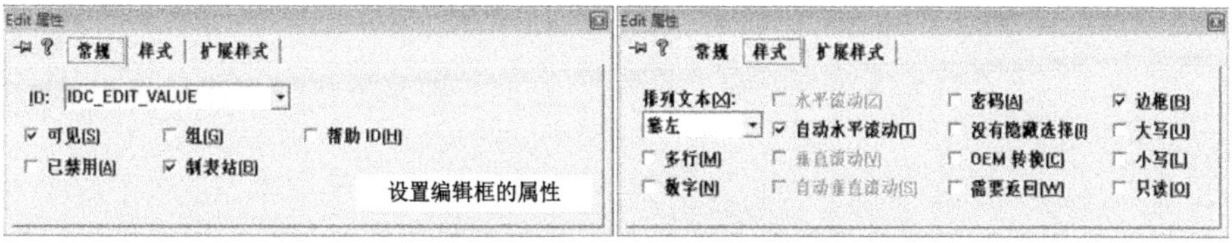

图 4-104 编辑框控件（参数设置值）的属性设置

打开类向导对话框的界面，切换至其中的"Member Variables"标签页，其中列出了各个控件的 ID，双击编辑框控件"IDC_EDIT_VALUE"，为其捆绑变量，如图 4-105 所示。由于各参数均为整数，因此捆绑的变量类型为 int 型。

图 4-105 为编辑框控件（参数设置值）捆绑变量

设置与编辑框控件（参数最大值）捆绑的变量名称为"m_nValue"，类型整数型，设置完成后单击"OK"按钮进行确认，如图 4-106 所示。

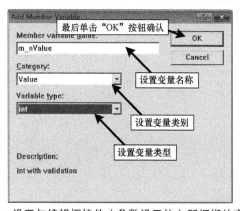

图 4-106 设置与编辑框控件（参数设置值）所捆绑的变量的信息

图 4–107 显示了为编辑框控件捆绑变量后的界面，分别显示了变量的类型和名称。至此，一个参数的最大值、最小值和设置值的编辑框均捆绑了变量，单击"确定"按钮进行确认。

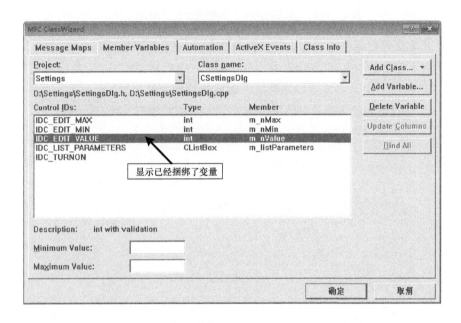

图 4–107　确认编辑框（参数设置值）捆绑的变量

在主界面中添加按钮，ID 设置为"IDC_WRITE"，名称设置为"写入参数"，其余设置如图 4–108 所示。

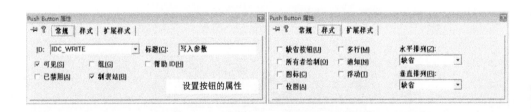

图 4–108　设置按钮（写入参数）的属性

在主界面中添加按钮，ID 设置为"IDC_READ"，名称设置为"读出参数"，其余设置如图 4–109 所示。

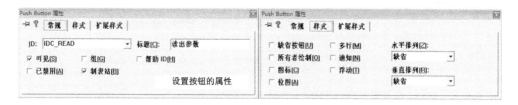

图 4-109　设置按钮（读出参数）的属性

图 4-110 为设计完成的对话框界面。界面中有 3 个按钮，分别为"打开串口""写入参数"和"读出参数"。界面中有 3 个编辑框，分别为参数最大值、参数最小值和参数实际值。此外，对话框左下方为列表框，显示了所有参数条目。

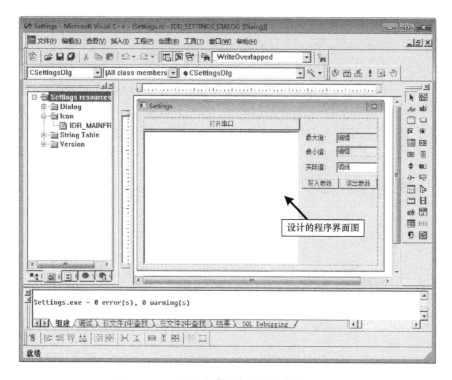

图 4-110　设计完成的参数刷写软件界面图

单击菜单"插入"，选择子菜单"类（C）…"，在工程中添加自制的串口通信类"classComport"，并将设计好的自定义串口通信类的代码复制到文件 classComport.h 中。由于头文件中已经包含了类的全部代码，所以删除文件 classComport.cpp，如图 4-111 所示。

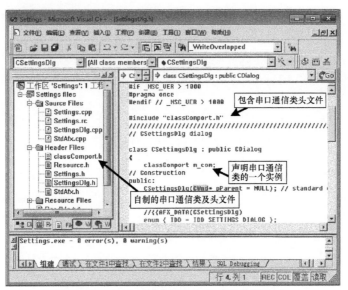

图 4-111　向工程中加入自定义串口通信类

为了便于向下位机发送数据,设计函数"writeToArm",如图 4-112 所示。该函数声明了一个包含 10 个无符号型字符的数组 s,并设定数组特定元素的数值,计算所有数据的和,最后调用串口通信类的函数"Tx",将 10 个元素发送到下位机中。

图 4-112　向下位机写入通信数据的函数代码

按钮"打开串口"用于打开串口并判断操作是否成功。在对话框编辑界面中，用双击主对话框中添加的 ID 为"IDC_TURNON"的按钮，在弹出的添加成员函数的对话框中选择 OK，将出现为设置该按钮的消息处理函数名称的对话框，如图 4-113 所示。单击其中的"OK"按钮后将进入代码编辑界面。

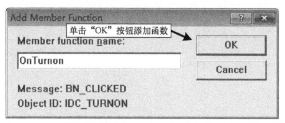

图 4-113　设置按钮（打开串口）消息处理函数的名称

图 4-114 显示了按钮"打开串口"的消息处理函数的代码。该函数中，首先调用串口通信类的函数"Open"，然后根据得到的句柄判断操作是否成功。若消息失败则给出错误提示，否则向下位机发送指令，命令下位机停止发送数据。

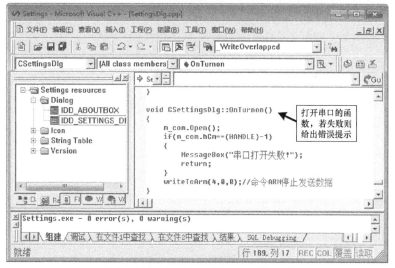

图 4-114　打开串口的消息处理函数

在"打开串口"的消息处理函数中，还需要添加初始化参数列表框的代码，即需要列出控制器的 200 个配置参数。由于在设置参数的过程中，还需要考虑不同参数的取值范围。因此设计了一个接口函数 getParaDetail() 来获取各个参数的名称和参数取值范围等信息。其代码如图 4-115 和图 4-116 所示。可以看出，函数根据传入的第一个参数，获得该项参数的名称、最小值和最大值。其中参数的名称通过函数的返回值获取，参数的最大值和最小值通过参数中传入的指针获取。

图 4-115　获取参数信息的函数 getParaDetail 的代码（一）

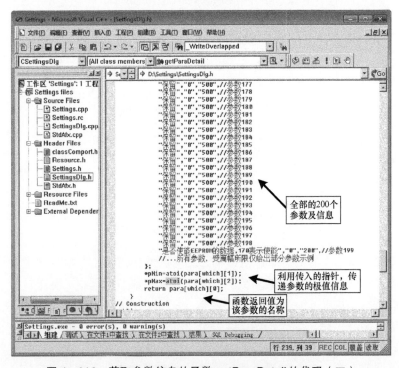

图 4-116　获取参数信息的函数 getParaDetail 的代码（二）

在对话框的初始化函数 BOOL CSettingsDlg::OnInitDialog()中，增加设置参数列表框的代码，如图 4-117 所示。

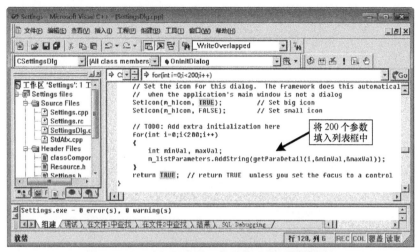

图 4-117　在初始化对话框的代码中设置列表框

程序编译运行后的界面如图 4-118 所示，左侧列表框中列出了所有的参数信息，右侧的 3 个编辑框分别列出操作者选中的参数的最大值、最小值和当前实际值。"写入参数"和"读出参数"两个按钮用来修改将配置值写入控制器以及从控制器读出配置值。

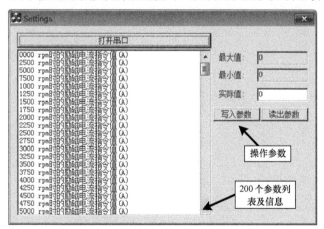

图 4-118　程序中显示的所有参数列表

4.2.4.3　参数读写功能

在 Visual C++6.0 的资源界面中，双击对话框的"写入参数"按钮，在弹出的对话框中单击"OK"按钮，为其添加消息处理函数，系统默认该消息处理函数的名称为"OnWrite"，如图 4-119 所示。

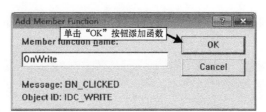

图 4-119 设置按钮（写入参数）消息处理函数的名称

在 Visual C++6.0 的资源界面中，双击对话框的"读出参数"按钮，在弹出的对话框中单击"OK"按钮，为其添加消息处理函数，系统默认该消息处理函数的名称为"OnRead"，如图 4-120 所示。

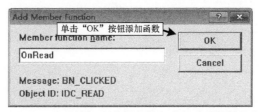

图 4-120 设置按钮（读出参数）消息处理函数的名称

编辑两个消息处理函数的代码，如图 4-121 所示。

图 4-121 写入参数和读出函数的代码

在函数"OnWrite"中,首先利用函数"UpdateData"将编辑框控件中的数值更新到所捆绑的变量中,之后得到被选中的参数的序号,存储于整型变量 n 中。若参数的数值超过限制值,则将参数设置为限制值,最后调用通信函数"writeToArm"向下位机发送修改参数的指令。最后,函数再调用函数"OnRead",将参数的设置值从下位机读出,并显示到程序界面中。

在函数"OnRead"中,首先得到被选中的参数的序号,存储于整型变量 n 中。若所选择的参数有效,则调用通信函数"writeToArm"向下位机发送读取参数的指令。之后,程序声明无符号字符型数组 s,初始化数组后将串口中收到的数据存储在数组 s 中。为了确保数据传输完毕,读取接收的数据之前,调用"Sleep"函数进行延时。若接收到的字符个数不为 10,则表明通信失败,此时将参数值显示为 23456,表明数据读取失败。若接收到的字符个数等于 10,则将接收到的数据赋值给变量 m_nValue。最后,利用函数"UpdateData"将变量的数值更新显示于编辑框控件中。

当用户单击列表框中的不同参数时,参数的信息和数据将在右侧控件中显示,因此需要添加列表框消息,如图 4-122 所示,利用类向导为列表框添加用户改变所选中的条目时的消息处理函数。

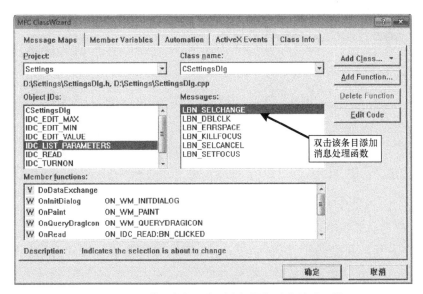

图 4-122 利用类向导为列表框添加消息处理函数

双击消息"LBN_SELCHANGE",软件弹出设置列表框的消息处理函数的名称的对话框,如图4-123所示。单击"OK"按钮后,将完成函数添加。

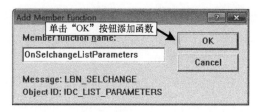

图4-123 设置列表框的消息处理函数的名称

设置完成消息处理函数的名称后,在类向导中将显示列表框的相关细节,包括消息类型和消息处理函数等,如图4-124所示。此时可以单击"Edit Code"按钮进行代码编辑。

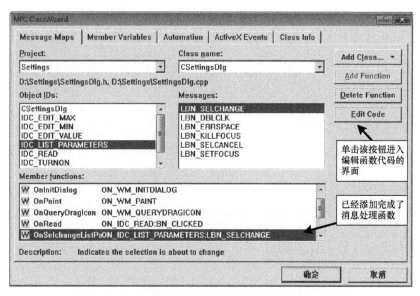

图4-124 利用类向导添加完成的列表框消息处理函数

列表框消息处理函数的代码如图4-125所示,主要包含如下步骤:① 得到选中的参数序号,并存储于变量 n 中;② 如果选中的参数有效,则调用函数"getParaDetail"获取该参数的最大和最小允许值,用于更新编辑框内容,否则设置最大和最小允许值均为 23456;③ 调用函数"UpdateData",将变量的数据更新在空间中;④ 调用读取参数的函数"OnRead",该函数将从下位机中获取参数的数值并显示于程序界面中。

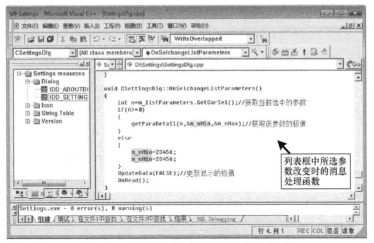

图 4-125 列表框消息处理函数的代码

4.2.4.4 特性曲线编辑功能

通过列表框中列出参数，可以配置不同转速下的励磁电流和力矩电流的指令值。为了更方便直观地配置电流指令值，还可以采用绘制曲线的方式。其具体方案是，在对话框中读取不同转速的参数数据并绘制曲线，各数据允许用户用鼠标拖动改变，最后用户可以将曲线数据统一写入控制器中。本书以励磁曲线为例，介绍特性曲线编辑功能的具体实现方法，其他特性曲线采用相似的过程即可完成。

软件的开发步骤具体包括以下几方面。

（1）添加显示曲线的对话框。如图 4-126 所示，右击资源中的"Dialog"文件夹，在弹出的菜单中选择"插入 Dialog"，之后软件将自动添加一个对话框，且其ID 默认为"IDD_DIALOG1"。

图 4-126 插入新的对话框用来编辑曲线数据

右击新插入的对话框,在弹出的菜单中选择"属性(O)",即可以打开设置对话框属性的页面,如图4-127所示。

图4-127 打开新建的对话框的属性页面

在对话框的属性页面中,设置对话框的ID为"IDD_DIALOG_CURVE",该对话框用于设置曲线数据。

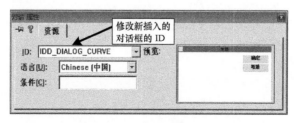

图4-128 设置对话框的ID

在设置曲线数值的对话框中,添加两个按钮,分别用于读取曲线和写入曲线。两个按钮的设置分别如图4-129和图4-130所示。

图4-129 设置按钮(读取曲线)的属性

图4-130 设置按钮(写入曲线)的属性

设置完成的对话框如图4-131所示,对话框包括两个按钮"读取曲线"和"写入曲线",分别用于从控制器中读取曲线数据,以及将设置的数据写入控制器中。对话框的空白区域可用于绘制曲线数据,并可以响应鼠标的单击和拖拽操作,实现用可视化的方法调整曲线形状,提高操作效率。

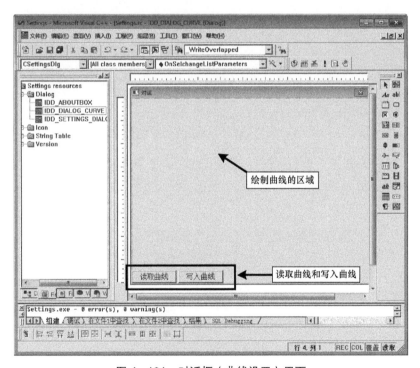

图4-131 对话框(曲线设置)界面

(2)曲线的绘制和显示。为了在对话框中绘制曲线,需要为该对话框资源建立相应的类,并在代码中声明该类型的一个实例去操作对话框。为此,首先利用类向导建立与曲线对话框相关联的类,如图4-132所示,当打开类向导时,软件将询问是否为对话框"IDD_DIALOG_CURVE"新建一个类,单击"OK"按钮,软件将进一步弹出属性配置页面。

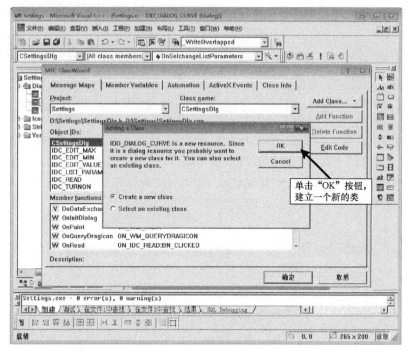

图 4-132 利用类向导为曲线对话框建立关联的类

软件弹出的新建的与曲线对话框相关联的类的属性页面如图 4-133 所示，填入相应的类的名称后，单击"OK"按钮即可。软件将自动生成相关的头文件和源文件。

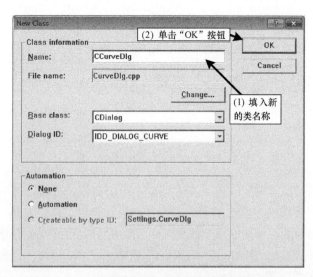

图 4-133 设置与曲线对话框相关联的类的属性

Visual C++6.0 为曲线对话框捆绑的类的名称为"CCurveDlg"。打开类向导，为该类消息"WM_PAINT"添加处理函数，如图 4-134 所示。

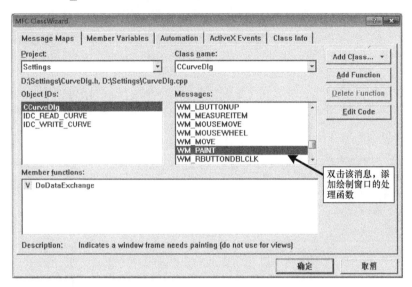

图 4-134　在类向导中为曲线对话框添加消息处理函数

添加完成消息处理函数后，可以在类向导中查看具体属性，如图 4-135 所示。为消息"WM_PAINT"添加的处理函数为"OnPaint"，单击"Edit Code"按钮可进入编辑函数代码的界面。

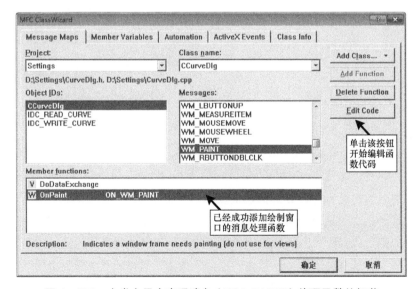

图 4-135　在类向导中查看消息（WM_PAINT）处理函数的细节

图 4-136 给出了函数"OnPaint"的示例代码，程序使用了客户区的设备上下位（CClientDC）进行曲线绘制。首先是用白色填充绘图区域，然后将励磁曲线的 30 个点（存储在数组 m_nExcitingCur 中）进行了连接，并在曲线的每个数据点上绘制了一个红色矩形。最后程序绘制了表格和文字，方便用户修改曲线。

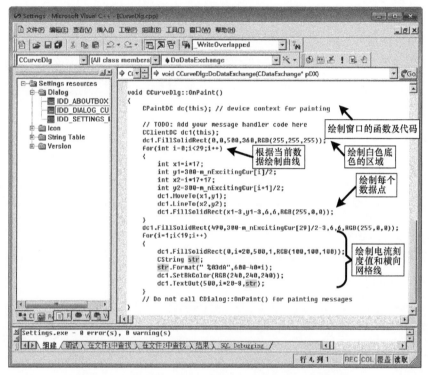

图 4-136　消息（WM_PAINT）处理函数的代码示例

数组 m_nExcitingCur 是曲线窗口类的成员变量，如图 4-137 所示，共有 30 个元素，分别对应电动机转速为 0 r/min, 250 r/min, 500 r/min, 750 r/min, …, 7 250 r/min。各元素在类的成员函数"initData"中被设置为 0。此外，曲线窗口类中还有一个自定义串口类型的指针 m_pCom，其也会在函数"initData"中被设置。

为了可以在主对话框中打开曲线对话框，设计相应的功能按钮，按钮的 ID 为"IDC_CURVE"，名称为"曲线"，其余设置如图 4-138 所示。

在编辑主对话框的界面中，双击"曲线"按钮，软件将为按钮添加消息处理函数，如图 4-139 所示，函数的名称缺省为"OnCurve"。

第 4 章 串行通信接口及应用　159

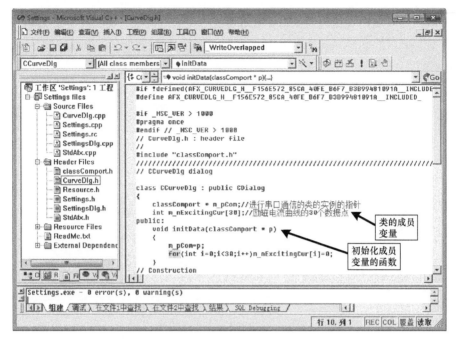

图 4-137　曲线数据的声明及初始化

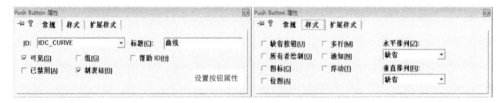

图 4-138　按钮（曲线）的属性

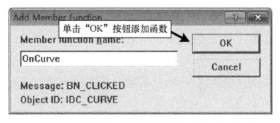

图 4-139　为按钮（曲线）添加消息处理函数

函数"OnCurve"的代码如图 4-140 所示。函数中首先声明了一个曲线对话框的实例，然后调用了曲线对话框的初始化函数"initData"，完成了曲线对话框中曲线数据和串口的初始化。最后调用曲线对话框的成员函数"DoModal"显示模态对话框。

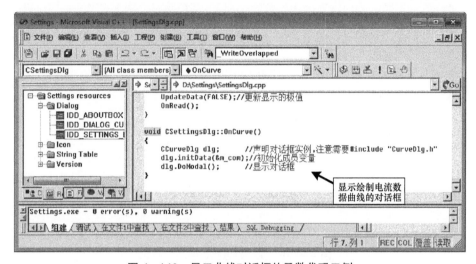

图 4-140　显示曲线对话框的函数代码示例

图 4-141 显示了主对话框和曲线对话框的程序界面。在用户单击左侧的主对话框的"曲线"按钮之后，程序将弹出右侧的曲线对话框。

图 4-141　从主对话框中启动显示曲线对话框的界面

（3）曲线数据的读写。在曲线对话框相关联的 CCurveDlg.h 文件中，添加通过串口向 ARM 发送数据的函数,如图 4-142 所示。

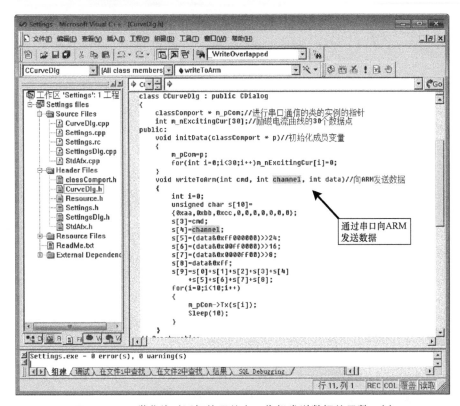

图 4-142 供曲线对话框使用的向下位机发送数据的函数示例

在 Visual C++6.0 的资源编辑界面中,打开对话框 "IDD_DIALOG_CURVE",双击 "读取曲线" 按钮,为其添加消息处理函数,函数名称缺省为 "OnReadCurve",如图 4-143 所示。

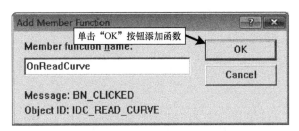

图 4-143 为按钮(读取曲线)添加消息处理函数

按照同样的方式,双击 "写入曲线" 按钮,为其添加消息处理函数,函数名称缺省为 "OnWriteCurve",如图 4-144 所示。

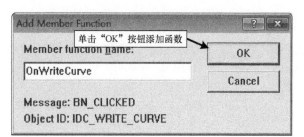

图 4-144 为按钮（写入曲线）添加消息处理函数

编写"读取曲线"和"写入曲线"的代码如图 4-145 所示。函数"OnReadCurve"用于从控制器中读取曲线数据。函数首先判断串口是否已经打开，若串口未打开则不执行后续的功能代码。当串口处于打开时，函数执行 30 次操作，分别读取构成曲线的 30 个数据点。接受每个数据点的操作主要包括发送指令和接收数据两个步骤，即函数调用"writeToArm"向控制发送问询特定参数，等待 100 ms 后，程序接收来自串口的数据并进行检验，若合格则更新相应的数据点。当接收 30 个数据点完成后，程序弹出提示对话框并通过调用函数"Invalidate"重绘曲线。

图 4-145 中，函数"OnReadCurve"用于从控制器中读取曲线数据。函数首

图 4-145 读取和写入曲线的函数代码

先判断串口是否已经打开,若串口未打开则不执行后续的功能代码。当串口处于打开时,函数执行 30 次操作,分别发送构成曲线的 30 个数据点,即函数调用"writeToArm"向控制发送数据,等待 100 ms 后,继续发送其余数据直至完成。当发送完成 30 个数据点之后,程序弹出提示对话框,之后通过调用函数"OnReadCurve"从控制器中读回曲线,并更新显示。

(4) 曲线的拖动操作。用户可以用鼠标拖动曲线上各数据点,快速改变曲线的形状和不同转速下的电流指令值,因此程序需要相应鼠标按下、弹起和拖动等功能。

在类向导中双击代表鼠标左键按下的消息"WM_LBUTTONDOWN",即可以为曲线对话框添加消息处理函数,如图 4-146 所示。

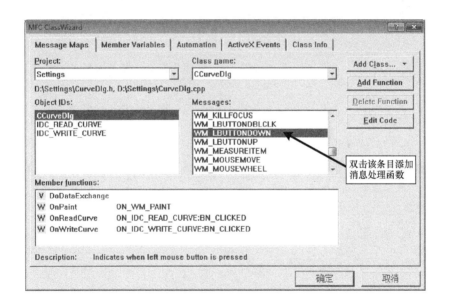

图 4-146 为曲线对话框添加鼠标消息(左键按下)处理函数

对话框的鼠标左键按下的消息处理函数缺省为"OnLButtonDown",如图 4-147 所示。进一步单击"Edit Code"按钮,可进入编辑函数代码的界面。

在类向导中双击代表鼠标左键弹起的消息"WM_LBUTTONUP",即可以为曲线对话框添加消息处理函数,如图 4-148 所示。

对话框的鼠标左键按下的消息处理函数缺省为"OnLButtonUp",如图 4-149 所示。进一步单击"Edit Code"按钮,可进入编辑函数代码的界面。

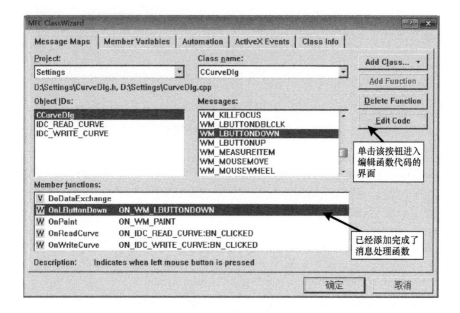

图 4-147 为曲线对话框添加鼠标消息（左键按下）处理函数的步骤

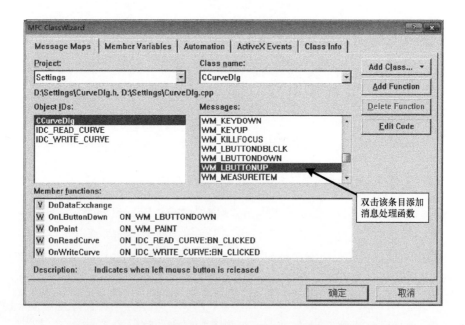

图 4-148 为曲线对话框添加鼠标消息（左键弹起）处理函数

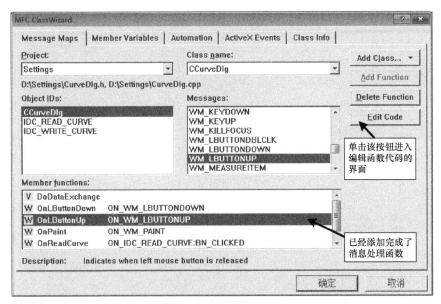

图 4-149　为曲线对话框添加鼠标消息（左键弹起）处理函数的步骤

在类向导中双击代表鼠标移动的消息"WM_MOUSEMOVE"，即可以为曲线对话框添加消息处理函数，如图 4-150 所示。

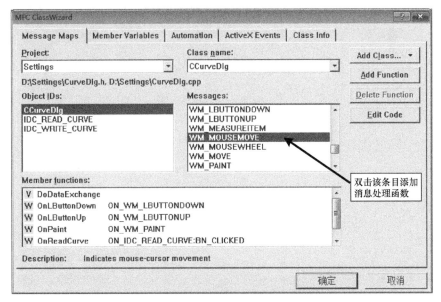

图 4-150　为曲线对话框添加鼠标消息（鼠标移动）处理函数

对话框的鼠标左键按下的消息处理函数缺省为"OnMouseMove"，如图 4-151

所示。进一步单击"Edit Code"按钮,可进入编辑函数代码的界面。

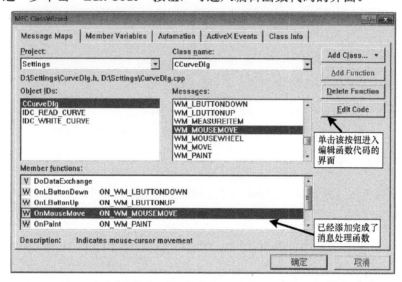

图 4-151　为曲线对话框添加鼠标消息(鼠标移动)处理函数的步骤

鼠标消息处理函数的代码如图 4-152 所示。在函数"OnLButtonDown"中,程序根据鼠标首先点击的位置,确定曲线的数据点,将整型变量 m_nDrag 设置为 0~29 的数值,该数值表示当前正在操作的数据点。

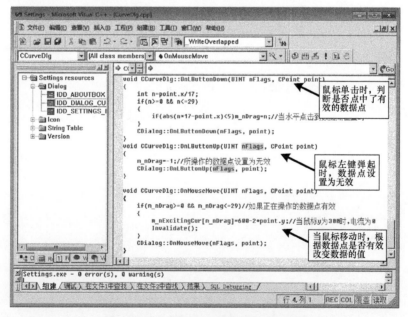

图 4-152　鼠标消息处理函数代码示例

在函数"OnLButtonUp"中，程序将整型变量 m_nDrag 设置为 –1，表示此刻并未拖动任何一个曲线数据点。在函数"OnMouseMove"中，程序判断整型变量 m_nDrag 的数值，若其为 0~29，则表示此刻正在拖动曲线的数据点，便根据鼠标的位置改变曲线的数据点的数值，并重绘曲线。

当处理完毕鼠标消息后，程序便具备了支持鼠标拖拽改变曲线的功能，从而有利于提高程序的易用性，其运行结果如图 4–153 所示。

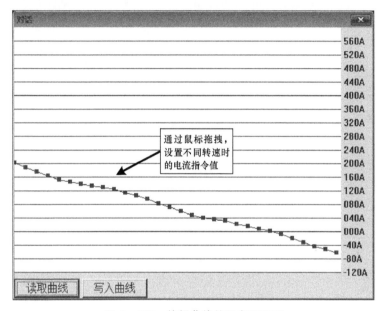

图 4–153　编辑曲线的程序界面图

4.3　ARM 芯片中 UART 通信协议的编程实现

本书使用 STM32F103VBT7 的 PA9 和 PA10 端口进行 UART 通信。其中 PA9 位于芯片的第 68 个管脚，PA10 位于芯片的第 69 个管脚。PA9 用于发送串行数据，PA10 用于接收串行数据。

在 Keil μVision 软件中，编写初始化端口和芯片功能的代码，如表 4–5 所示，其中包括使能时钟、设置端口功能和工作模式等代码。

表 4–5　设置 ARM 芯片串口通信管脚功能的代码

序号	代码	注释
1	if(1)	代码块

续表

序号	代码	注释
2	{	函数代码块开始
3	GPIO_InitTypeDef GPIO_InitStructure;	设置端口功能使用的结构体变量
4	RCC_APB2PeriphClockCmd(RCC_APB2Periph_USART1| RCC_APB2Periph_GPIOA,ENABLE);	使能串口时钟和GPIOA的时钟
5	GPIO_InitStructure.GPIO_Pin = GPIO_Pin_9;	将要配置PA9
6	GPIO_InitStructure.GPIO_Mode = GPIO_Mode_AF_PP;	设置为推挽模式
7	GPIO_InitStructure.GPIO_Speed = GPIO_Speed_50 MHz;	端口速度50 MHz
8	GPIO_Init(GPIOA,&GPIO_InitStructure);	设置PA9的属性
9	GPIO_InitStructure.GPIO_Pin = GPIO_Pin_10;	将要配置PA10
10	GPIO_InitStructure.GPIO_Mode = GPIO_Mode_IN_FLOATING;	设置为悬浮输入模式
11	GPIO_Init(GPIOA,&GPIO_InitStructure);	设置PA10的属性
12	}	函数代码块结束
13	if(1)	设置串口功能
14	{	函数代码块开始
15	USART_InitTypeDef USART_InitStructure;	声明设置参数使用的结构体变量
16	USART_InitStructure.USART_BaudRate = 115200;	设置波特率为115 200 bps
17	USART_InitStructure.USART_WordLength = USART_WordLength_8b;	设置串行通信数据位为8位
18	USART_InitStructure.USART_StopBits = USART_StopBits_1;	设置串行通信停止位为1位
19	USART_InitStructure.USART_Parity = USART_Parity_No;	不使用奇偶校验
20	USART_InitStructure.USART_HardwareFlowControl = USART_HardwareFlowControl_None;	不使用硬件流控制
21	USART_InitStructure.USART_Mode = USART_Mode_Rx | USART_Mode_Tx;	使能串行发送和接收
22	USART_Init(USART1,&USART_InitStructure);	设置串行通信模块
23	USART_Cmd(USART1,ENABLE);	使能串行通信模块
24	}	函数代码块结束

在软件 Keil μVision 中完成的程序代码界面截图如图 4-154 所示。其中函数"userSetup"中包含初始化通信管脚功能的代码和设置串行通信模块参数的代码。在主函数"main"中，程序完成了芯片初始化，并调用函数"RTDebug"完成串行通信功能的初始化。最后，程序进入一个永久循环，并在其中调用函数"RTDebug"不断与上位机进行通信。

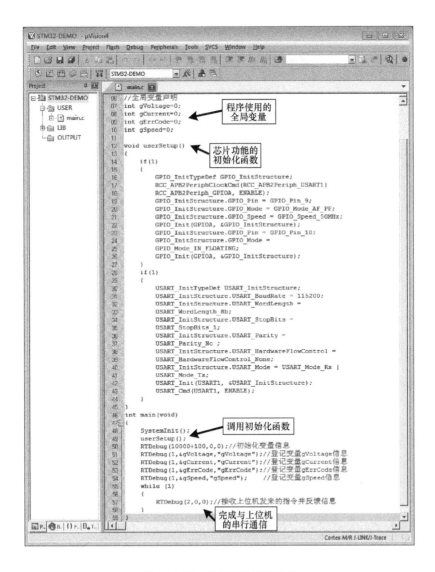

图 4-154　程序代码界面截图

通信函数"RTDebug"共有 3 个参数，分别为指令类型、变量地址和变量名称。该函数流程图如图 4-155 所示，函数内部使用了静态变量，一方面完成了对变量地址和变量名称的存储，另一方面防止了与外部变量的冲突。

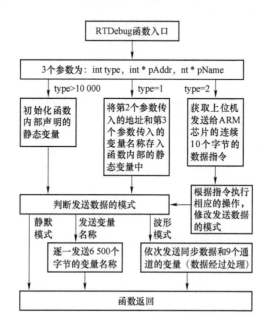

图 4-155　函数中声明的静态变量

函数"RTDebug"中使用的静态变量名称、类型和功能如表 4-6 所示。

表 4-6　通信函数中使用的静态变量及意义

静态变量名称	类型	功能
sendMode	int	表明 ARM 向上位机发送数据的工作模式，0 表示发送变量波形；1 表示发送变量信息；2 表示静默，即不发送任何数据
rx[0]~rx[9]	unsigned char	利用该数组保存串口接收到的数据、该数组工作与队列模式，rx[0] 保存最早接收到的数据，rx[9] 保存最新接收到的数据
reportCnt	int	记录发送了多少个变量名称，取值范围为 0~6 500
chnVar[0]~chnVar[9]	int	chnVar[0] 不使用，chnVar[1]~chnVar[9] 分别记录了上位机示波器中通道 1~通道 9 要显示哪个变量的波形。例如 chnVar[1] 为 3，则表示上位机通道 1 中显示了变量 3 的波形，而在 ARM 芯片中，变量 3 的地址已经记录在了函数中的其他静态变量中

续表

静态变量名称	类型	功能
chnGain[0]~ chnGain[9]	float	chnGain [0] 不使用，chnGain [1] ~chnGain [9] 分别记录了上位机示波器中通道1~通道9显示的变量的变比。例如chnVar [1] 为 3，chnGain [1] 为 2，则表示通道1显示了 ARM 中的变量 3，且该变量要先加上偏置值chnOffset [1]，乘以变比 2 之后再由ARM 发送到上位机的通道 1 中
chnOffset[0]~ chnGain[9]	float	chnOffset [0] 不使用，chnOffset [1] ~chnOffset [9] 分别记录了上位机示波器中通道 1~通道 9 显示的变量的偏。例如 chnVar [1] 为 3，chnOffset [1] 为 4，chnGain [1] 为 2，则表示通道 1 中显示了 ARM 中的变量 3，且该变量要先加上偏置值 4，乘以变比 2 之后再由 ARM 发送到上位机的通道 1 中
pVarAddress [0]~ pVarAddress [249]	int *	用来保存变量的地址，最多可以保存 250 个变量
varName[k][0]~ varName[k][25]， k 为 0~249	char	用来保存变量的名称，每个变量为 26 个字符，最多保存 250 个变量
varNum	int	用来表明一共保存了多少个变量，其取值范围为 0~250
prdFor10 ms	int	用来表明 10 ms 可以调用该函数多少次，该变量需要在程序开始时进行设置。例如该函数由 ARM 芯片的定时器中断进行调用，中断周期为 10 kHz，则 10 ms 可以调用函数 100 次，此时即应该设置变量 prdFor10 ms 为 100
timeCnt	int	计数器，计数范围为 0~2×prdFor10 ms，每调用一次函数该变量自增 1，当到达最大值后归零

变量 prdFor10 ms 的计算公式为 10 ms/（1/f）=0.01f，其中f的单位为 Hz，表示 ARM 芯片的中断频率。因此在通信函数初始化阶段，应使用的参数为 10000+0.01f。例如当 ARM 芯片的中断频率为 8 kHz 时，应使用参数 10 080。

图 4-156 给出了在 Keil μVision 中函数 "RTDebug" 的源代码，其中定义了宏 SCI_CAN_SEND 和 SCI_HAS_NEW_CHAR 用来判断 ARM 的串口是否可以发送和

接收数据。根据传入的参数 type，程序进入不同的分支并完成相应功能。其中 type＞10 000 时将完成初始化操作；type 为 1 时将保存变量信息；type 为 2 则正常运行完成通信等功能。

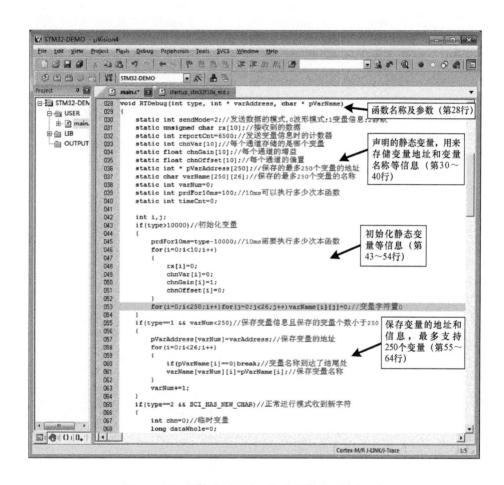

图 4-156　函数"RTDebug"的源代码示例（一）

图 4-157 中给出了函数的参数 type 为 2 时的代码截图，可以看出对于收到的不同命令，程序首先判断命令是否合法，之后根据命令中特定字节的数据执行相应操作。例如，当命令为 0 的时候，会修改通道显示的变量。需要注意的是，程序中调用了操作 EEPROM 的函数 writeRom 以及 readRomAndTx，完成数据读写和发送。

第 4 章 串行通信接口及应用 173

图 4-157 函数 "RTDebug" 的源代码示例（二）

图4-158给出了临时使用的读写EEPROM的代码,用来验证通信功能是否正常。操作EEPROM的函数实现方法在本书后续章节中有相应介绍,此处仅使用了一个全局变量数组去模拟读写EEPROM数据的过程。

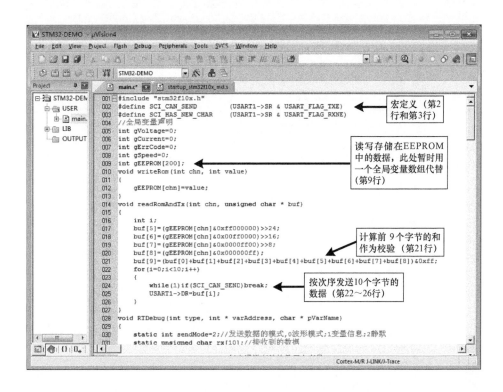

图4-158 临时使用的读写EEPROM的函数代码

图4-159给出了在函数"RTDebug"中生成时钟基准信号和发送波形数据的代码。该代码可以生成一个10 ms的方波信号,并发送给实时通信软件的通道0。实时通信软件可以根据通道0的数据,判断出各数据点之间的时间间隔,从而为软件显示的波形提供时间刻度,因此通道0中的数值只有201和202两种。而对于通道1和通道9,函数"RTDebug"则发送相应的数据,如行号为119~126的代码所示。此外,程序还根据变量sendMode的数值,发送变量信息,共包含6 500个字符。

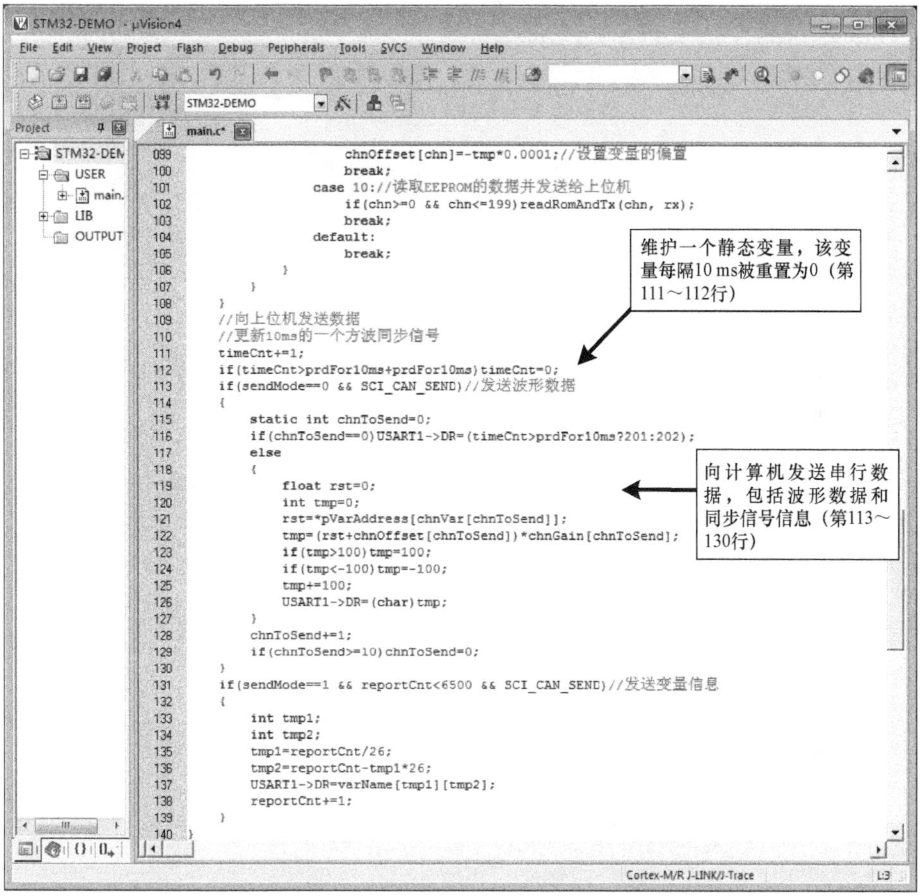

图 4-159 函数 RTDebug 的源代码示例（三）

4.4 系统通信功能验证

4.4.1 实时调试软件功能验证

项目设计完成的实时调试软件的运行效果如图 4-160 所示，可同时显示包含 9 个通道的波形，并可以自由修改每个通道的波形的放大系数、数值、偏置等信息，完成对程序算法的观察和参数调试。

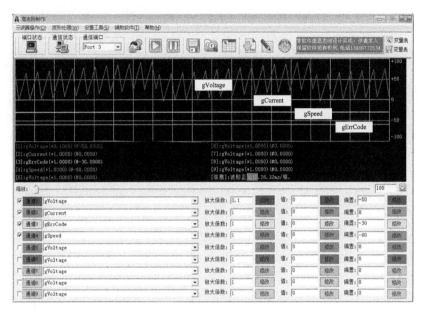

图 4-160　实时调试软件的运行结果

4.4.2　参数刷写软件功能验证

设计完成的参数刷写软件如图 4-161 所示，其中左侧显示了所有的参数信息，右侧则包含单个参数的信息，并且具备了选择串口、设计电流曲线、查看故障等功能。

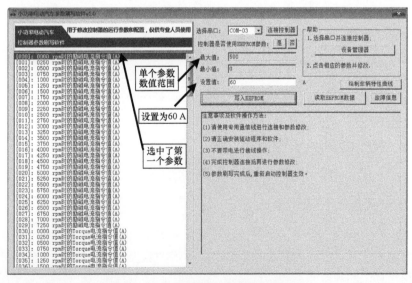

图 4-161　参数刷写软件的运行界面

4.5 本章小结

本章介绍了 STM32F103VBT7 型 ARM 的串口通信原理以及如何完成与上位机的通信。具体设计了 ARM 芯片侧的串行电压信号与光信号的转换电路，给出了计算机侧的 USB 接口与串行光信号的处理电路，利用光纤实现了 ARM 芯片与计算机的串行通信。

本章还介绍了运行与上位机的实时调试软件和参数刷写软件的开发方案，并完成了下位机的通信功能开发，实现了利用上位机实时观察、修改 ARM 芯片中程序变量，并修改控制器中 EEPROM 配置参数的功能。

第 5 章

EEPROM 数据存储

本章设计的控制器使用 EEPROM 存储运行参数和配置信息。配置信息包括车辆运行的力矩曲线、车辆的过温过压保护数值等。参数修改可以由工程师和试车员修改，有利于提高产品的灵活性和适应性。本章介绍了利用 ARM 对 EEPROM 芯片的内容进行读写的硬件电路设计和软件编写方法，并给出了用 EEPROM 中存储的数据初始化配置变量的程序流程和示例。

5.1 基于 SPI 接口的硬件电路设计

存储芯片 25LC080A 与 ARM 芯片 STM32F103VBT7 的连接关系如图 5-1 所示，共定义了 6 个信号。概括来说，"eepromCS"的作用是片选使用存储芯片，"eepromSO"的作用是将存储的数据传递给 ARM，"eepromSI"的作用将 ARM 发出的数据传递给存储芯片，"eepromSCLK"为 ARM 向存储芯片发出的时钟信号，"eepromWP"和"eepromHold"用于改变存储芯片的工作模式。

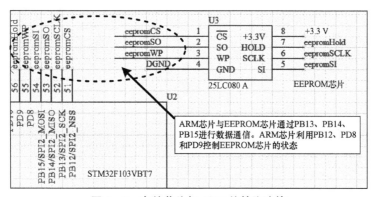

图 5-1 存储芯片与 ARM 的管脚连接

5.2 SPI 协议及编程实现

5.2.1 SPI 模块及芯片管脚配置

使用 STM32F103VBT7 的 PB13、PB14 和 PB15 进行 SPI 通信,其中 PB13 位于芯片的第 68 个管脚,PA10 位于芯片的第 69 个管脚,PA9 用于发送串行数据,PA10 用于接收串行数据。

在 Keil μVision 软件中,编写初始化端口和芯片功能的代码,如表 5-1 所示。

表 5-1 读写存储芯片功能的初始化代码及注释

序号	代码	注释
1	RCC_APB1PeriphClockCmd(RCC_APB1Periph_SPI2,ENABLE);	使能 SPI 模块的时钟
2	if(1)	代码块
3	{	函数代码块开始
4	GPIO_InitTypeDef GPIO_InitStructure;	声明设置参数使用的结构体变量
5	RCC_APB2PeriphClockCmd(RCC_APB2Periph_GPIOB, ENABLE);	使能 PB 端口的时钟
6	GPIO_InitStructure.GPIO_Pin = GPIO_Pin_13| GPIO_Pin_14 | GPIO_Pin_15;	配置 PB13、PB14、PB15 三个端口
7	GPIO_InitStructure.GPIO_Mode = GPIO_Mode_AF_PP;	端口使用 AF 模式
8	GPIO_InitStructure.GPIO_Speed = GPIO_Speed_50 MHz;	设置端口速度
9	GPIO_Init(GPIOB,&GPIO_InitStructure);	初始化 PB 端口
10	}	函数代码块结束
11	if(1)	代码块
12	{	函数代码块开始
13	GPIO_InitTypeDef GPIO_InitStructure;	声明设置参数使用的结构体变量
14	RCC_APB2PeriphClockCmd(RCC_APB2Periph_GPIOB, ENABLE);	使能 PB 端口的时钟
15	GPIO_InitStructure.GPIO_Pin = GPIO_Pin_12;	配置 PB12 端口

续表

序号	代码	注释
16	GPIO_InitStructure.GPIO_Mode = GPIO_Mode_Out_PP;	设置端口为输出模式
17	GPIO_InitStructure.GPIO_Speed = GPIO_Speed_50 MHz;	设置端口的速度
18	GPIO_Init(GPIOB,&GPIO_InitStructure);	初始化 PB 端口
19	}	函数代码块结束
20	if(1)	代码块
21	{	函数代码块开始
22	GPIO_InitTypeDef GPIO_InitStructure;	声明设置参数使用的结构体变量
23	RCC_APB2PeriphClockCmd(RCC_APB2Periph_GPIOD, ENABLE);	使能 PD 端口的时钟
24	GPIO_InitStructure.GPIO_Pin = GPIO_Pin_8| GPIO_Pin_9;	配置 PD8、PD9 端口
25	GPIO_InitStructure.GPIO_Mode = GPIO_Mode_Out_PP;	设置端口为输出模式
26	GPIO_InitStructure.GPIO_Speed = GPIO_Speed_50 MHz;	设置端口的速度
27	GPIO_Init(GPIOD,&GPIO_InitStructure);	初始化 PD 端口
28	}	函数代码块结束
29	if(1)	设置 SPI 模块参数
30	{	函数代码块开始
31	SPI_InitTypeDef SPI_InitStructure;	声明设置参数使用的结构体变量
32	SPI_InitStructure.SPI_Direction = SPI_Direction_2Lines_FullDuplex;	SPI 工作模式为两线制、全双工
33	SPI_InitStructure.SPI_Mode = SPI_Mode_Master;	SPI 配置为主机模式
34	SPI_InitStructure.SPI_DataSize = SPI_DataSize_8b;	SPI 数据位为 8 位
35	SPI_InitStructure.SPI_CPOL = SPI_CPOL_Low;	设置空闲时时钟信号为低电平
36	SPI_InitStructure.SPI_CPHA = SPI_CPHA_1Edge;	第一个时钟跳变沿是第一个数据的捕获边沿
37	SPI_InitStructure.SPI_NSS = SPI_NSS_Soft;	使用软件进行从机 SPI 设备的选择
38	SPI_InitStructure.SPI_BaudRatePrescaler = SPI_BaudRatePrescaler_4;	设置 SPI 通信波特率的分频因数
39	SPI_InitStructure.SPI_FirstBit = SPI_FirstBit_MSB;	先传输最高位数据

续表

序号	代码	注释
40	SPI_InitStructure.SPI_CRCPolynomial = 7;	设置校验用的多项式数据
41	SPI_Init(SPI2,&SPI_InitStructure);	设置 SPI 参数
42	SPI_Cmd(SPI2,ENABLE);	使能 SPI 模块
43	}	函数代码块结束

图 5-2 给出了 Keil μVision 中显示的初始化代码，表 5-1 中的代码放置于初始化函数"userSetup"中。程序在初始化阶段，会调用初始化函数"userSetup"，其中会设置端口功能和 SPI 模块的属性。

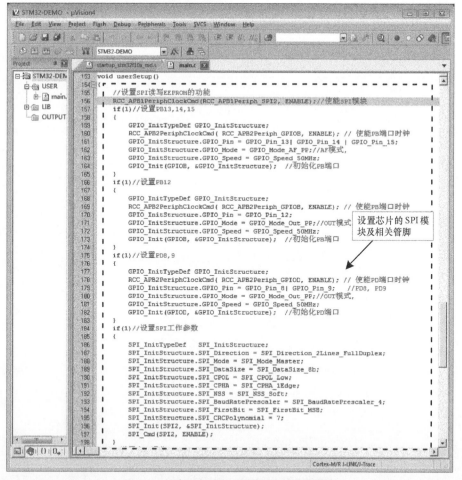

图 5-2 读写存储芯片的初始化代码截图

5.2.2 利用 SPI 读写 EEPROM

5.2.2.1 操作 SPI 模块

使用的 EEPROM 芯片为 25LC080A,该芯片供电电压为 2.5~5.5 V,容量为 8×1 024 位,即 1 024 字节。芯片支持的最大时钟频率为 10 MHz,写入数据需要的时间最长为 5 ms。

在 Keil μVision 中编写函数"visitSPI",其代码如表 5-2 所示。该函数的参数为通过 SPI 发送出去的数据,而函数的返回值则为 SPI 收到的数据。

表 5-2 访问 SPI 的代码示例及注释

序号	代码	注释
1	int visitSPI(int value)	访问 SPI 模块的函数
2	{	函数代码块开始
3	SPI_I2S_SendData(SPI2,value);	声明设置参数使用的结构体变量
4	while(SPI_I2S_GetFlagStatus(SPI2, SPI_I2S_FLAG_TXE)==RESET);	等待发送完成
5	while(SPI_I2S_GetFlagStatus(SPI2, SPI_I2S_FLAG_RXNE)==RESET);	等待接收完成
6	return SPI_I2S_ReceiveData(SPI2);	返回通过 SPI 收到的数据
7	}	函数代码块结束

在表 5-2 中,调用了库函数"SPI_I2S_SendData"将数据写入 SPI 模块,并在写入完成后读出收到的数据,该函数每次操作的数据为 1 个字节。基于对 SPI 模块的访问,可以结合 EEPROM 芯片的读写时序完成数据读写。

SPI 模块与 EEPROM 芯片共有 6 个信号相连,表 5-3 描述了各个信号的作用。

表 5-3 SPI 模块与 EEPROM 芯片的连接信号

信号名称	信号说明	操作方法
eepromSCLK	ARM 芯片输入到 EEPROM 芯片的时钟信号,后者将在时钟边沿操作数据	通过调用函数"visitSPI"控制这三路信号
eepromSO	EEPROM 芯片发送给 ARM 芯片的数据信号,该数据将被 SPI 模块获取	

续表

信号名称	信号说明	操作方法
eepromSI	ARM 芯片发送给 EEPROM 芯片的数据信号，EEPROM 芯片根据该信号执行相应的操作	通过调用函数"visitSPI"控制这三路信号
eepromCS	使能 EEPROM 芯片的信号，低电平使能	数字输出端口
eepromWP	控制 EEPROM 芯片的写操作保护，低电平使能保护	数字输出端口
eepromHold	暂停与 EEPROM 的数据交互操作，低电平表示暂停	数字输出端口

为了改变 EEPROM 芯片的工作模式，项目中定义了相关的宏去操作各个控制信号，如表 5-4 所示。

表 5-4　项目定义的用来控制芯片模式的宏

宏定义	说明
#define CS_HIGH　GPIO_SetBits(GPIOB,GPIO_Pin_12);	设置 eepromCS 为高电平
#define CS_LOW　GPIO_ResetBits(GPIOB,GPIO_Pin_12);	设置 eepromCS 为低电平
#define HOLD_HIGH　GPIO_SetBits(GPIOD,GPIO_Pin_9);	设置 eepromHold 为高电平
#define HOLD_LOW　GPIO_ResetBits(GPIOD,GPIO_Pin_9);	设置 eepromHold 为低电平
#define WP_HIGH　GPIO_SetBits(GPIOD,GPIO_Pin_8);	设置 eepromWP 为高电平
#define WP_LOW　GPIO_ResetBits(GPIOD,GPIO_Pin_8);	设置 eepromWP 为低电平

5.2.2.2　读 EEPROM 数据

使用的 EEPROM 芯片的地址范围为 0~1 023（十六进制为 0x3FF），共 1 024 个字节。控制器的配置参数共有 200 个，每个参数占据 4 个字节，因此总共使用了 800 个字节。读取一个参数的流程如图 5-3 所示。

读取 EEPROM 中参数的代码如表 5-5 所示，函数名称为"readRom"，参数的范围为 0~199，分别读取参数 0~参数 199。

第 5 章 EEPROM 数据存储

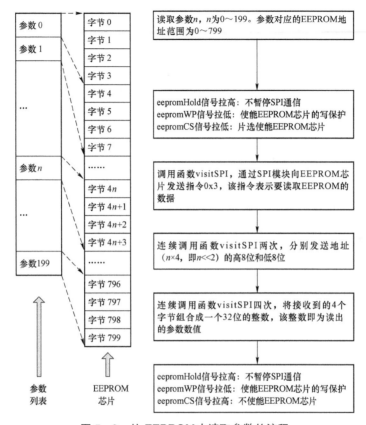

图 5-3 从 EEPROM 中读取参数的流程

表 5-5 读取 EEPROM 参数的函数代码

序号	代码	注释
1	int readRom(int chn)	读取 EEPROM 中的参数的函数
2	{	函数代码块开始
3	int data[4];	声明 4 个整型变量，存储收到的数据
4	HOLD_HIGH;WP_LOW;CS_LOW;	不暂停、使用写保护、片选使能
5	visitSPI(0x3);	向 EEPROM 芯片发送读数据的指令
6	visitSPI(((chn<<2)&0xff00)>>8);	发送地址信息的高 8 位
7	visitSPI(((chn<<2)&0xff));	发送地址信息的低 8 位
8	data[3] = visitSPI(0);	发送数据时钟跳变，收到 1 个字节
9	data[2] = visitSPI(0);	发送数据时钟跳变，收到 1 个字节
10	data[1] = visitSPI(0);	发送数据时钟跳变，收到 1 个字节
11	data[0] = visitSPI(0);	发送数据时钟跳变，收到 1 个字节

续表

序号	代码	注释
12	CS_HIGH;	停止片选使能 EEPROM 芯片
13	return(data[3]<<24)|(data[2]<<16)|(data[1]<<8)|(data[0]);	返回读出的数据
14	}	函数代码块结束

5.2.2.3 向 EEPROM 写入数据

在向 EEPROM 芯片写入数据之前，需要将 EEPROM 芯片设置为可写，并且需要改变 EEPROM 芯片中特定存储空间的写保护状态；在写数据完成之后，则需要将 EEPROM 芯片设置为不可写，避免芯片中的数据被破坏。此外，在执行过程中，还需要设置 EEPROM 中不同存储区域是否可写，并检测写操作是否正在进行。其流程如图 5-4 所示。

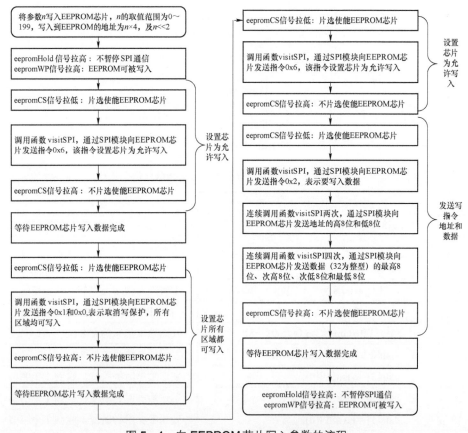

图 5-4 向 EEPROM 芯片写入参数的流程

5.2.2.4 代码示例及参数初始化

向 EEPROM 芯片中写入参数的代码截图如图 5-5 所示。其中函数"visitSPI"用来访问 SPI 总线，函数"isWritingRomOver"用来判断写 EEPROM 的参数是否完成。函数"writeRom"则用来将一个参数写入 EEPROM 中，其中参数 chn 表示要写入的参数的位置，范围为 0~199，参数 data 表示要写入的数据。

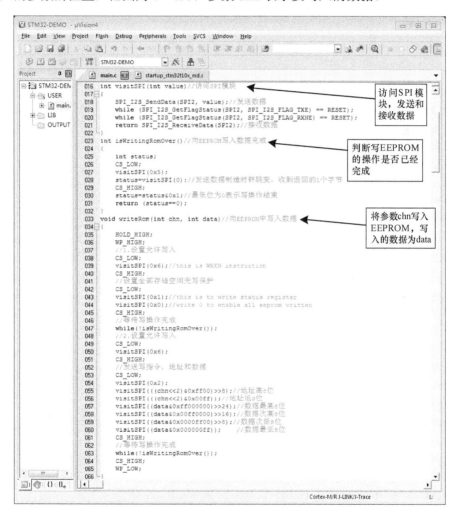

图 5-5 向 EEPROM 芯片中写入参数的代码截图

从 EEPROM 芯片中读出参数的代码的截图如图 5-6 所示。函数"readRom"用来从 EEPROM 中读取参数，其中参数 chn 表示要读出的参数的位置，范围为 0~199。函数"readRomAndTx"在从 EEPROM 中读取了参数后，还会利用串行通信，将数据发送给上位机软件。

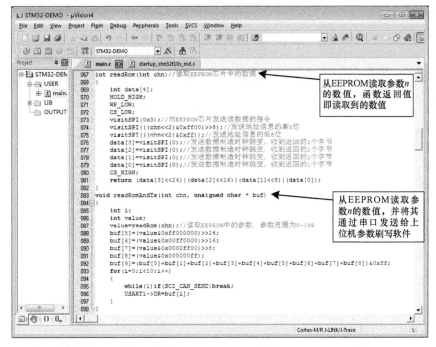

图 5-6　从 EEPROM 芯片中读取参数数据的函数的代码截图

设计完成的参数刷写软件的运行界面如图 5-7 所示，其中在选择好串口端口后，单击"连接控制器"按钮，可以打开串口。单击左侧待修改的参数后，即可以

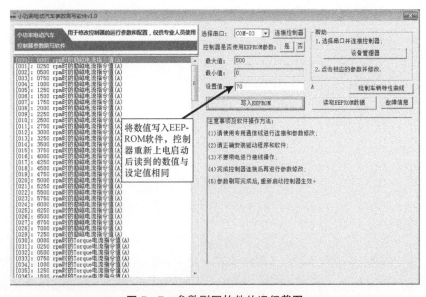

图 5-7　参数刷写软件的运行截图

在右侧显示参数的数值、单位和取值范围等信息。用户设置参数数值之后，可以将参数写入 EEPROM。另外，还可以单击"绘制车辆故障曲线"按钮，采用鼠标拖动的形式修改曲线。当参数设置完毕后，单击"控制器是否使能 EEPROM 参数"选项的相应按钮，可使能或者禁止控制器使用参数（通过修改参数 199 去实现）。

运行结果表明，项目设计的技术方案可正确实现对 EEPROM 的读写，完成对 200 个用户配置参数的保存和读取。

ARM 中的程序会在上电后首先用默认值初始化全部参数变量，之后读取 EEPROM 中的参数 199。当参数 199 为 170 时，表明 EEPROM 中的参数有效，程序会读取 EEPROM 中存储的各参数的设置值；否则各参数保持缺省数值不变，其流程如图 5-8 所示。

相应的各参数变量的名称和完成参数初始化的代码如图 5-9 和图 5-10 所示，其中图 5-9 给出了项目中所有参数的定义，均为整型，32 位；图 5-10 给出了设置各参数默认值的代码，在 EEPROM 中参数有效时，程序会读取各参数的设置值。

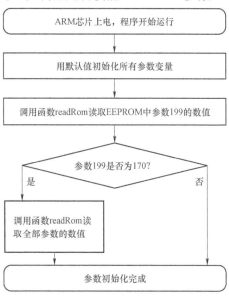

图 5-8 控制器读取参数的流程

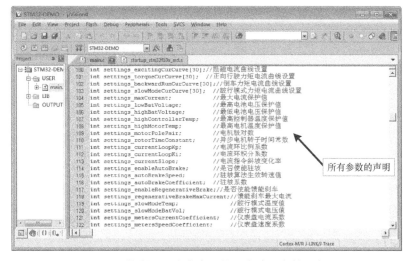

图 5-9 控制器程序中定义的用来读写参数的变量

图 5-10 程序从 EEPROM 中读取数据并完成参数初始化的代码截图

5.3 本章小结

本章介绍了利用 STM32F103VBT7 型 ARM 对 EEPROM 中的数据进行读写的操作。该功能可以用来保存控制器的配置数据，方便在现场对控制器特性参数进行修改，提高了控制器的灵活性，便于应用在不同的场合和适应不同的工况。

第 6 章

数字输入输出接口

控制器在运行过程中,ARM 芯片需要采集多种数字输入信号,包括挡位信号、故障信号、制动信号等,也需要输出多种数字信号,如驱动故障指示灯和继电器等。本章将介绍各数字输入输出信号的名称、作用、硬件电路设计方案和软件编程方法。

6.1 挡位信号处理电路及设计

项目使用的挡位开关共有前进、后退和空挡三个状态,分别称为 D 挡、R 挡和 N 挡。所使用的挡位开关的供电电压为 12 V,其中 D 挡和 R 挡各有一路信号与控制器相连。若当前挡位为 D 挡,则 D 挡相应的信号为高电平;若当前挡位为 R 挡,则 R 挡相应的信号为高电平。

设计的硬件电路方案如图 6-1 所示,使用电阻电容网络将挡位输出的信号降压至 ARM 芯片管脚可以承受的电压范围,且 D 挡和 R 挡的输出信号分别连接到 ARM 芯片的 PC11(芯片管脚 79)和 PC10 端口(芯片管脚 78)。

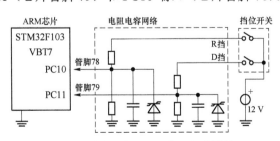

图 6-1 挡位信号与 ARM 芯片的连接关系图

图 6-1 中,电阻电容网络采用了电阻分压和电阻电容构成的低通滤波器结构。

以挡位信号最高电压为 12 V 为例，两电阻可分别选择 16.9 kΩ 和 5.1 kΩ，此时 12 V 经电阻分压后为 2.78 V，满足 ARM 芯片的端口电压需求。管脚端口并联的电容用以滤除信号中的高频分量，可根据经验选择 0.1 μF，稳压二极管的击穿电压为 3.3 V，可以防止输入电压过高损坏控制芯片。

设置端口 PC10 和 PC11 为输入端口的代码，如表 6-1 所示，代码将 ARM 芯片的端口 PC0 和 PC1 均设置为数字输入型。

表 6-1 初始化与挡位信号相关的芯片管脚的代码示例

序号	代码	注释
1	if(1)	条件判断语句块，设置挡位输入
2	{	代码块开始
3	GPIO_InitTypeDef GPIO_InitStructure;	声明设置参数使用的结构体变量
4	RCC_APB2PeriphClockCmd(RCC_APB2Periph_GPIOC, ENABLE);	使能时钟
5	GPIO_InitStructure.GPIO_Pin = GPIO_Pin_10|GPIO_Pin_11;	设置 PC10 和 PC11 端口
6	GPIO_InitStructure.GPIO_Speed = GPIO_Speed_10 MHz;	设置端口的频率
7	GPIO_InitStructure.GPIO_Mode = GPIO_Mode_IPU;	端口配置为上拉输入
8	GPIO_Init(GPIOC, &GPIO_InitStructure);	设置端口
9	}	代码块结束

程序中，使用表 6-2 中的两条语句获取 D 挡和 R 挡的信息，若端口 PC10 和端口 PC11 均为低电平，则表明 R 挡和 D 挡都未使能，即此时挡位为 N 挡。

表 6-2 读取与挡位信号有关的芯片管脚的状态

语句	说明
GPIO_ReadInputDataBit(GPIOC, GPIO_Pin_10)	获取端口 PC10 的状态，如果挡位 R 使能，则该端口为高电平，否则为低电平
GPIO_ReadInputDataBit(GPIOC, GPIO_Pin_11)	获取端口 PC11 的状态，如果挡位 R 使能，则该端口为高电平，否则为低电平

6.2 故障信号处理电路及设计

利用硬件电路检测的系统故障主要包括如下两类,分别为相电流过大和驱动电路故障。其中,相电流过大的故障信号由比较器产生,而驱动电路故障信号则由驱动信号产生。两种故障信号的硬件电路原理如图 6-2 所示。

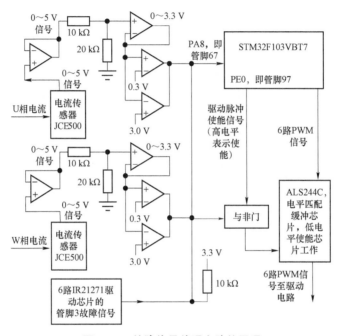

图 6-2 故障信号处理电路的原理

图 6-2 中,A 相和 C 相电流经传感器后产生 0~5 V 的电压信号,之后经过电阻分压和电压跟随电路,产生 0~3.3 V 的电压信号。设置电流过流的门槛电压为 0.6 V 和 2.7 V,根据电流传感器 JCE-500 的产品手册可知,此时对应的电流保护值为 320 A。当检测的相电流过大或者有驱动电路发生故障时,ARM 芯片的 PA8 管脚将收到低电平信号。同时,该信号还会与脉冲驱动使能信号经与非门后去直接控制 PWM 信号,在出现故障时可快速封锁驱动脉冲。

用于检测故障的端口 PA8 的初始化代码如表 6-3 所示。

表 6-3 设置检测故障的芯片管脚的代码示例

序号	代码	注释
1	if(1)	条件判断语句块,设置挡位输入

续表

序号	代码	注释
2	{	代码块开始
3	GPIO_InitTypeDef GPIO_InitStructure;	声明设置参数使用的结构体变量
4	RCC_APB2PeriphClockCmd(RCC_APB2Periph_GPIOA, ENABLE);	使能时钟
5	GPIO_InitStructure.GPIO_Pin = GPIO_Pin_8;	设置 PA8 端口，用来检测故障输入
6	GPIO_InitStructure.GPIO_Speed = GPIO_Speed_10 MHz;	设置端口的频率
7	GPIO_InitStructure.GPIO_Mode = GPIO_Mode_IPU;	端口配置为上拉输入
8	GPIO_Init(GPIOA,&GPIO_InitStructure);	设置端口
9	}	代码块结束

在程序中，使用表 6-4 中的语句获取故障信息，并对故障进行处理。需要注意的是，故障信号在硬件上直接参与了 PWM 信号的使能控制。

表 6-4 获取故障状态的代码示例

语句	说明
GPIO_ReadInputDataBit(GPIOA, GPIO_Pin_8)	获取端口 PA8 的状态，如果存在故障，则该端口为低电平，无故障时该端口为高电平

通过 ARM 芯片的端口 PE0 控制缓冲芯片 ALS244C，达到使能和禁止 PWM 信号的功能。当端口 PE0 为高电平，且系统无故障时，PWM 信号可经缓冲芯片后送入驱动电路；当使能信号为低电平，或者存在故障时，缓冲芯片将封锁所有的 PWM 信号，保护主电路安全。两个信号与驱动脉冲的关系如表 6-5 所示。

表 6-5 利用硬件电路控制 PWM 信号的逻辑

故障信号，端口 PA8	使能信号，端口 PE0	PWM 信号
高电平	高电平	PWM 信号经 ALS244C 后送入驱动电路

续表

故障信号，端口 PA8	使能信号，端口 PE0	PWM 信号
高电平	低电平	
低电平	高电平	PWM 信号被 ALS244C 封锁
低电平	低电平	

设置端口 PE0 为数字输出口的代码，如表 6-6 所示，该管脚的高低电平状态可控制 PWM 信号是否送入驱动电路。

表 6-6 设置控制 PWM 状态的芯片管脚的代码示例

序号	代码	注释
1	if(1)	条件判断语句块，设置挡位输入
2	{	代码块开始
3	GPIO_InitTypeDef GPIO_InitStructure;	声明设置参数使用的结构体变量
4	RCC_APB2PeriphClockCmd(RCC_APB2Periph_GPIOE, ENABLE);	使能时钟
5	GPIO_InitStructure.GPIO_Pin = GPIO_Pin_0;	设置 PE0 端口，用来检测故障输入
6	GPIO_InitStructure.GPIO_Mode = GPIO_Mode_Out_PP;	端口配置为输出端口，推挽型
7	GPIO_InitStructure.GPIO_Speed = GPIO_Speed_50 MHz;	设置端口的频率
8	GPIO_Init(GPIOE, &GPIO_InitStructure);	设置端口
9	}	代码块结束

在程序中，使用表 6-7 中的两条语句修改端口 PE0 的状态，达到使能和禁止 PWM 的目的。

表 6-7 修改端口 PE0 状态的代码示例

语句	说明
GPIO_SetBits(GPIOE,GPIO_Pin_0);	设置端口 PE0 为高电平，即使能 PWM
GPIO_ResetBits(GPIOE,GPIO_Pin_0);	设置端口 PE0 为高电平，即禁止 PWM

为了便于使能和禁止 PWM 脉冲，并方便地获取 PWM 的使能和禁止状态，本章设计了函数"enablePwm"。该函数的整型参数表示了命令类型，而返回值则表明了当前 PWM 的状态。如表 6-8 所示，参数 command 为 0 表示禁止 PWM，为 1 表示使能 PWM，为 2 表示获取当前 PWM 的状态。

表 6-8 控制 PWM 状态的函数代码示例

序号	代码	注释
1	int enablePwm(int command)	函数声明和参数列表
2	{	函数代码块开始
3	static int state = 0;	声明静态变量 state，存储 PWM 状态
4	if(command = = 2)return state;	如果参数 command 为 2，表示要获取当前 PWM 的状态
5	if(command! = state)	待设置的 PWM 状态不同于 PWM 当前状态
6	{	条件判断语句的代码块开始
7	if(command = = 1) GPIO_SetBits(GPIOE, GPIO_Pin_0);	如果参数 command 为 1，将端口 PE0 设置为高电平，使能 PWM
8	else GPIO_ResetBits(GPIOE, GPIO_Pin_0);	否则将端口 PE0 设置为低电平，禁止 PWM
9	state = command;	存储当前 PWM 的状态至变量 state
10	}	条件判断语句的代码块结束
11	return state;	返回当前 PWM 的状态
12	}	代码块结束

6.3 制动信号处理电路及设计

制动信号为一个 5 V 的电压信号，当制动信号踩下时，该信号为 5 V，否则为 0 V。制动信号经电容网络分压和滤波后，送入 ARM 芯片的端口 PE4，即芯片的管脚 3。

图 6-3 中,两个分压电阻分别为 10 kΩ 和 16.9 kΩ,当制动踏板踩下时,其中经电阻分压后送入 PE4 的信号为 3.1 V,即高电平。当制动踏板未被踩下时,PE4 的电压为 0。与 PE4 相连的电容用于滤除电压毛刺和边沿跳变。与 PE4 相连的稳压管用于防止电压过高。当采用其他不同类型的踏板时,应根据电压等级调整分压电阻的阻止,使制动踏板的踩下和未踩下两种状态分别对应端口 PE4 的两种电压状态。用于检测制动踏板信号的端口 PE4 的初始化代码如表 6-9 所示。

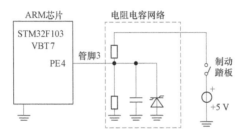

图 6-3 制动信号的处理以及与芯片的连接图

表 6-9 初始化检测制动信号的芯片端口的代码示例

序号	代码	注释
1	if(1)	条件判断语句块,设置挡位输入
2	{	代码块开始
3	GPIO_InitTypeDef GPIO_InitStructure;	声明设置参数使用的结构体变量
4	RCC_APB2PeriphClockCmd(RCC_APB2Periph_GPIOE, ENABLE);	使能时钟
5	GPIO_InitStructure.GPIO_Pin = GPIO_Pin_4;	设置 PE4 端口,用来检测踏板输入信号
6	GPIO_InitStructure.GPIO_Speed = GPIO_Speed_10 MHz;	设置端口的频率
7	GPIO_InitStructure.GPIO_Mode = GPIO_Mode_IPU;	端口配置为上拉输入
8	GPIO_Init(GPIOE, &GPIO_InitStructure);	设置端口
9	}	代码块结束

在程序中,使用表 6-10 中的语句获取制动踏板的状态。

表 6-10 获取制动踏板信号的代码示例

语句	说明
GPIO_ReadInputDataBit(GPIOE, GPIO_Pin_4)	获取端口 PE4 的状态,当制动踏板为高电平时,表示制动踏板被踩下;否则表明制动踏板抬起

6.4 指示灯处理电路及设计

在本节中,控制器具有红色和绿色两个发光二极管并按照特定的规律闪烁,用来表明控制器的工作状态。其中,红色发光二极管用来表明当前系统的状态信息,而绿色发光二极管则表示系统的历史状态信息。图 6-4 中给出了 ARM 芯片与两个二极管指示灯的连接关系。其中红色发光二极管由端口 PE2 即管脚 1 驱动,绿色发光二极管由端口 PE3 即管脚 2 驱动。两个芯片管脚经限流电阻后与发光二极管的阳极相连。限流电阻的阻值可根据发光二极管的工作电流确定。例如发光二极管的工作电流为 2 mA,发光二极管导通时的压降为 1.5 V,则电阻的阻值可计算为 (3.3 V−1.5 V) /2 mA≈1 kΩ。

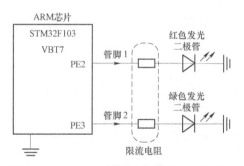

图 6-4 指示灯处理电路及使用的芯片管脚

初始化端口 PE2 和 PE3 的示例代码如表 6-11 所示。

表 6-11 设置控制指示灯的芯片管脚的代码示例

序号	代码	注释
1	if(1)	语句块,设置挡位输入
2	{	代码块开始
3	GPIO_InitTypeDef GPIO_InitStructure;	声明设置参数使用的结构体变量

续表

序号	代码	注释
4	RCC_APB2PeriphClockCmd(RCC_APB2Periph_GPIOE,ENABLE);	使能时钟
5	GPIO_InitStructure.GPIO_Pin = GPIO_Pin_2 | GPIO_Pin_3;	设置 PE2 和 PE3 端口为数字输出端口，驱动发光二极管
6	GPIO_InitStructure.GPIO_Mode = GPIO_Mode_Out_PP;	端口配置为输出端口，推挽型
7	GPIO_InitStructure.GPIO_Speed = GPIO_Speed_50 MHz;	设置端口的频率
8	GPIO_Init(GPIOE,&GPIO_InitStructure);	设置端口
9	}	代码块结束

在程序中，使用表 6-12 中的两条语句修改端口 PE0 的状态，达到使能和禁止 PWM 的目的。

表 6-12 改变控制指示灯的端口的输出状态的代码示例

类型	语句	说明
操作 PE2	GPIO_SetBits(GPIOE,GPIO_Pin_2);	设置端口 PE2 为高电平，即点亮红色发光二极管
	GPIO_ResetBits(GPIOE,GPIO_Pin_2);	设置端口 PE2 为低电平，即熄灭红色发光二极管
操作 PE3	GPIO_SetBits(GPIOE,GPIO_Pin_3);	设置端口 PE3 为高电平，即点亮绿色发光二极管
	GPIO_ResetBits(GPIOE,GPIO_Pin_3);	设置端口 PE3 为低电平，即熄灭绿色发光二极管

系统的状态可由红色二极管和绿色二极管连续闪烁的次数获取，其中不同的闪烁次数代表不同的系统信息，其定义如表 6-13 所示。

表 6-13 指示灯闪烁次数及含义

连续闪烁的次数	含义
1	系统正常，无错误信息
2	系统启动时加速踏板没有处于弹起状态
3	系统存在硬件故障
4	直流母线电压不在合理范围内

续表

连续闪烁的次数	含义
5	电池电压不在合理范围内
6	U 相输出电流超过保护值
7	W 相输出电流超过保护值
8	主继电器压降过大
9	加速踏板与制动踏板冲突
10	挡位信号冲突
11	控制器温度超过保护值
12	电动机温度超过保护值
13	系统主电路开关器件有异常
14	U 相电流传感器工作异常
15	W 相电流传感器工作异常
16	加速踏板工作异常

控制红色和绿色发光二极管连续闪烁特定次数的代码如表 6–14 所示，函数名称为"ledSpark"，函数参数为当前的系统信息数据，其取值和意义见表 6–13。函数"ledSpark"由系统的定时器周期中断去调用，由于定时器的中断频率为 fs（Hz），则该函数每秒钟被调用 fs 次，因此可以在每次运行函数时将一个静态变量自增 1，达到记录时间的目的。函数中红色二极管闪烁的次数由整型全局变量"nowCode"确定，而绿色发光二极管连续闪烁的次数则由整型全局变量"oldCode"确定。

表 6–14 控制发光二极管闪烁的函数代码示例

序号	代码	注释
1	void ledSpark(int nowCode,int oldCode)	控制发光二极管连续闪烁的函数
2	{	代码块开始
3	static int secCnt = 0;	用来计时的整型变量
4	static int redLedCnt = 0;	用来记录红色发光二极管已经闪烁的次数
	static int greenLedCnt = 0;	用来记录绿色发光二极管已经闪烁的次数

续表

序号	代码	注释
5	if(secCnt*2<fs)secCnt+ = 1; else secCnt = 0;	变量 secCnt 自加 1，当 secCnt 到达开关频率 fs 的一半时，secCnt 归零
6	if(secCnt = = 0)redCnt+ = 1; if(secCnt = = 0)greenCnt+ = 1;	红色和绿色发光二极管的计数值每 0.5 s 均自增 1
7	if(redCnt>nowCode+6)redCnt = 0; if(redCnt>oldCode+6)redCnt = 0;	红色发光二极管的计数值超过 nowCode+6 将清零；绿色发光二极管的计数值超过 oldCode+6 将清零
8	if(redCnt>nowCode) GPIO_ResetBits(GPIOE,GPIO_Pin_2); else if(secCnt*4<fs) GPIO_SetBits(GPIOE,GPIO_Pin_2); else GPIO_ResetBits(GPIOE, GPIO_Pin_2);	如果红色发光二极管的计数值超过当前系统代码，则熄灭红色发光二极管；否则如果计数器小于开关频率 fs 的 1/4，则点亮红色发光二极管；其余状态仍熄灭红色发光二极管。该语句可以实现如下功能：红色发光二极管按照 2 Hz 的频率连续闪烁固定次数，该次数由系统状态码 nowCode 确定
8	if(greenCnt>oldCode) GPIO_ResetBits(GPIOE,GPIO_Pin_3); else if(secCnt*4<fs) GPIO_SetBits(GPIOE, GPIO_Pin_3); else GPIO_ResetBits(GPIOE, GPIO_Pin_3);	如果绿色发光二极管的计数值超过当前系统代码，则熄灭绿色发光二极管；否则如果计数器小于开关频率 fs 的 1/4，则点亮绿色发光二极管；其余状态仍熄灭绿色发光二极管。该语句可以实现如下功能：红色发光二极管按照 2 Hz 的频率连续闪烁固定次数，该次数由系统状态码 oldCode 确定
9	}	代码块结束

控制器的历史状态码和当前状态码分别表示了不同阶段控制器的状态。当控制器检测到系统的非正常状态后，会将该状态记录在当前状态码中。而当用户松开加速踏板后，控制器会将非正常的当前状态的信息存储到历史状态码中，并将当前的状态码设置为正常状态。用户通过观察红色和绿色两个发光二极管的闪烁状态，可以获取控制器的内部信息，从而有利于产品的维修和维护。

6.5 主继电器驱动电路

主继电器用于实现电池与控制器主电路的物理连接。由于控制器主电路中有储能电容，所以在开始阶段，主继电器并不吸合。蓄电池通过限流电阻向主电路的储能电容中充电，在储能电容的电压接近蓄电池电压之后，主继电器吸合，完成蓄电池与主电路的连接。项目中设计的主继电器驱动电路如图 6-5 所示。其中 MOSFET 使用了

IRF640N。继电器线圈电压为12 V,触点电流为80 A,采用多个继电器并联可进一步提升电流等级。光耦芯片可以选择TLP-512。当ARM芯片的端口PE7输出高电平时,光耦导通,12 V电压经光耦和门极电阻后驱动MOSFET导通,主继电器的线圈将承受12 V电压,继电器吸合。当端口PE7输出低电平时,光耦断开。MOSFET的门极经电阻后与地信号相连,MOSFET断开,线圈掉电导致主继电器断开。与主继电器线圈并联的二极管可以为MOSFET断开后的绕组电流提供续流通道。

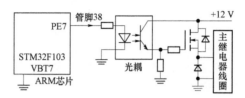

图6-5 驱动主接触器的电路原理图

初始化端口PE7的示例代码如表6-15所示,芯片管脚被设置为数字输出型端口。

表6-15 设置驱动主接触器的芯片管脚功能代码示例

序号	代码	注释
1	if(1)	代码块
2	{	代码块开始
3	GPIO_InitTypeDef GPIO_InitStructure;	声明设置参数使用的结构体变量
4	RCC_APB2PeriphClockCmd(RCC_APB2Periph_GPIOE, ENABLE);	使能时钟
5	GPIO_InitStructure.GPIO_Pin = GPIO_Pin_7;	设置PE7端口为数字输出端口, 驱动发光二极管
6	GPIO_InitStructure.GPIO_Mode = GPIO_Mode_Out_PP;	端口配置为输出端口,推挽型
7	GPIO_InitStructure.GPIO_Speed = GPIO_Speed_50 MHz;	设置端口的频率
8	GPIO_Init(GPIOE,&GPIO_InitStructure);	设置端口
9	}	代码块结束

在程序中,使用表6-16中的两条语句修改端口PE7的状态,达到使能和禁止PWM的目的。

表 6-16 改变控制 PWM 的管脚的状态的代码示例

语句	说明
GPIO_SetBits(GPIOE,GPIO_Pin_7);	设置端口 PE7 为高电平，即闭合主继电器
GPIO_ResetBits(GPIOE,GPIO_Pin_7);	设置端口 PE7 为低电平，即断开主继电器

6.6 代码示例

在 Keil μVision 中，增加各数字输出端口的初始化代码，放置于函数 userSetup 中，软件界面如图 6-6 所示。

图 6-6 初始化数字输入输出端口的代码截图

图 6-6 中，所有数字输入输出端口初始化代码均放置在初始化函数"userSetup"中。对于 PWM 使能信号和主继电器驱动信号，应为其设置初始值，避免上电后控制器产生误动作。

6.7 本章小结

本章介绍了控制器中的数字输出信号、硬件电路设计方法和软件编程方案。对于各数字输入信号，可以通过调用函数"GPIO_ReadInputDataBit"获取信号的高低电平；对于数字输出信号，可以调用函数"GPIO_SetBits"和"GPIO_ResetBits"来改变输出电压。本章还设计了控制 PWM 输出信号的函数，以方便地获取 PWM 端口的工作状态。另外，本章还介绍了利用发光二极管指示灯显示系统状态的方法、设计控制发光二极管亮灭状态的函数。

第7章

模拟采样功能

模拟采样利用ARM芯片的模数转换模块，将电压、电流、温度等信号转变为可在程序中使用的具体数值。本章设计的控制器，需要采集电池电压、电机电流、环境温度、用户加速踏板指令等模拟信号，完成对电动机电流和转矩的控制。本章将介绍各种模拟信号的处理方法以及利用ARM芯片采集各模拟信号的手段，并给出具体的代码示例。

7.1 浮点型数据的处理

本章使用的ARM芯片STM32F103VBT7支持直接使用浮点型数据，如当电池电压为60.25 V时，在程序中可以声明一个浮点型变量来表示电池电压，即"float fBatVol=60.25;"。然而由于该ARM芯片本身不具有浮点型硬件乘法器，所以针对浮点型数据的操作将要消耗多个时钟周期。当程序中针对浮点型数据的操作较多时，芯片的计算能力将无法满足要求。

一个解决方案是将本来为浮点型的数据扩大若干倍并存入整数变量中，将浮点数操作转变为整数的操作，从而提高代码的执行速度。而为了能够方便地对数据进行扩大和缩小操作，可以将浮点型数据扩大为原来的2的整数幂倍。当然该数据的转化过程会带来数据精度的损失，因此在数据范围允许的情况下，可尽可能地选择较大的放缩倍数。例如将浮点数1.7扩大4倍并取整后为6，相比于精确值6.8，其误差为（6.8−6）/6.8=11.8%；而扩大8倍并取整后为13，相比于精确值13.6，其误差为（13.6−13）/13.6=4.4%；而扩大16倍并取整后为27，相比于精确值27.2，其误差为（27.2−27）/27.2=0.7%。

在本章中，可以将电池电压扩大32倍，并使用一个整型变量来表示该数值。即定义变量"int nBatVol_5=1928;"。变量名最后的"_5"表示该变量的数值等于

实际值的 $2^5=32$ 倍。在本章中，将沿用这种变量命名方法，并且对各模拟量对应的浮点型变量进行扩大处理，如表 7-1 所示。

表 7-1　程序中使用的浮点型数据及处理方式

浮点型数据量和物理意义	浮点型数据范围	放大的倍数	放大后的范围（应在32位整型数据范围内）	程序中使用的变量（32位整型）
电池电压	0.0~200.0 V	32	0~6 400	gUbat_5
直流电容电压	0.0~200.0 V	32	0~6 400	gUcap_5
U 相电流	-800.0~800.0 A	32	-25 600~25 600	gIu_5
V 相电流	-800.0~800.0 A	32	-25 600~25 600	gIw_5
W 相电流	-800.0~800.0 A	32	-25 600~25 600	gIv_5
U 相输出电压	0.0~200.0 V	32	0~6 400	gUu_5
V 相输出电压	0.0~200.0 V	32	0~6 400	gUv_5
W 相输出电压	0.0~200.0 V	32	0~6 400	gUw_5
控制器温度	-100~200 ℃	1	-100~200	gControllerHot
电动机温度	-100~200 ℃	1	-100~200	gMotorHot
加速踏板主信号	0~4 095	1	0~4 095	gPadSigMain
加速踏板深度辅助信号	0~2 047	1	0~2 047	gPadSigAux

使用移位操作可方便地对整型变量进行放缩处理，如当需要判断电池电压是否超过保护值"setting_highBatVoltage"时，可以使用表 7-2 所示的代码。

表 7-2　利用移位操作判断变量是否超过特定值

序号	代码	注释
1	if(gUbat_5>(setting_highBatVoltage<<5))	条件判断语句块
2	{	代码块开始
3	//此处放置电池电压超过保护值的代码	条件判断语句成立时执行的代码
4	}	代码块开始

其中，EEPROM 中存储的保护值左移 5 位，等效于扩大为原值的 32 倍。电池电压扩大为原来的 32 倍后的数值可与之比较，来判断电池电压是否超过最大值。

7.2 模拟采样电路的硬件设计

7.2.1 电流采样电路设计

控制器需要采集控制器发出的流入电机三相定子绕组的电流,根据基尔霍夫电流定律,由于三相绕组电流之和为零,故实际只需采集两相电流即可,其余一相的电流可由计算得出。项目中设计的电流采样电路如图 7-1 所示。

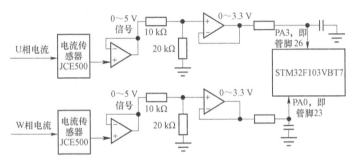

图 7-1 电流采样处理电路以及与芯片的连接关系

ARM 芯片可以采集的模拟信号的电压范围为 0~3.3 V,对应程序中的数据 0~4 095。项目中使用的传感器 JCE500 在待检测电流为 0 时将输出 2.5 V 电压。若待采集电流为正,则该电流传感器的输出电压大于 2.5 V,否则输出电压小于 2.5 V。当电流为+500 A 时传感器将输出 5 V 电压,当电流为-500 A 时传感器将输出 0 V 电压。传感器的输出电压经过电阻分压和电压跟随电路后,待采集的电流信号被转化为 0~3.3 V 的电压信号,且当待采集电流为 0 时,对应的电压信号为 2.5×2/3 = 5/3 V。以待检测的 U 相电流为 I_u 为例,各阶段的数量关系如表 7-3 所示。

表 7-3 电流采样各阶段的数量关系

待测电流/A	传感器输出的电压/V	ARM 管脚的电压/V	转化后的程序中的数值
I	$2.5 + I/200$	$5/3 + I/300$	$2\,068 + 4.14I$

因此,从理论上来说,在程序中用 U 相和 W 相的电流通道的模拟转化后的数值减去 2 068,然后再除以 4.14,即可得到两电流的实际值。

U 相和 W 相的采样信号经电阻电容构成的 RC 低通滤波器滤波后,分别进入 ARM 芯片的 PA3 和 PA0 端口。其端口的初始化的代码如表 7-4 所示。

表 7-4 初始化电流采样使用的芯片管脚的代码示例

序号	代码	注释
1	if(1)	代码块
2	{	代码块开始
3	GPIO_InitTypeDef GPIO_InitStructure;	声明设置参数使用的结构体变量
4	RCC_APB2PeriphClockCmd(RCC_APB2Periph_GPIOA,ENABLE);	使能时钟
5	GPIO_InitStructure.GPIO_Pin = GPIO_Pin_0 | GPIO_Pin_3;	设置端口 PA0 和 PA3
6	GPIO_InitStructure.GPIO_Mode = GPIO_Mode_AIN;	端口配置为模拟信号输入
7	GPIO_Init(GPIOA,&GPIO_InitStructure);	设置端口
8	}	代码块结束

7.2.2 电压采样电路设计

控制器在运行过程中需要采集电池电压、直流母线电容电压和逆变器输出的三相电压。各个电压经电阻电容网络后转变为 0～3.3 V，并送入 ARM 芯片的相应端口。

在图 7-2 中，电池电压和直流电容电压均经过阻容网络后分别送入 ARM 芯片端口 PA4 和端口 PA2。根据电阻的阻值可知，当电池电压或直流电容电压最高为 100 V 时，送入 ARM 芯片的电压为 3.226 V，可满足系统要求。

控制器在正常工作时，由于一个桥臂的上下两个开关器件状态互补，因此三相输出电压均有两种状态，即 0 V 和直流电容电压。此时送入 ARM 芯片的两个电压分别为 0，以及 $U_{CAP}/31$，其中 U_{CAP} 为直流电容电压值。而当同一桥臂的两个开关器件均处于断开状态时，送入 ARM 芯片的电压为 $U_{CAP}/67$。因此利用该采样电路，可以在程序中根据桥臂的输出电压，判断是否有开关器件损坏，从而有利于及时发现系统缺陷和故障，提高系统可靠性。三相输出电压经过处理后分别进入了端口 PA5、PA6 和 PA7。

U 相和 W 相的采样信号经电阻电容构成的 RC 低通滤波器滤波后，分别进入 ARM 芯片的 PA3 和 PA0 端口。其端口的初始化方法如表 7-5 所示。

第 7 章 模拟采样功能 209

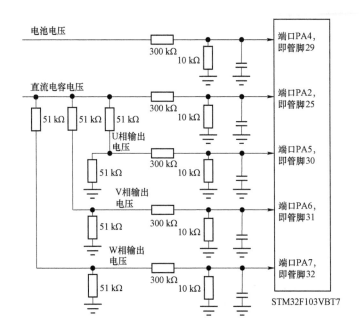

图 7-2 电压采样电路及与芯片的连接关系原理图

表 7-5 初始化电压采样对应的芯片管脚的代码示例

序号	代码	注释
1	if(1)	代码块
2	{	代码块开始
3	GPIO_InitTypeDef GPIO_InitStructure;	声明设置参数使用的结构体变量
4	RCC_APB2PeriphClockCmd(RCC_APB2Periph_GPIOA,ENABLE);	使能时钟
5	GPIO_InitStructure.GPIO_Pin = GPIO_Pin_2 | GPIO_Pin_4 | GPIO_Pin_5 | GPIO_Pin_6 | GPIO_Pin_7;	设置端口 PA2、PA4、PA5、PA6、PA7 用来采集电压
6	GPIO_InitStructure.GPIO_Mode = GPIO_Mode_AIN;	端口配置为模拟信号输入
7	GPIO_Init(GPIOA,&GPIO_InitStructure);	设置端口
8	}	代码块结束

7.2.3 温度采样电路设计

项目中采用热敏电阻采集控制器的温度，常用的热敏电阻可分为 PTC（正温度系数）和 NTC（负温度系数）两种。电动机的内部安装有热敏电阻，而散热器的温度则可以通过专门安装热敏电阻去进行检测。利用 ARM 芯片的模拟采样功能，采集热敏电阻上电压的变化，结合热敏电阻阻值和温度的关系，即可以计算获得温度信息。温度采样电路如图 7-3 所示。

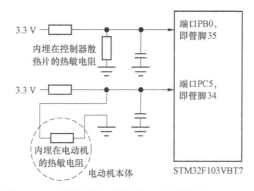

图 7-3 温度采样电路与芯片的连接关系原理图

端口的初始化代码如表 7-6 所示，其中散热器的温度采样信号送入端口 PB0，电动机温度采样信号则送入端口 PC5。

表 7-6 设置与温度采样信号相连的芯片管脚的代码示例

序号	代码	注释
1	if(1)	代码块
2	{	代码块开始
3	GPIO_InitTypeDef GPIO_InitStructure;	设置参数使用的结构体变量
4	RCC_APB2PeriphClockCmd(RCC_APB2Periph_GPIOB,ENABLE);	使能时钟
5	GPIO_InitStructure.GPIO_Pin = GPIO_Pin_0;	设置端口 PB0 用来采集控制器的温度信号
6	GPIO_InitStructure.GPIO_Mode = GPIO_Mode_AIN;	端口配置为模拟信号输入
7	GPIO_Init(GPIOB,&GPIO_InitStructure);	设置端口
8	}	代码块结束

续表

序号	代码	注释
9	if(1)	代码块
10	{	代码块开始
11	GPIO_InitTypeDef GPIO_InitStructure;	声明设置参数使用的结构体变量
12	RCC_APB2PeriphClockCmd(RCC_APB2Periph_GPIOC,ENABLE);	使能时钟
13	GPIO_InitStructure.GPIO_Pin=GPIO_Pin_5;	设置端口 PC5 用来采集控制器的温度信号
14	GPIO_InitStructure.GPIO_Mode=GPIO_Mode_AIN;	端口配置为模拟信号输入
15	GPIO_Init(GPIOC,&GPIO_InitStructure);	设置端口
16	}	代码块结束

根据采集的电压信号,可以计算得出实际的温度信息。以 NTC 热敏电阻为例,随温度的增加其电阻阻值降低,因此在 ARM 芯片中的采样值也相应下降。图 7-4 给出了 ARM 芯片中采样结果随温度变化的示意图,其中最低温度为 T_L,最高温度为 T_H,采样值介于 0 和 4 095 之间。

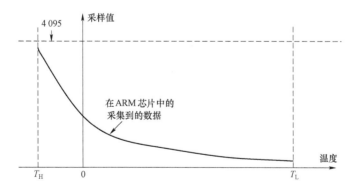

图 7-4 温度和 ARM 芯片采集的数据的对应关系

若采用理论计算或者参数拟合的方式计算温度,存在计算量大、耗时长的问题。本章采用查表法获取具体温度,其具体流程如图 7-5 所示。

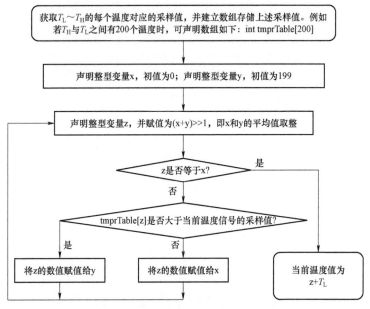

图 7-5 采用查表法计算温度的流程

由流程图可知,当有 200 个温度点时,经过 9 次循环判断,即可以获取温度数据,且每次循环仅包含加法、移位等语句,执行速度快。以最低温度 T_L 为 -49 ℃,最高温度 T_H 为 150 ℃,实际温度为 33 ℃为例,流程图中变量 x、y 和 z 的变化规律如表 7-7 所示。

表 7-7 采用查表法计算温度时各变量的数值变化过程

循环次数	1	2	3	4	5	6	7	8	9
x	0	0	49	74	74	80	80	81	82
y	199	99	99	99	86	86	83	83	83
z	99	49	74	86	80	83	81	82	82

表 7-7 中,z 的数值最终为 82,因此可得实际温度为 33 ℃。算法对应的程序代码如表 7-8 所示。其中最低温度为 -49 ℃,tmprTable 为整型全局变量,从 tmprTable [0] ~ tmprTable [199] 分别对应温度 -49 ~ 150 ℃的采样值。参数 sampleValue 为温度信号在 ARM 中的采样结果,范围为 0 ~ 4 095。

表 7-8　根据采样结果计算温度的函数代码示例

序号	代码	注释
1	int calcTemperature(int sampleValue)	设置电流采样端口
2	{	代码块开始
3	int x = 0;	温度值低值
4	int y = 199;	温度值高值
5	while(1)	循环语句
6	{	循环语句代码块开始
7	int z = (x + y)>>1;	计算温度平均值
8	if(z = = x)break;	检测是否结束循环
9	if(tmprTable[z]>sampleValue)x = z;else y = z;	更新温度值低值和高值
10	}	循环语句代码块结束
11	return z - 49;	返回计算得出的温度
12	}	代码块结束

7.2.4　加速踏板采样电路设计

出于安全性和可靠性因素的考虑，许多加速踏板都输出两路电压信号。通过检测两路信号的状态，既可以获得踏板的踩踏深度，又可以及时发现加速踏板的故障。本章采用的加速踏板的供电电压为 5 V，输出两路电压信号。其中主信号的范围为 0~5 V，辅助信号仅输出 0 和 5 V 两种电平来表示踏板是否被踩下。

设计的加速踏板采样电路如图 7-6 所示。加速踏板输出的信号经阻容网络分压后送入 ARM 芯片的相应管脚中。

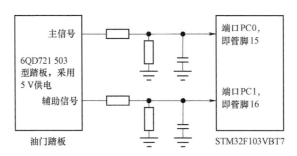

图 7-6　踏板信号处理电路与芯片的连接关系

根据硬件连接关系可知,加速踏板发出的信号经电阻电容网络后转换为 0～3.3 V 的信号送入 ARM 芯片。端口 PC0 和 PC1 分别对应加速踏板的主信号和辅助信号,其初始化代码如表 7-9 所示。

表 7-9　初始化与油门踏板关联的芯片管脚的代码示例

序号	代码	注释
1	if(1)	代码块
2	{	代码块开始
3	GPIO_InitTypeDef GPIO_InitStructure;	声明设置参数使用的结构体变量
4	RCC_APB2PeriphClockCmd(RCC_APB2Periph_GPIOC,ENABLE);	使能时钟
5	GPIO_InitStructure.GPIO_Pin = GPIO_Pin_0 | GPIO_Pin_1;	设置端口 PC0 和 PC1 用来采集加速踏板的信号
6	GPIO_InitStructure.GPIO_Mode = GPIO_Mode_AIN;	端口配置为模拟信号输入
7	GPIO_Init(GPIOC,&GPIO_InitStructure);	设置端口
8	}	代码块结束

加速踏板的两路信号可互为校验。当加速踏板正常时,若辅助信号为高电平时,加速踏板必然处于踩踏状态;若辅助信号为低电平时,加速踏板必然处于松开状态。在"松开—踩踏—松开"这一过程中,两路信号的采样结果曲线示意图如图 7-7 所示。

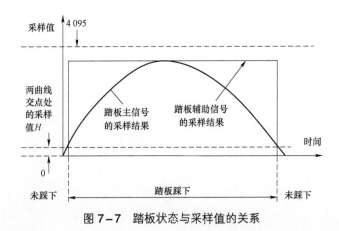

图 7-7　踏板状态与采样值的关系

图 7-7 中，两条曲线的交点处的采样值为 H，H 的具体数值与所使用的踏板型号有关，可通过实验和理论计算得出。

H 所在的位置为踏板状态的分界线，由此可得出如下两条结论：

（1）踏板踩下时，两条曲线均高于 H。

（2）踏板未踩下时，两条曲线均不高于 H。

考虑到踏板生产工业误差等因素，可引入配置量 Δ（$\Delta>0$），将上述结论进一步修改为：

（1）踏板踩下时，两条曲线均高于 $H-\Delta$。

（2）踏板未踩下时，两条曲线均低于 $H+\Delta$。

在系统实际运行时，若发现两条曲线的关系不满足上述结论，即可表明加速踏板存在故障，应及时停机并发出报警信号。

加速踏板的深度可由主信号的采样结果获取，其示意图如图 7-8 所示。当踏板主信号高于门槛值 $H+\Delta$ 时，按照加速踏板的深度设置力矩电流指令值；当主信号低于门槛值 $H-\Delta$ 时，则设置力矩电流指令值为 0；其余情形保持力矩电流指令值不变。

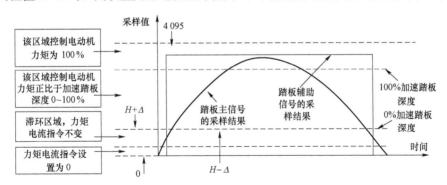

图 7-8 根据加速踏板计算力矩电流的算法示意图

由图 7-8 可知，根据加速踏板的状态，算法构成了一个滞环区域，在这个滞环区域内，力矩电流指令值保持不变。

7.3 模拟信号采样功能的编程实现

STM32F103VBT7 型 ARM 中内置的模数转换模块，可将芯片管脚的电压 0~3.3 V 转变为数字量 0~4 095。图 7-9 给出了实现模数转换的流程，程序在每个开关周期内，首先触发 ADC 模块工作，之后执行其余操作，最后等待 ADC 模块工作完成并返回。该过程利用了 DMA（Direct Memory Access）模块将模数转化的结果放入特定的内存区域，这些结果可供下个开关周期使用。

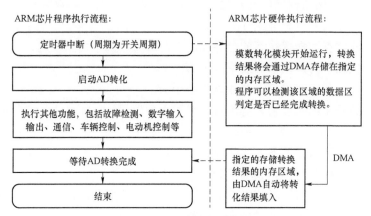

图 7-9 芯片的模数转换流程

因此需要首先初始化 ARM 芯片中 DMA 模块,代码如表 7-10 所示,其中变量 adResult 为一个全局变量数组,其定义为"unsigned short adResult[16];",DMA 模块会将转化后的结果存入该数组。

表 7-10 设置 DMA 的代码示例

序号	语句	说明
1	if(1)	代码块
2	{	代码块开始
3	DMA_InitTypeDef DMA_InitStructure;	初始化使用的代码
4	RCC_AHBPeriphClockCmd(RCC_AHBPeriph_DMA1,ENABLE);	使能 DMA1 的时钟
5	DMA_DeInit(DMA1_Channel1);	复位 DMA1 的通道 1
6	DMA_InitStructure.DMA_PeripheralBaseAddr =((u32)0x4001244C);	设置 DMA 外设的源头地址
7	DMA_InitStructure.DMA_MemoryBaseAddr =(u32)&adResult;	设置 DMA 要操作的内存地址
8	DMA_InitStructure.DMA_DIR =DMA_DIR_PeripheralSRC;	设置 DMA 的数据使用外设
9	DMA_InitStructure.DMA_BµFferSize=16;	缓冲区长度为 16
10	DMA_InitStructure.DMA_PeripheralInc =DMA_PeripheralInc_Disable;	DMA 外设地址不自增
11	DMA_InitStructure.DMA_MemoryInc =DMA_MemoryInc_Enable;	操作的内存地址自动增加

续表

序号	语句	说明
12	DMA_InitStructure.DMA_PeripheralDataSize =DMA_PeripheralDataSize_HalfWord;	设置数据宽度为 16 位,即 8 个字节
13	DMA_InitStructure.DMA_Mode =DMA_Mode_Circular;	操作的内存地址自动返回起始位置
14	DMA_InitStructure.DMA_Priority =DMA_Priority_High; DMA_InitStructure.DMA_M2M =DMA_M2M_Disable; DMA_Init(DMA1_Channel1, &DMA_InitStructure);	设置优先级等其他属性,初始化 DMA1 的通道 1
15	DMA_Cmd(DMA1_Channel1,ENABLE);	使能 DMA1 的通道 1
16	}	设置 DMA 代码块结束

初始化 ADC 模块的代码如表 7-11 所示,包括每次转换采集的通道以及采样时间等信息。

表 7-11 设置 ADC 模块的代码示例

序号	语句	说明
1	if(1)	代码块
2	{	代码块开始
3	ADC_InitTypeDef ADC_InitStructure;	初始化使用的代码
4	RCC_APB2PeriphClockCmd(RCC_APB2Periph_ADC1,ENABLE);	使能 ADC 模块 1 的时钟
5	ADC_DeInit(ADC1);	复位 ADC 模块 1
6	ADC_InitStructure.ADC_Mode =ADC_Mode_Independent;	设置 ADC 模块为独立模式
7	ADC_InitStructure.ADC_ScanConvMode =ENABLE;	使用扫描模式
8	ADC_InitStructure.ADC_ContinuousConvMode =DISABLE;	不使用连续采样模式
9	ADC_InitStructure.ADC_ExternalTrigConv =ADC_ExternalTrigConv_None;	不使用外部触发模式

续表

序号	语句	说明
10	ADC_InitStructure.ADC_DataAlign = ADC_DataAlign_Right;	数据模式为右对齐
11	ADC_InitStructure.ADC_NbrOfChannel = 16;	模数转换通道数为 16
12	ADC_Init(ADC1,&ADC_InitStructure);	初始化 ADC 模块 1
13	ADC_RegularChannelConfig(ADC1, ADC_Channel_3,1,ADC_SampleTime_7Cycles5);	第 1 次转化通道 3，使用 7.5 个 ADC 时钟
14	ADC_RegularChannelConfig(ADC1, ADC_Channel_0,2,ADC_SampleTime_7Cycles5);	第 2 次转化通道 0，使用 7.5 个 ADC 时钟
15	ADC_RegularChannelConfig(ADC1, ADC_Channel_0,3,ADC_SampleTime_7Cycles5);	第 3 次转化通道 2，使用 7.5 个 ADC 时钟
16	ADC_RegularChannelConfig(ADC1, ADC_Channel_0,4,ADC_SampleTime_7Cycles5);	第 4 次转化通道 3，使用 7.5 个 ADC 时钟
17	ADC_RegularChannelConfig(ADC1, ADC_Channel_0,5,ADC_SampleTime_7Cycles5);	第 5 次转化通道 4，使用 7.5 个 ADC 时钟
18	ADC_RegularChannelConfig(ADC1, ADC_Channel_0,6,ADC_SampleTime_7Cycles5);	第 6 次转化通道 5，使用 7.5 个 ADC 时钟
19	ADC_RegularChannelConfig(ADC1, ADC_Channel_0,7,ADC_SampleTime_7Cycles5);	第 7 次转化通道 6，使用 7.5 个 ADC 时钟
20	ADC_RegularChannelConfig(ADC1, ADC_Channel_0,8,ADC_SampleTime_7Cycles5);	第 8 次转化通道 7，使用 7.5 个 ADC 时钟
21	ADC_RegularChannelConfig(ADC1, ADC_Channel_0,9,ADC_SampleTime_7Cycles5);	第 9 次转化通道 14，使用 7.5 个 ADC 时钟
22	ADC_RegularChannelConfig(ADC1, ADC_Channel_0,10,ADC_SampleTime_7Cycles5);	第 10 次转化通道 15，使用 7.5 个 ADC 时钟
23	ADC_RegularChannelConfig(ADC1, ADC_Channel_0,11,ADC_SampleTime_7Cycles5);	第 11 次转化通道 8，使用 7.5 个 ADC 时钟
24	ADC_RegularChannelConfig(ADC1, ADC_Channel_0,12,ADC_SampleTime_7Cycles5);	第 12 次转化通道 10，使用 7.5 个 ADC 时钟
25	ADC_RegularChannelConfig(ADC1, ADC_Channel_0,13,ADC_SampleTime_7Cycles5);	第 13 次转化通道 11，使用 7.5 个 ADC 时钟
26	ADC_RegularChannelConfig(ADC1, ADC_Channel_0,14,ADC_SampleTime_7Cycles5);	第 14 次转化通道 1，使用 7.5 个 ADC 时钟
27	ADC_RegularChannelConfig(ADC1, ADC_Channel_0,15,ADC_SampleTime_7Cycles5);	第 15 次转化通道 1，使用 7.5 个 ADC 时钟

续表

序号	语句	说明
28	ADC_RegularChannelConfig(ADC1, ADC_Channel_0,16,ADC_SampleTime_7Cycles5);	第 16 次转化通道 1，使用 7.5 个 ADC 时钟
29	ADC_DMACmd(ADC1,ENABLE);	使能 ADC 的 DMA
30	ADC_Cmd(ADC1,ENABLE);	使能 ADC 模块 1
31	ADC_ResetCalibration(ADC1);	复位 ADC 模块 1 校准
32	while(ADC_GetResetCalibrationStatus(ADC1));	等待复位完成
33	ADC_StartCalibration(ADC1);	开始 ADC 模块校准
34	while(ADC_GetCalibrationStatus(ADC1));	等待校准完成
35	}	设置 ADC 代码块结束

在 ARM 程序中，每个开关周期内执行一次模拟信号采样操作，转化完成后的数据结果将存储在变量 adResult [0] ～adResult [15] 中。设计的模数采样函数示例代码如图 7-12 所示，当参数为 0 时，函数会启动模数转换过程；当参数非 0 时，函数的返回值表示模数转换是否已经结束。0 表示未完成转换，1 表示已经完成转换。

表 7-12 执行模数转换功能的函数代码示例

序号	语句	说明
1	int runADC(int command)//参数为 0 启动转换	运行 ADC 功能
2	{	代码块开始
3	if(command==0)	条件判断语句，参数为 0
4	{	语句块开始
5	adResult[15]=0x7fff; ADC_SoftwareStartConvCmd(ADC1, ENABLE);	设置最后一个采样结果值 启动 ADC 模块 1 采样，共进行 16 次模数转化
	return 0;	函数返回
6	}	语句块结束
7	else return(adResult[15]==0x7fff?0:1);	未完成返回 0；完成返回 1
8	}	函数代码块结束

在模数转换完成之后，可以从该数组中取出相应的采样结果并进行处理，得到电压、电流和温度等信息并存入指定变量。其中 adResult［0］～adResult［15］对应的芯片端口、管脚、物理含义和对应的模拟变量名称，如表 7-13 所示。

表 7-13　模拟信号通道变量等信息

ARM 芯片端口	管脚号码	存入的变量	物理含义
PA3/ADC12_IN3	26	adResult［0］	U 相电流
PA0/ADC12_IN0	23	adResult［1］	W 相电流
PA2/ADC12_IN2	24	adResult［2］	直流电容电压
PA3/ADC12_IN3	26	adResult［3］	不使用
PA4/ADC12_IN4	29	adResult［4］	电池电压
PA5/ADC12_IN5	30	adResult［5］	U 相输出电压
PA6/ADC12_IN6	31	adResult［6］	V 相输出电压
PA7/ADC12_IN7	32	adResult［7］	W 相输出电压
PC4/ADC12_IN14	33	adResult［8］	不使用
PC5/ADC12_IN15	34	adResult［9］	电动机温度
PB0/ADC12_IN8	35	adResult［10］	控制器温度
PC0/ADC12_IN10	15	adResult［11］	加速踏板主信号
PC1/ADC12_IN11	16	adResult［12］	加速踏板深度辅助信号
PA1/ADC12_1	24	adResult［13］	不使用
PA1/ADC12_1	24	adResult［14］	不使用
PA1/ADC12_1	24	adResult［15］	不使用

根据采样值计算模拟量信号真实值的表达式可通过多种方法获得。以 U 相电流为例，采样值与实际电流的关系可以通过电路结构和理论分析获得，也可以通过实际测量获得。考虑到器件误差和电压误差等因素，采用实际测量得到的关系式具有更高的精度。其步骤如下。

（1）令 U 相电流为零，进行多次模数转换并求取平均值，假设求得的平均值为 U_{offset}，显然 U_{offset} 的取值范围为 0～4 095。对于本章设计的电路，由于电流为 0 时送入 ARM 芯片管脚的电压为 1.66 V，故 U_{offset} 的取值应该在 4 095×1.66/3.3＝2 068 附近。

（2）令 U 相电流为特定值（如 I_U），获取此时的采样结果 V_{samp}，则可计算出因

数为 $I_U/(V_{samp}-U_{offset})$。于是可得因子为 $K_U=32\,I_U/(V_{samp}-U_{offset})$。其中包含常量 32 是因为 U 相电流在程序中被扩大了 32 倍。因此，采样值 adResult[0] 减去 U_{offset} 之后的结果再乘以 K_U 即为程序中变量 gIu_5 的数值。

需要说明的是，受硬件电路设计方案和系统噪声等因素的影响，各个模拟量不可避免地会包含电压毛刺，因此在采样结果中应进行必要的数据处理，如使用平均值滤和低通滤波等措施，以提高信号采样的精度和系统可靠性。

7.4 本章小结

本章介绍了项目中使用的模拟量采样功能，具体包括 ARM 芯片中浮点数的处理方法和模拟信号的处理电路及相应的程序控制方法。控制器需要采集电流、电压、温度和加速踏板等信息，本章介绍了其技术方案和数据处理方法，最后给出了在 Keil μVision 中编程实现模数转换功能的示例。

第 8 章 脉冲宽度调制功能

8.1 硬件电路设计方案

控制器的主电路拓扑结构为三相逆变器,分为 U 相、V 相和 W 相 3 个桥臂。每个桥臂由工作于互补模式的两个开关器件串联而成。因此主电路中共包含 6 组开关器件,需要 6 路驱动电路。控制电路、驱动电路和主电路的示意图以及相应的信号关系如图 8-1 所示。

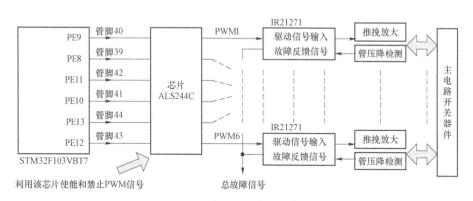

图 8-1 6 路 PWM 信号连接关系

图 8-1 中,ARM 芯片的 6 个端口分别输出 6 路 PWM 波形,产生幅值为 3.3 V、占空比可变的方波。方波信号送入 IR21271 之后,产生的信号经过推挽电路驱动主电路工作。管压降检测电路将开关的端电压送入 IR21271 电路,最终产生总的故障信号,进行故障保护。

驱动电路、推挽放大电路和管压降检测电路原理如图 8-2 所示。

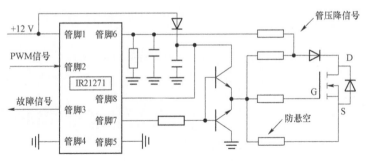

图 8-2 驱动电路与功率器件的连接关系原理

在图 8-2 中，PWM 信号送入 IR21271 的管脚 2。IR21271 的管脚 7 将输出幅值为 12 V 的 PWM 波，并经过推挽电路进行驱动能力放大。推挽电路的输出与 3 个电阻相连。第一个电阻另一端连接 MOSFET 的 S 极，可以防止 MOSFET 的门极信号悬空；第二个电阻另一端连接 MOSFET 的 G 极，用来限制门极电流；第三个电阻另一端经二极管后连接到 D 极，可以用来检测 MOSFET 导通时的压降。检测到的压降信号经电阻分压和电容滤波之后送入 IR21271 的管脚 6。

驱动电路采用 12 V 电源供电，其地信号与电池的地相连，因此本章设计的驱动电路并未与主电路隔离。实际运行结果表明，项目方案在电池电压 100 V 以内可正常工作，当选用 5 个 "071N15N" 型 MOSFET 并联时，最大工作电流可达 450 A，能够满足工作需要。

8.2 软件编程实现

8.2.1 管脚功能的配置

将端口配置成 PWM 端口的代码如表 8-1 所示，共计 6 个芯片管脚，分别控制主电路的 6 个开关器件。6 个 PWM 信号的名称为 PWM1~PWM6，分别控制主电路中的 U 相上下两个 MOSFET、V 相上下两个 MOSFET 和 W 相上下两个 MOSFET。

表 8-1 配置 PWM 芯片管脚的代码及说明

序号	代码	注释
1	if(1)	代码块
2	{	代码块开始
3	TIM_TimeBaseInitTypeDef TIM_TimeBaseStructure;	声明设置参数使用的结构体变量

续表

序号	代码	注释
4	RCC_APB2PeriphClockCmd(RCC_APB2Periph_TIM1,ENABLE);	使能时钟
5	GPIO_InitStructure.GPIO_Pin =GPIO_Pin_8|GPIO_Pin_9|GPIO_Pin_10| GPIO_Pin_11|GPIO_Pin_12|GPIO_Pin_13;	设置端口 PE8、PE9、PE10、PE11、PE12、PE13 的功能
6	GPIO_InitStructure.GPIO_Mode =GPIO_Mode_AF_PP;	端口配置 PWM 功能，推挽输出
7	GPIO_InitStructure.GPIO_Speed =GPIO_Speed_50 MHz;	设置端口的速率
8	GPIO_Init(GPIOE,&GPIO_InitStructure);	设置端口参数
9	GPIO_PinRemapConfig(GPIO_FullRemap_TIM1,ENABLE);	使能端口映射，使端口可以正确输出 PWM 信号
10	}	代码块结束

8.2.2 定时器及 PWM 功能的配置

使用 STM32F103VBT7 芯片中的定时器 1 来产生 PWM 波形，并制造周期中断，执行系统的控制算法和指令。系统的开关频率设置为 10 kHz，则定时器的最大计数器值应为 7 200。定时器工作在自增模式，当其计数值从 0 增加到 7 200 后将会重新变为 0，而后再重复之前的过程，如表 8-2 所示。

表 8-2 配置定时器的代码及说明

序号	代码	注释
1	if(1)	代码块
2	{	代码块开始
3	GPIO_InitTypeDef GPIO_InitStructure;	声明设置参数使用的结构体变量
4	RCC_APB2PeriphClockCmd(RCC_APB2Periph_GPIOE| RCC_APB2Periph_AFIO,ENABLE);	使能时钟
5	TIM_TimeBaseStructure.TIM_Period=7200; TIM_TimeBaseStructure.TIM_Prescaler=0; TIM_TimeBaseStructure.TIM_ClockDivision=0; TIM_TimeBaseStructure.TIM_RepetitionCounter=0; TIM_TimeBaseStructure.TIM_CounterMode	设置定时器的参数，包括周期、分频系数和计数模式等信息。计数最大值 7 200，时钟频

续表

序号	代码	注释
5	=TIM_CounterMode_Up; TIM_TimeBaseInit(TIM1,TIM_TimeBaseStructure);	率72 MHz，定时器周期为0.1 ms
6	TIM_Cmd(TIM1,ENABLE);	使能计数器1
7	}	代码块结束

配置 PWM 功能的代码如表 8-3 所示。其中包括设置每个桥臂的上下两路驱动脉冲互补，并设置死区时间为 1.39 μs。

表 8-3 配置 PWM 模块的代码及说明

序号	代码	注释
1	if(1)	代码块
2	{	代码块开始
3	TIM_OCInitTypeDef TIM_OCInitStructure;	声明设置参数使用的结构体变量
4	TIM_OCInitStructure.TIM_OCMode =TIM_OCMode_PWM2; TIM_OCInitStructure.TIM_OutputState =IM_OutputState_Enable; TIM_OCInitStructure.TIM_OutputNState =TIM_OutputNState_Enable; TIM_OCInitStructure.TIM_Pulse=1; TIM_OCInitStructure.TIM_OCPolarity =TIM_OCPolarity_High; TIM_OCInitStructure.TIM_OCNPolarity =TIM_OCNPolarity_High; TIM_OCInitStructure.TIM_OCIdleState =TIM_OCIdleState_Reset; TIM_OCInitStructure.TIM_OCNIdleState =TIM_OCIdleState_Reset;	设置 PWM 相关的功能，包括利用定时器产生 PWM 信号、允许产生两路 PWM 信号、规定输出信号的极性等。该结构体变量将分别用来设置3组 PWM 模块，每组模块可以产生两路互补的 PWM 信号
5	TIM_OC1Init(TIM1,&TIM_OCInitStructure); TIM_OC1PreloadConfig(TIM1, TIM_OCPreload_Enable);	设置第1组 PWM 模块，产生 PWM1 和 PWM2
6	TIM_OC2Init(TIM1,&TIM_OCInitStructure); TIM_OC2PreloadConfig(TIM1, TIM_OCPreload_Enable);	设置第2组 PWM 模块，产生 PWM3 和 PWM4
7	TIM_OC3Init(TIM1,&TIM_OCInitStructure); TIM_OC3PreloadConfig(TIM1, TIM_OCPreload_Enable);	设置第3组 PWM 模块，产生 PWM5 和 PWM6

续表

序号	代码	注释
8	TIM_CtrlPWMOutputs(TIM1,ENABLE);	允许定时器 1 的 PWM 信号输出
9	}	代码块结束
10	if(1)	代码块
11	{	代码块开始
12	TIM_BDTRInitTypeDef TIM_BDTRInitStructure;	声明设置死区参数的变量
13	TIM_BDTRInitStructure.TIM_BreakPolarity =TIM_BreakPolarity_Low; TIM_BDTRInitStructure.TIM_DeadTime=100; TIM_BDTRInitStructure.TIM_Break =TIM_Break_Disable; TIM_BDTRInitStructure.TIM_AutomaticOutput =TIM_AutomaticOutput_Disable; TIM_BDTRInitStructure.TIM_LOCKLevel =TIM_LOCKLevel_OFF; TIM_BDTRInitStructure.TIM_OSSRState =TIM_OSSRState_Enable; TIM_BDTRInitStructure.TIM_OSSIState =TIM_OSSRState_Enable;	死区的各项参数，包括死区时候的 PWM 信号高低、死区时间等信息
14	TIM_BDTRConfig(TIM1,&TIM_BDTRInitStructure);	设置定时器 1 输出的 PWM 信号的死区参数
15	}	代码块结束

8.2.3 定时器周期中断的使能与处理

使用定时器作为计数和产生 PWM 信号的基准，在计数器 1 达到最大值后，将产生定时器周期中断。

使能定时器 1 的周期中断的代码如表 8-4 所示，具体包括设置中断向量表和定时器 1 属性两部分。其中中断向量表规定了当发生定时器 1 周期中断时将要执行的函数；而定时器 1 的属性中则配置了是否在制定情况下产生中断请求。

表 8-4 配置使能定时器 1 的中断功能

序号	代码	注释
1	if(1)	代码块
2	{	代码块开始

续表

序号	代码	注释
3	NVIC_InitTypeDef NVIC_InitStructure;	设置参数使用
4	NVIC_SetVectorTable(NVIC_VectTab_FLASH,0x0);	设置中断向量表
5	NVIC_InitStructure.NVIC_IRQChannel = TIM1_UP_IRQn; NVIC_InitStructure.NVIC_IRQChannelPreemptionPriority = 0; NVIC_InitStructure.NVIC_IRQChannelSubPriority = 1; NVIC_InitStructure.NVIC_IRQChannelCmd = ENABLE;	设置中断的处理函数、中断优先级、是否使能中断等信息
6	NVIC_Init(&NVIC_InitStructure);	设置中断向量
7	}	代码块结束
8	if(1)	代码块
9	{	代码块开始
10	TIM_GenerateEvent(TIM1,TIM_EventSource_Update);	定时器1产生计数值更新的事件
11	TIM_UpdateDisableConfig(TIM1,DISABLE);	使能定时器1中断
12	TIM_UpdateRequestConfig(TIM1, TIM_UpdateSource_Regular);	设置定时器1的中断请求类型
13	TIM_ClearITPendingBit(TIM1,TIM_IT_Update);	清除中断标志
14	TIM_ITConfig(TIM1,TIM_IT_Update,ENABLE);	使能定时器1的计数值更新事件
15	}	

定时器 1 的周期中断处理函数如表 8-5 所示，其定义可以在文件 startup_stm32f10x_md.s 中找到。当发生定时器 1 的中断事件后，ARM 芯片会执行该函数。

表 8-5 定时器 1 的中断处理函数代码示例

序号	代码	注释
1	void TIM1_UP_IRQHandler()	TIM1 中断函数
2	{	代码块开始
3	TIM_ClearITPendingBit(TIM1,TIM_IT_Update);	清除中断标志
4	}	代码块结束

表中的代码仅演示了在中断处理函数中如何清除中断标志位。系统的其他功能代码也应该添加在该函数中。

8.3 调制算法设计

在理想情况下，ARM 芯片发出的脉冲宽度与相应桥臂的输出电压成正比。以 PWM1 和 PWM2 为例，二者分别控制 U 相上下两个开关器件。以 PWM1 的占空比为 β_U 为例，显然 β_U 介于 0 和 1 之间，则以电池电压负极为例，U 相的输出电压为 $U_U=\beta_U U_{CAP}$。同理 V 相的电压 U_U 和 W 相的电压 U_W 分别为 $U_V=\beta_V U_{CAP}$ 和 $U_W=\beta_W U_{CAP}$，其中 β_V 和 β_W 分别为 PWM3 和 PWM5 的占空比。

调制算法的主要功能是根据期望输出的三相电压求取三相占空比数据 β_U、β_V 和 β_W。电路与三相电动机负载相连时的等效电路如图 8-3 所示，三相电压均增加了电压 U_Z，三相电流分别命名为 i_U、i_V 和 i_W。

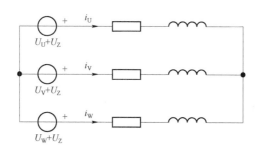

图 8-3 控制器接三相负载时的等效电路

根据电路叠加定理可知，三相电流 i_U、i_V 和 i_W 可由图 8-4 中两个电路中的电流相加而得，且由于 $i_U^{(2)}$、$i_V^{(2)}$、$i_W^{(2)}$ 为 0，所以 U_Z 的存在并未影响负载电流。但是 U_Z 的存在导致每一相的输出电压发生了变化，因此需要相应地调整占空比，这为改善系统的运行性能提供了灵活性。

因此可以在三相参考电压上叠加相同的电压 U_Z，该电压并不会对负载电流产生影响。而由于各相开关占空比的范围为 0~100%，所以三相参考电压的最大值不能超过直流母线电容电压 U_{CAP}，且三相参考电压的最小值不能低于 0。即 $U_Z+\max(U_U, U_V, U_W) \leqslant U_{CAP}$，且 $U_Z+\min(U_U, U_V, U_W) \geqslant 0$。于是可得 $-\min(U_U, U_V, U_W) \leqslant U_Z \leqslant U_{CAP}-\max(U_U, U_V, U_W)$。

显然，U_Z 有无穷多个取值。当取 U_Z 的两个极端值并求取平均数后，可得一个典型的偏置量为 $U_Z=0.5U_{CAP}-0.5\max(U_U, U_V, U_W)-0.5\min(U_U, U_V, U_W)$。此时三相占空比的求取方法如表 8-6 所示。

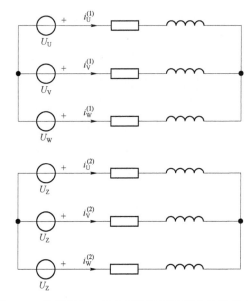

图 8-4 控制器与三相负载相连时的两个等效子电路

表 8-6 求取三相占空比的表达式列表

$\beta_U = (U_Z + U_U)/U_{CAP} = 0.5 - (0.5\max(U_U, U_V, U_W) + 0.5\min(U_U, U_V, U_W) - U_U)/U_{CAP}$
$\beta_V = (U_Z + U_V)/U_{CAP} = 0.5 - (0.5\max(U_U, U_V, U_W) + 0.5\min(U_U, U_V, U_W) - U_V)/U_{CAP}$
$\beta_W = (U_Z + U_W)/U_{CAP} = 0.5 - (0.5\max(U_U, U_V, U_W) + 0.5\min(U_U, U_V, U_W) - U_W)/U_{CAP}$

设计产生三相占空比的函数如表 8-7 所示，4 个参数分别为 U 相的参考电压，V 相的参考电压，W 相的参考电压和直流电容电压，且 4 个电压均为实际值的 32 倍。函数内部声明了临时变量用来获取三相参考电压的最大值和最小值。

ARM 芯片中定时器 1 最大计数值为 7 200，因此占空比 0～1 的 PWM 波形分别对应了向寄存器中写数据 0～7 200，其中使用了库函数 TIM_SetCompare1 改变相应的寄存器数据。

表 8-7 计算脉冲宽度的函数代码示例

序号	代码	注释
1	void updatePwm(int volU_5,int volV_5,int volW_5,int udc_5)	设置 PWM 端口
2	{	代码块开始
3	int max_5;	最高电压
4	int min_5	最低电压

续表

序号	代码	注释
5	max_5 = volU_5>volV_5?volU_5:volV_5;	求取最高电压
6	max_5 = max_5>volW?max_5:volW_5;	求取最高电压
7	min_5 = volU_5<volV_5?volU_5:volV_5;	求取最低电压
8	min_5 = min_5<volW_5?min_5:volW_5;	求取最低电压
9	TIM_SetCompare1(TIM1, 3600 − 3 600*(max_5 + min_5 − 2*volU_5)/udc_5);	修改 PWM1 和 PWM2 的占空比
10	TIM_SetCompare1(TIM1, 3600 − 3 600*(max_5 + min_5 − 2*volV_5)/udc_5);	修改 PWM1 和 PWM2 的占空比
11	TIM_SetCompare1(TIM1, 3600 − 3 600*(max_5 + min_5 − 2*volW_5)/udc_5);	修改 PWM1 和 PWM2 的占空比
12	}	代码块结束

8.4 本章小结

本章介绍了利用 ARM 芯片实现脉冲宽度调制功能的方案，包括硬件电路的设计方案和软件设计方法；设计了 PWM 信号的缓冲、驱动电路和过流检测保护电路。利用 STM32F103VBT7 中的定时器 1 作为基准，实现了定时器的周期中断和 PWM 脉冲输出。利用本章的内容，可控制主电路输出特定的三相电压，为实现对电动机电流的控制提供了条件。

第 9 章 电动机转速测量方法

采用编码器（码盘）测量电动机速度是一种常用的技术方案。常见的编码器主要包括绝对式和增量式两种。它们均与电动机转子同轴安装并同步旋转。控制器在运行过程中，通过采集电动机转速获取车辆运行信息，并实现在不同速度下输出特定力矩的功能。本章将介绍测量电动机转速的方法，并给出基于 ARM 芯片的具体实现方案。

本章用到的变量符号及意义如表 9-1 所示。

表 9-1　变量符号及意义

符号名称	意义	单位
N	绝对式编码器的位数，编码器读数为 0～（2^N-1）	无
T_1	连续两次读取绝对式编码器的时间间隔	秒
a, b, c, d, e	某个时刻读取到的绝对式编码器的读数	无
x, y	间隔时间 T_1 连续两次读到的绝对式编码器读数	无
θ	间隔时间 T_1 电动机转子转过的角度	度
N_1	增量式编码器信号 A 旋转一周产生的脉冲个数	个
T_2	增量式编码器信号 A 产生的方波脉冲周期	秒
T_3	通过该特定时间内的脉冲个数来计算电动机转子转速	秒
N_2	T_3 时间内增量式编码器信号 A 的脉冲个数	个
N_3	输出 A、B、Z 三个信号的增量式编码器当前信号 A 的计数值	个

9.1 电动机编码器测速原理

9.1.1 绝对式编码器

绝对式编码器的特点在于"读数绝对",即电动机转子旋转至任意一个角度时均对应唯一的一个读数,以 10 位绝对式编码器为例,转子旋转一周,分别对应 0~1 023 共 1 024 个数。根据特定时间内转子转过的角度,即可以求得电动机转速。绝对式编码器的制作技术复杂,成本较高,因此不太适用于低成本场合,也不太适用于颠簸、震动等环境较为恶劣的场合。图 9-1 给出了一个 5 位的绝对式编码器的工作原理示意图,与转子同步旋转的圆盘上制作有不同的通光孔,特定的旋转位置存在唯一的读数。图中,转子旋转一周对应的读数为二进制数 00000 至二进制数 11111,相邻两个读数之间对应的角度为 11.25°。显然,绝对式编码器的位数越高,其位置精度也越高,但相应成本也越高。

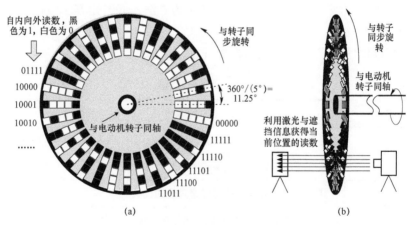

图 9-1 绝对式编码器的工作原理
(a) 圆盘上安置的孔位信息;(b) 圆盘侧视图

绝对式编码器的任意一个旋转位置均对应唯一的读数,适合应用于同步电动机的控制中,因为同步电动机的转子磁场固定,与其同轴旋转的绝对式编码器的读数也就代表了转子磁场的位置。

根据绝对式编码器在固定时间的读数差还可以获取电动机的转动方向和转速。对于 N 位绝对式编码器来说,以读数为 0 的位置为 $0°$,则读数 $0\sim(2^N-1)$ 分别对应 $0°\sim360°$。处理器每隔 T_1 秒读取一次绝对式编码器的读数,相邻两次的读数已知,则可以通过如下方法得出电动机的转速。

（1）确保在 T_1 内，电动机转子所转过的角度小于 180°，若该条件不满足，应尝试进一步缩小 T_1。之所以需要保证这个条件，是因为如果转子在 T_1 内转过的读数太大，则无法判断电动机的转动方向，也就更无法去计算转速。其过程可以用图 9-2 解释，点 c 表示第 1 次编码器的读数，若 T_1 内转子恰好转过了 180°，那么若电机是正转，则下次读数为点 d，若电机反转，则下次读数是点 a，而点 a 和点 d 读数相同，因此程序仅通过两次读数无法判断电机的转动方向。若电机在 T_1 内转过的角度可能超过 180°，那么电动机正转至点 e 和反转至点 b 两种情况的编码器读数相同，也无法仅通过相邻两次的编码器去获取电机的转向和转速。

因此，需要确保在 T_1 内电动机转子转过的角度小于 180°，此时可以根据相邻两次的编码器读数，分别按电动机正转和电动机反转两种情形去计算转过的角度，并舍去 T_1 内转过角度大于 180° 的解。

（2）假设电动机为正转，相邻两次读数分别为 x 和 y（x 和 y 为 $0\sim 2^N-1$ 的整数），则该段时间内电动机转子转过的角度 θ 可以采用如下方法计算。

若 $y \geqslant x$，则转过的角度 $\theta=360(y-x)/2^N$，否则 $\theta=360(y+2^N-x)/2^N$。如果 θ 的绝对值超过 180°，说明该解无效，否则该解有效。

（3）假设电动机为反转，相邻两次读数分别为 x 和 y（x 和 y 均为 $0\sim 2^N-1$ 的整数），则 Ts 内电动机转子转过的角度 θ 可以采用如下方法计算。

若 $y \leqslant x$，则转过的角度 $\theta=360(y-x)/2^N$，否则 $\theta=360(y-2^N-x)/2^N$。如果 θ 的绝对值超过 180°，说明该解无效，否则该解有效。

（4）假设电动机为正转和电动机为反转两种情况下得出的有效解，即为电动机转子转过的角度，电动机转速（°/s）为 θ/T_1，电动机转子每分钟转过的圈数（r/min）为 $60 \times \theta/T_1/360 = \theta/(6T_1)$。

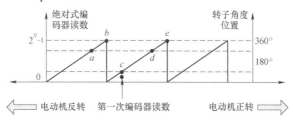

图 9-2　绝对式编码器读数与转子角度位置

9.1.2　增量式编码器

增量式编码器的工作原理相对于绝对式编码器要简单，其输出一般有 2 路或者 3 路信号：若输出为 2 路信号时，常命名为 A 和 B；若输出为 3 路信号时，常命名为 A、B 和 Z。

图 9-3 所示为输出 2 路信号的增量式编码器原理图,圆盘旋转时将输出 2 路方波信号 A 和 B,2 路信号时间差为 1/4 方波周期。根据旋转方向的不同,2 路信号的相对位置关系也不同:若图中圆盘按照顺时针方向旋转,则产生如图 9-3(c)所示的信号,此时 A 信号领先 B 信号 1/4 方波周期;若图中圆盘按照逆时针方向旋转,则产生如图 9-3(d)所示的信号,此时 A 信号领先 B 信号 1/4 方波周期。

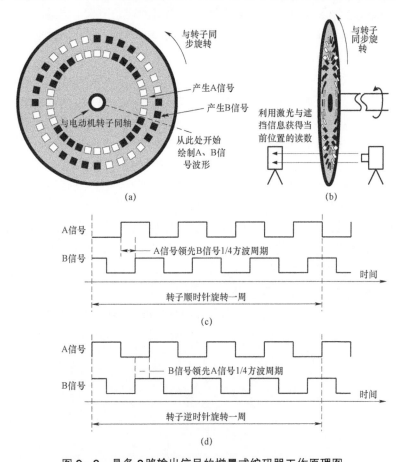

图 9-3 具备 2 路输出信号的增量式编码器工作原理图
(a)圆盘上安置的孔位信息;(b)圆盘侧视图;(c)转子顺时针旋转时的 A、B 信号波形;
(d)转子逆时针旋转时的 A、B 信号波形

假定转子旋转一周,增量式编码器产生的 A 信号和 B 信号均产生 N_1 个脉冲,也即经历了 N_1 个方波周期。那么,可以采用两种方法计算转子的转速。

第一种方法为根据方波的周期计算转子转速,以 A 信号为例,通过测量 A 信号两个下降沿得到其周期值 T_2(s),则转子旋转一周需要的时间为 $N_1 T_2$(s),那么转子的旋转速度（r/min）为 $60/N_1T_2$。此时可以信号 A 下降沿时信号 B 的电平信号得到转子的旋转方向，仍以图 9-3 为例，若信号 A 下降沿时信号 B 为高电平，则转子顺时针旋转；若信号 A 下降沿时信号 B 为低电平，则转子逆时针旋转。当然此时仍然可以通过信号 A 领先信号 B 或者信号 B 领先信号 A 来判断转子旋转方向，但是在采用 STM32F103 芯片进行测速的时候，一般将芯片与信号 A 连接的管脚设置为边沿中断模式，这样每次 A 信号的下降沿都会因此芯片中断，在中断处理函数中，计算连续两次下降沿中断的时间差，并根据信号 B 的电平状态，计算得到电机转速。

第二种方法为根据特定时间 T_3 内经过的方波的周期个数来计算转子转速，STM32F103 芯片中设计了编码器模块，可以针对获取特定时间长度内信号 A 和信号 B 的脉冲个数，并且根据信号 A 和信号 B 的相对位置关系判断转子的转动方向。具体来说，假定 T_3 时间内信号 A 的脉冲个数为 N_2，则每秒钟转子转过的圈数为 $N_2/N_1/T_3$，于是转子的转速（r/min）为 $60N_2/N_1/T_3 = 60N_2/N_1T_3$。当然还可以在 T_3 时间内，同时计数上升沿和下降沿，并同时把信号 B 的边沿也进行统计，这样在计算转子转速的时候，需要注意对相应的系数进行处理。

图 9-4 所示为输出 3 路信号的增量式编码器原理图，除了输出信号 A 和信号 B 之外，还输出了第三路信号，命名为信号 Z。转子每旋转一周，第三路 Z 信号仅产生一个脉冲。通过信号 Z 可以对计数的脉冲个数进行复位，从而确定转子的旋转位置。以产生信号 Z 的时刻为转子位置 0°，则根据信号 A 的脉冲计数值 N_3，可得转子位置为 $360° N_3/N_1$，其转速的求取方法与输出 2 路信号的增量式编码器相同。

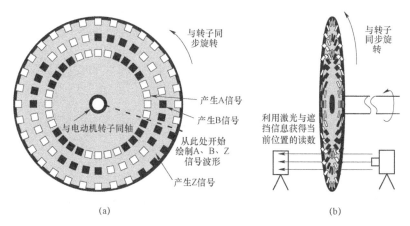

图 9-4 具备 3 路输出信号的增量式编码器工作原理
(a) 圆盘上安置的孔位信息；(b) 圆盘侧视图

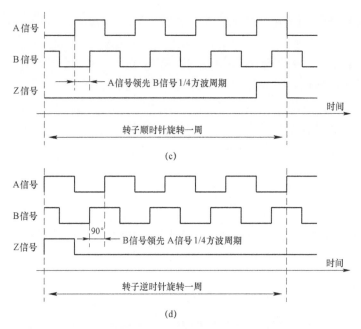

图 9-4 具备 3 路输出信号的增量式编码器工作原理（续）

（c）转子顺时针旋转时的 A、B 信号波形；（d）转子逆时针旋转时的 A、B 信号波形

9.2 硬件电路设计

电动机编码器码盘信号处理的电路原理如图 9-5 所示。2 路码盘信号均是幅值为 5 V 的方波信号，且相位互差 90°。2 路信号经电阻电容网络转化成幅值为 3.3 V 的方波信号。2 路信号分别送入 ARM 芯片的 PC7 和 PC6 端口。此外，2 路信号经异或操作后送入 PA1 端口。

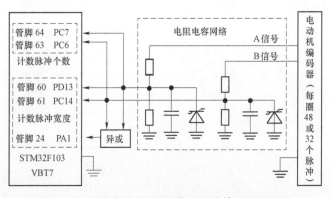

图 9-5 码盘信号与 ARM 芯片的连接关系原理图

两路信号异或后频率将提高 1 倍,有利于更加精确地测量电动机转速。经过处理后,送入 ARM 芯片 3 个端口的信号波形示意图如图 9-6 所示。在低速时,由于脉冲比较稀疏,A 信号和 B 信号经过异或操作后生成的信号(见端口 PA1 的信号)的频率得以提升,因此提高了测速精度。在高速时脉冲较稠密,可以通过计数单位时间内的脉冲个数来得到转速信息。

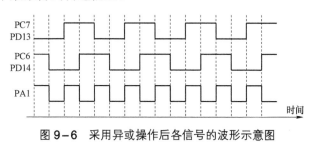

图 9-6 采用异或操作后各信号的波形示意图

9.3 测量脉冲宽度测速

9.3.1 获取旋转方向

通过测量脉冲宽度去获取转速信息的关键步骤包括两项:① 在 A 信号的上升沿判断 B 信号的电平,来得到旋转方向的信息;② 通过测量端口 PA1(输入信号为 2 路码盘信号异或后的结果)的信号的频率,配合已有的旋转方向信息,得到转速。

此处使用 PD13 和 PD14 去判断电动机的旋转方向。具体方案是在 PD13 端口信号的上升沿产生中断事件,然后在中断处理函数中去判断 PD14 端口信号的高低电平,据此判断出电动机的旋转方向并存入一个全局变量供测量转速时使用。

由于 STM32F103VBT7 的端口 PD13 可配置成定时器 4 的通道 2,因此可以利用定时器 4 作为时间基准。设置端口 PD13 和 PD14 功能的代码如表 9-2 所示。

表 9-2 设置用于判断电动机旋转方向的端口的代码示例

序号	语句	说明
1	if(1)	代码块
2	{	代码块开始
3	GPIO_InitTypeDef GPIO_InitStructure;	初始化使用的变量
4	RCC_APB2PeriphClockCmd(RCC_APB2Periph_GPIOD|RCC_APB2Periph_AFIO, ENABLE);	使能端口的时钟

续表

序号	语句	说明
5	GPIO_InitStructure.GPIO_Pin = GPIO_Pin_13 | GPIO_Pin_14;	待设置的端口为 PD13 和 PD14
6	GPIO_InitStructure.GPIO_Mode = GPIO_Mode_IN_FLOATING;	端口设置为悬空输入型
7	GPIO_InitStructure.GPIO_Speed = GPIO_Speed_50 MHz;	设置端口速度
8	GPIO_Init(GPIOD,&GPIO_InitStructure);	设置端口属性
9	GPIO_PinRemapConfig(GPIO_Remap_TIM4,ENABLE);	定时器4使用PD13和PD14的信号
10	}	设置端口功能结束

设置定时器 TIM4 的计数功能的代码如表 9-3 所示。

表 9-3 设置定时器 TIM4 的代码示例

序号	语句	代码块
1	if(1)	代码块
2	{	代码块开始
3	TIM_TimeBaseInitTypeDef TIM_TimeBaseStructure;	初始化使用的变量
4	TIM_TimeBaseStructure.TIM_Period = 60000; TIM_TimeBaseStructure.TIM_Prescaler = 512; TIM_TimeBaseStructure.TIM_ClockDivision = 0; TIM_TimeBaseStructure.TIM_RepetitionCounter = 0; TIM_TimeBaseStructure.TIM_CounterMode = TIM_CounterMode_Up;	设置计数器的属性参数、计数模式、周期值。若连续 420 ms 没有码盘脉冲,计数器达到周期值,表明电动机速度为 0
5	TIM_TimeBaseInit(TIM4,&TIM_TimeBaseStructure);	设置定时器 TIM4 的参数属性
6	RCC_APB1PeriphClockCmd(RCC_APB1Periph_TIM4,ENABLE);	使能定时器 TIM4 的时钟
7	}	代码块结束

设置基于定时器 TIM4 在出现上升沿的时候触发捕获中断的代码,如表 9-4 所示。

表9-4 设置定时器TIM4的捕获功能的代码示例

序号	语句	说明
1	if(1)	代码块
2	{	代码块开始
3	TIM_ICInitTypeDef TIM_ICInitStructure;	初始化使用的变量
4	TIM_ICInitStructure.TIM_Channel = TIM_Channel_2; TIM_ICInitStructure.TIM_ICPolarity = TIM_ICPolarity_Rising; TIM_ICInitStructure.TIM_ICSelection = TIM_ICSelection_DirectTI; TIM_ICInitStructure.TIM_ICPrescaler = TIM_ICPSC_DIV1; TIM_ICInitStructure.TIM_ICFilter = 0x5; TIM_PWMIConfig(TIM4,&TIM_ICInitStructure);	利用定时器TIM4的通道2的信号触发捕获中断,根据芯片手册可知,通道2即端口PD13。采用上升沿触发,并设置分频系数和滤波系数等参数,最后将数据写入定时器TIM4的寄存器中生效
5	TIM_SelectInputTrigger(TIM4,TIM_TS_TI2FP2);	通道2为触发信号
6	TIM_SelectSlaveMode(TIM4,TIM_SlaveMode_Reset);	发生捕获中断时,TIM4的计数值清零
7	TIM_SelectMasterSlaveMode(TIM4, TIM_MasterSlaveMode_Enable);	使能定时器TIM4的主从模式
8	TIM_Cmd(TIM4,ENABLE);	使能定时器TIM4
9	TIM_ITConfig(TIM4,TIM_IT_CC2,ENABLE);	使能定时器TIM4的通道2捕获中断
10	}	代码块结束

设置使能定时器TIM4响应捕获中断的代码,如表9-5所示。

表9-5 设置定时器TIM4的中断功能的代码示例

序号	语句	说明
1	if(1)	代码块
2	{	代码块开始
3	NVIC_InitTypeDef init;	初始化使用的变量
	NVIC_SetVectorTable(NVIC_VectTab_FLASH,0);	设置向量表的位置

	init.NVIC_IRQChannel = TIM4_IRQn;
	init.NVIC_IRQChannelPreemptionPriority = 0;
	init.NVIC_IRQChannelSubPriority = 1;
	init.NVIC_IRQChannelCmd = ENABLE;
	NVIC_Init(&init);
		设置定时器TIM4相关的中断属性,并写入相应的配置寄存器中生效

续表

序号	语句	说明
	TIM_GenerateEvent(TIM4, TIM_EventSource_Update);	设置定时器 TIM4 的中断事件源
	TIM_UpdateDisableConfig(TIM4,DISABLE);	使能更新事件
	TIM_UpdateRequestConfig(TIM4, TIM_UpdateSource_Regular);	更新事件产生中断源
	TIM_ClearITPendingBit(TIM4,TIM_IT_Update);	清除中断标志
	TIM_ITConfig(TIM4,TIM_IT_Update,ENABLE);	使能定时器的中断
	}	代码块结束

定时器 TIM4 响应捕获中断，并根据 2 路信号的关系判定电动机的旋转方向，其流程如图 9-7 所示。

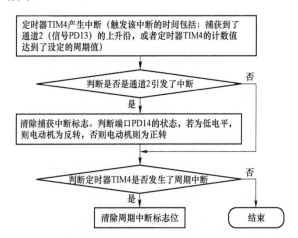

图 9-7 利用定时器 TIM4 判断电动机转动方向的流程图

相应的代码如表 9-6 所示，其中中断处理函数的名称为"TIM4_IRQHandler"，其定义可以在启动文件"startup_stm32f10x_md.s"中找到。全局 32 位整型变量 gMechDegPerSecDir 表明了旋转的方向，取值分别为 1 和 -1。

表 9-6 定时器 TIM4 的中断处理函数代码示例

序号	语句	说明
1	void TIM4_IRQHandler(void)	中断处理函数
2	{	函数代码块开始

续表

序号	语句	说明
3	if(TIM_GetITStatus(TIM4,TIM_IT_CC2))	是否为捕获中断
4	{	代码块开始
5	TIM_ClearITPendingBit(TIM4,TIM_IT_CC2);	清除捕获中断标志

6	if(GPIO_ReadInputDataBit(GPIOD,
	GPIO_Pin_14)==0)gMechDegPerSecDir=-1;
	else gMechDegPerSecDir=1;
		判断端口 PD14 的状态，PD14 为 0 则方向为负，否则为正

7	}	代码块结束
8	if(TIM_GetITStatus(TIM4,TIM_IT_Update)) TIM_ClearITPendingBit(TIM4,TIM_IT_Update);	如果定时器 TIM4 发生了周期中断，则清除该中断标志
9	}	函数代码块结束

9.3.2 获得转速大小

通过检测端口 PA1 接收到的方波信号的周期，可以获得电动机转速的大小。设置端口 PA1 作为输入型管脚的代码，如表 9-7 所示。

表 9-7 设置用来测量转速大小的端口的代码示例

序号	语句	说明
1	if(1)	代码块
2	{	代码块开始
3	GPIO_InitTypeDef GPIO_InitStructure;	初始化使用的变量
4	RCC_APB2PeriphClockCmd(RCC_APB2Periph_GPIOA,ENABLE);	使能端口的时钟
5	GPIO_InitStructure.GPIO_Pin=GPIO_Pin_1;	待设置的端口为 PA1
6	GPIO_InitStructure.GPIO_Mode= GPIO_Mode_IN_FLOATING;	端口设置为悬空输入型
7	GPIO_InitStructure.GPIO_Speed= GPIO_Speed_50 MHz;	设置端口速度
8	GPIO_Init(GPIOA,&GPIO_InitStructure);	设置端口属性
9	}	设置端口功能结束

设置定时器 TIM2 的计数功能的代码,如表 9-8 所示,包括设置定时器的周期和计数模式等信息。

表 9-8 设置定时器 TIM2 运行参数的代码示例

序号	语句	说明
1	if(1)	代码块
2	{	代码块开始
3	TIM_TimeBaseInitTypeDef TIM_TimeBaseStructure;	初始化使用的变量
4	TIM_TimeBaseStructure.TIM_Period = 60000; TIM_TimeBaseStructure.TIM_Prescaler = 512; TIM_TimeBaseStructure.TIM_ClockDivision = 0; TIM_TimeBaseStructure.TIM_RepetitionCounter = 0; TIM_TimeBaseStructure.TIM_CounterMode = TIM_CounterMode_Up;	设置计数器的属性参数、计数模式、周期值。若连续 420 ms 没有码盘脉冲,计数器达到周期值,表明电动机速度为 0
5	TIM_TimeBaseInit(TIM2,&TIM_TimeBaseStructure);	设置定时器 TIM2 的参数属性
6	RCC_APB1PeriphClockCmd(RCC_APB1Periph_TIM2,ENABLE);	使能定时器 TIM2 的时钟
7	}	代码块结束

基于定时器 TIM2,在端口 PA1 的信号出现上升沿的时候触发捕获中断,其代码如表 9-9 所示。

表 9-9 设置定时器 TIM2 的参数的代码示例

序号	语句	说明
1	if(1)	代码块
2	{	代码块开始
3	TIM_ICInitTypeDef TIM_ICInitStructure;	初始化使用的变量
4	TIM_ICInitStructure.TIM_Channel = TIM_Channel_2; TIM_ICInitStructure.TIM_ICPolarity = TIM_ICPolarity_Rising; TIM_ICInitStructure.TIM_ICSelection = TIM_ICSelection_DirectTI; TIM_ICInitStructure.TIM_ICPrescaler = TIM_ICPSC_DIV1; TIM_ICInitStructure.TIM_ICFilter = 0x5; TIM_PWMIConfig(TIM2,&TIM_ICInitStructure);	利用定时器 TIM2 的通道 2 的信号触发捕获中断,根据芯片手册可知,通道 2 即端口 PA1。采用上升沿触发,并设置分频系数和滤波系数等参数,最后将数据写入定时器 TIM2 的寄存器中生效

续表

序号	语句	说明
5	TIM_SelectInputTrigger(TIM2,TIM_TS_TI2FP2);	通道 2 为触发信号
6	TIM_SelectSlaveMode(TIM2, TIM_SlaveMode_Reset);	发生捕获中断时，TIM2 的计数值清零
7	TIM_SelectMasterSlaveMode(TIM2, TIM_MasterSlaveMode_Enable);	使能定时器 TIM2 的主从模式
8	TIM_Cmd(TIM2,ENABLE);	使能定时器 TIM2
9	TIM_ITConfig(TIM2,TIM_IT_CC2,ENABLE);	使能定时器 TIM2 的通道 2 捕获中断
10	}	代码块结束

设置使能定时器 TIM2 响应捕获中断的代码，如表 9-10 所示。

表 9-10 设置定时器 TIM2 响应捕获中断的代码示例

序号	语句	说明
1	if(1)	条件语句
2	{	代码块开始
3	NVIC_InitTypeDef init;	初始化使用的变量
4	NVIC_SetVectorTable(NVIC_VectTab_FLASH,0);	设置向量表的位置

5	init.NVIC_IRQChannel = TIM2_IRQn;
	init.NVIC_IRQChannelPreemptionPriority = 0;
	init.NVIC_IRQChannelSubPriority = 1;
	init.NVIC_IRQChannelCmd = ENABLE;
	NVIC_Init(&init);
		设置定时器 TIM2 相关的中断属性，并写入相应的配置寄存器中生效

6	TIM_GenerateEvent(TIM2, TIM_EventSource_Update);	设置定时器 TIM2 的中断事件源
7	TIM_UpdateDisableConfig(TIM2,DISABLE);	使能更新事件
8	TIM_UpdateRequestConfig(TIM2, TIM_UpdateSource_Regular);	更新事件产生中断源
9	TIM_ClearITPendingBit(TIM2,TIM_IT_Update);	清除中断标志
10	TIM_ITConfig(TIM2,TIM_IT_Update,ENABLE);	使能定时器的中断
11	}	代码块结束

定时器 TIM2 响应捕获中断，并根据计数器的数值，即可得出码盘输出的两路信号异或后产生的方波信号的周期，之后可根据该周期值得到电动机的机械转速。

根据定时器 TIM2 的设置属性可知，其等效的时钟频率为 72 MHz/512。若发生捕获中断时 TIM2 的计数器为 X_{TIM2}，则表明方波的周期为 $T_{XOR}=512X_{TIM2}/72$ μs。

以电动机每旋转一周会在信号 A 和信号 B 上各产生 N_{AB} 个方波信号为例，则信号 A 和信号 B 进行异或操作后会产生 $2N_{AB}$ 个方波信号，该信号会送入端口 PA1。而利用定时器 TIM2 的捕获功能，可以得到送入端口 PA1 的方波的周期为 T_{XOR}，则电动机旋转一周需要的时间为 $2N_{AB}T_{XOR}$，亦即电动机的机械转速（°/s）为

$360/(2N_{AB}T_{XOR})=180/(N_{AB}T_{XOR})=180/(N_{AB}512X_{TIM2}/72\mu)=25\,312\,500/(N_{AB}X_{TIM2})$

程序中使用 32 位整型全局变量表示电动机的机械转速，并将结果扩大为实际值的 32 倍。变量名称为 gMechDegPerSecCap_5，可得转速的计算方法为

gMechDegPerSecCap_5 = 25 312 500 × 32/$(N_{AB}X_{TIM2})$ = 810 000 000/$(N_{AB}X_{TIM2})$

特别的，若电动机对应的码盘每周产生 64 个脉冲和 48 个脉冲，则计算转速变量 gMechDegPerSecCap_5 的算式分别为 12 656 250/X_{TIM2} 和 16 875 000/X_{TIM2}。

在定时器 TIM2 的中断处理函数中计算电动机转速的流程图如图 9-8 所示。

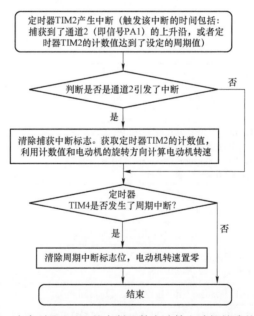

图 9-8　在定时器 TIM2 的中断函数中计算电动机转速的流程图

相应的代码如表 9-11 所示，其中中断处理函数的名称为"TIM2_IRQHandler"，其定义可以在启动文件"startup_stm32f10x_md.s"中找到。

表 9-11 利用捕获脉冲宽度的方法计算电动机转速的代码示例

序号	语句	说明
1	void TIM2_IRQHandler(void)	中断处理函数
2	{	函数代码块开始
3	int XTIM2 = 0;	整型,存储计数值
4	if(TIM_GetITStatus(TIM2,TIM_IT_CC2))	是否为捕获中断
5	{	代码块开始
6	TIM_ClearITPendingBit(TIM2,TIM_IT_CC2);	清除捕获中断标志
7	XTIM2 = TIM_GetCapture2(TIM2);	获取计数值
8	if(XTIM2>0) gMechDegPerSecCap_5 = 16875000/XTIM2;	每圈产生 48 个脉冲,计算转速
9	gMechDegPerSecCap_5* = gMechDegPerSecDir;	结合方向计算转速
10	}	代码块结束
11	if(TIM_GetITStatus(TIM2,TIM_IT_Update))	是否发生周期中断
12	{	代码块开始
13	TIM_ClearITPendingBit(TIM2,TIM_IT_Update);	清除中断标志
14	gMechDegPerSecCap_5 = 0;	速度置零
15	}	代码块结束
16	}	函数代码块结束

9.4 计数脉冲个数测速

9.4.1 设置计数模式

虽然采用 ARM 的捕获功能,可以测量码盘输出的方波信号的周期,进而求出电动机转速。但是当电动机转速较高时,码盘输出的方波信号周期较短,信号处理电路等环节出现的误差可能会对测量的电动机转速产生较大影响。因此,本章同时加入用计数脉冲个数进行速度测量的方法。

码盘输出的 2 路信号 A 和 B 分别进入 ARM 芯片的端口 PC7 和端口 PC6。而根据芯片手册,端口 PC6 和端口 PC7 分别对应了定时器 TIM3 的通道 1 和通道 2。因此可以以 TIM3 为基准,并通过 2 路信号的相对位置关系,计数特定时间内的方波脉冲个数。

设置端口 PC6 和 PC7 功能的代码,如表 9-12 所示,同时设置两端口均为悬空输入型。

表 9-12 设置用于计数脉冲个数的 ARM 芯片端口功能的代码示例

序号	语句	说明
1	if(1)	代码块
2	{	代码块开始
3	GPIO_InitTypeDef GPIO_InitStructure; GPIO_StructInit(&GPIO_InitStructure);	初始化使用的变量 用默认值填充变量
4	RCC_APB2PeriphClockCmd(RCC_APB2Periph_GPIOC,ENABLE);	使能端口的时钟
5	GPIO_InitStructure.GPIO_Pin = GPIO_Pin_6 | GPIO_Pin_7;	待设置的端口为 PC6 和 PC7
6	GPIO_InitStructure.GPIO_Mode = GPIO_Mode_IN_FLOATING;	端口设置为悬空输入型
7	GPIO_Init(GPIOD,&GPIO_InitStructure);	设置端口属性
8	GPIO_PinRemapConfig(GPIO_FullRemap_TIM3, ENABLE);	定时器 3 使用端口 PA6 和 PA7 的信号
9	}	设置端口功能结束

设置定时器 TIM3 的计数功能的代码,如表 9-13 所示,其中选择了端口 1 和端口 2 去计数脉冲个数。

表 9-13 设置定时器 TIM3 的属性

序号	语句	说明
1	if(1)	代码块
2	{	代码块开始
3	TIM_TimeBaseInitTypeDef TIM_TimeBaseStructure;	初始化定时器使用的变量
4	TIM_DeInit(TIM3);	参数设为缺省值
5	TIM_TimeBaseStructInit(&TIM_TimeBaseStructure); TIM_TimeBaseStructure.TIM_Prescaler = 0x0; TIM_TimeBaseStructure.TIM_Period = 30000; TIM_TimeBaseStructure.TIM_ClockDivision = TIM_CKD_DIV1; TIM_TimeBaseStructure.TIM_CounterMode = TIM_CounterMode_Up;	设置计数器的属性参数、增计数,最大计数值为 30 000
6	TIM_TimeBaseInit(TIM3,&TIM_TimeBaseStructure);	设置定时器 TIM3 的参数属性

续表

序号	语句	说明
7	RCC_APB1PeriphClockCmd(RCC_APB1Periph_TIM3,ENABLE);	使能定时器 TIM3 的时钟
8	TIM_EncoderInterfaceConfig(TIM3, TIM_EncoderMode_TI12, TIM_ICPolarity_Rising,TIM_ICPolarity_Rising);	设置定时器 TIM3，使用通道 1 和通道 2 作为编码器计数接口
9	}	代码块结束

设置基于定时器 TIM3 的计数编码器脉冲的代码，如表 9-14 所示。

表 9-14 关联定时器 TIM3 与编码器模块的代码示例

序号	语句	说明
1	if(1)	代码块
2	{	代码块开始
3	TIM_ICInitTypeDef TIM_ICInitStructure;	初始化使用的变量
4	TIM_ICStructInit(&TIM_ICInitStructure); TIM_ICInitStructure.TIM_ICFilter = 6; TIM_ICInit(TIM3,&TIM_ICInitStructure);	设置编码器接口与定时器 TIM3 的匹配参数
5	TIM3->CNT = 0;	计数值清零
6	TIM_Cmd(TIM3,ENABLE);	使能定时器 3 工作
7	}	代码块结束

设置使能定时器 TIM3 中断处理函数的代码，如表 9-15 所示。

表 9-15 设置定时器 TIM3 的中断功能的代码示例

序号	语句	说明
1	if(1)	代码块
2	{	代码块开始
3	NVIC_InitTypeDef init;	初始化使用的变量
4	NVIC_SetVectorTable(NVIC_VectTab_FLASH,0);	设置向量表的位置

5	init.NVIC_IRQChannel = TIM3_IRQn;
	init.NVIC_IRQChannelPreemptionPriority = 1;
	init.NVIC_IRQChannelSubPriority = 0;
	init.NVIC_IRQChannelCmd = ENABLE;
	NVIC_Init(&NVIC_InitStructure);
		设置定时器 TIM3 相关的中断属性，并写入相应的配置寄存器中生效

续表

序号	语句	说明
6	TIM_ITConfig(TIM3,TIM_IT_Update,ENABLE);	更新事件产生中断
7	TIM_ClearFlag(TIM3,TIM_FLAG_Update);	清除中断标志
8	}	代码块结束

TIM3 的中断处理函数的名称为 "TIM3_IRQHandler",其定义可以在启动文件 "startup_stm32f10x_md.s" 中找到。由于利用计数脉冲的方式进行测速需要记录特定时间内的脉冲个数,因此可以以 ARM 芯片产生 PWM 信号的各个开关周期作为计时的基准,并在达到指定时间后进行速度计算。故在 TIM3 的中断函数中,只是清除中断标志后返回,并无其他操作,如表 9-16 所示。

表 9-16 定时器 TIM3 的中断处理函数示例代码

序号	语句	说明
1	void TIM3_IRQHandler(void)	中断处理函数
2	{	函数代码块开始
3	TIM_ClearFlag(TIM3,TIM_FLAG_Update);	清除中断标志
9	}	函数代码块结束

9.4.2 计算转速大小

在 PWM 中断处理函数中,也即定时器 TIM1 的周期中断处理函数中,可以基于计数得到的脉冲个数进行转速计算。由于该中断处理函数每隔一个开关周期被系统调用一次,所以速度计算函数(函数名称为 "ggEncoderGetSpeed")的执行频率即为开关频率。

通过在速度计算函数中设置静态变量,并在每次函数被调用时进行自增操作,可以达到记录所经历的时间的目的,为利用固定时间内计数的脉冲个数去计算转速提供了条件,流程如图 9-9 所示。

控制器的开关频率为 10 kHz,每 5 ms 计算一次电动机的转速,因此图 9-9 中所示的测速函数中的静态变量 encoderCnt 的变化范围应为 0~50。

仍以电动机码盘每周(360°)输出 N_{AB} 个脉冲为例,ARM 芯片设置为在 2 路信号的边沿均进行计数,故旋转一周得出的计数值为 $4N_{AB}$,亦即每个计数值代表 $90/N_{AB}$(°)。

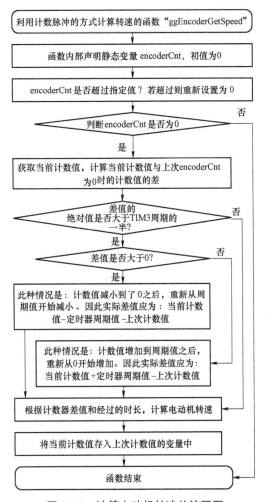

图 9-9 计算电动机转速的流程图

因此,在测速函数中得出的特定时长内的计数值 Δ,乘以系数 $90/N_{AB}$,即得到了转过的角度。之后再除以该时长后,即可得到电动机的转速。

项目使用的电动机的码盘信号为每圈 48 个脉冲,每个计数值代表 $90/48=1.875°$。两次计数的时长为 5 μs,因此每个脉冲代表 375°/s。

考虑到在程序中将电动机的转速扩大了 32 倍,因此声明用全局变量 gMechDegPer SecQep_5 来表示,其值等于脉冲个数乘以 375 之后再乘以 32,即等于脉冲个数乘以 12 000。

同理可得,若电机的码盘信号为每圈 64 个脉冲,则 gMechDegPerSecQep_5 的值等于脉冲个数乘以 9 000。

测速函数的代码如表 9-17 所示，该函数每个开关周期执行一次。

表 9-17 利用计数方式计算电动机转速的代码示例

序号	语句	说明
1	void ggEncoderGetSpeed()	函数名称
2	{	代码块开始
3	static int encoderCnt = 0;	用来记录经过开关周期数
4	static int lastCount = 0;	用来记录上次的脉冲个数
5	int curCount; int dAngle;	临时变量分别用来记录本次读取到的脉冲个数和两次脉冲个数的差值
6	encoderCnt + = 1;	函数每执行一次，变量自增 1，时间累加
7	if(encoderCnt > = 50)	计数值超过 50，说明自上次读取脉冲个数的时刻起，经历了 50 个开关周期
8	{	代码块开始
9	encoderCnt = 0;	计数值清零
10	curCount = TIM3 - >CNT;	读取当前的计数值
11	dAngle = curCount - lastCount;	计算相隔 50 个开关周期的两次计数值之差

12	if(dAngle > = 15000)
	dAngle - = 30000;
	else if(dAngle < - 15000)
	dAngle + = 30000;
		若两次计数值之差超过 15 000，则说明出现了计数值增至周期值之后从 0 开始继续增加，或者计数值减至 0 之后从周期值开始继续减少，故差值需要再自增或自减周期值

13	gMechDegPerSecQep_5 = dAngle*12000;	计算转速，结果存储于全局整型变量中，该值是实际转速的 32 倍
14	lastCount = curCount;	更新计数值，供下次计算使用
15	}	
16	}	代码块结束

9.5 本章小结

本章介绍了基于异步电动机的码盘信号对电动机转速进行测量的方法，包括硬件电路的设计和软件处理方法。针对码盘分辨率较低的问题，书中使用了捕获脉冲宽度和计数脉冲个数两种方法，因此总共使用了芯片 STM32F103VBT7 的 5 个管脚。在实际应用中，可以在电动机转速较低时使用基于捕获脉冲宽度的方案得到的速度值，而在电动机转速较高时，使用基于计数脉冲个数方案得到的速度值。

第 10 章 CAN 通信功能

低功率电动汽车控制器可以通过 CAN 总线与车辆中的其他设备进行通信。例如基于 CAN 通信,控制器可以将车辆的速度、状态、故障信息、警告信息等发送到仪表盘,还可以完成锁定车门、操作车窗等操作。因此,需要在控制器中设计相应的 CAN 总线硬件电路,并完成相应的通信处理程序。本章主要包括隔离式 CAN 总线电路的设计方案,以及基于一套常规的仪表通信协议,利用 CAN 总线将车辆信息发送到仪表盘中进行显示。

10.1 硬件电路及端口配置

CAN 通信电路原理如图 10-1 所示,采用芯片 ISO1050 实现 ARM 芯片与 CAN 总线网络的连接。芯片 ISO1050 使用相互隔离的 3.3 V 电源和 5 V 电源供电,有利于提高通信的可靠性。ARM 芯片的端口 PD0 和 PD1 分别为 CAN 通信的接收和发送管脚,其中 PD0 为管脚 81,PD1 为管脚 82。

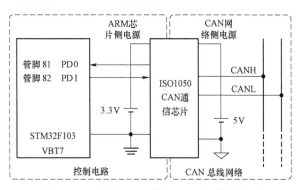

图 10-1 基于 ARM 进行 CAN 通信的原理

STM32F103VBT7 中提供了两个 CAN 通信模块，名称为 CAN 模块 1 和 CAN 模块 2，其中 CAN 模块 1 可以使用三组端口组合，分别是：PA11 与 PA12，PB8 与 PB9，以及 PD0 和 PD1。本方案中，使用了 PD0 和 PD1。初始化端口 PD0 和端口 PD1 的代码如表 10-1 所示，代码中配置了各个端口的功能，并根据芯片手册对与 CAN 模块 1 使用的管脚进行了映射。

表 10-1 初始化 CAN 通信管脚的代码示例

序号	语句	说明
1	if(1)	代码块
2	{	代码块开始
3	GPIO_InitTypeDef GPIO_InitStructure;	初始化使用的变量
4	RCC_APB2PeriphClockCmd(RCC_APB2Periph_AFIO|RCC_APB2Periph_GPIOD, ENABLE);	使能端口的时钟
5	RCC_APB1PeriphClockCmd(RCC_APB1Periph_CAN1,ENABLE);	使能 CAN 通信模块的时钟
6	GPIO_InitStructure.GPIO_Pin = GPIO_Pin_0;	操作端口 PD0
7	GPIO_InitStructure.GPIO_Mode = GPIO_Mode_IPU;	PD0 为上拉输入型
8	GPIO_Init(GPIOD,&GPIO_InitStructure);	设置端口 PD0 的属性
9	GPIO_InitStructure.GPIO_Pin = GPIO_Pin_1;	操作端口 PD1
10	GPIO_InitStructure.GPIO_Mode = GPIO_Mode_AF_PP;	PD1 为 AF 模式
11	GPIO_Init(GPIOD,&GPIO_InitStructure);	设置端口 PD1 的属性
12	GPIO_PinRemapConfig(GPIO_Remap2_CAN1, ENABLE);	使用 PD0 和 PD1 端口连接 CAN 通信模块
13	}	设置端口功能结束

10.2 通信协议与软件编程实现

10.2.1 通信协议介绍

表 10-2 所示为一款市场上应用广泛的典型的车辆仪表的 CAN 通信协议，使用 CAN 2.0B 标准，通信波特率为 250 kb/s，未使用或者保留的字节约定为 0x00。实际运行中，要求控制器按照该协议间隔一定的时间向仪表发送数据。

表 10-2 仪表 CAN 通信协议示例

	ID 为 0x10F8109A	ID 为 0x10F8108D
字节 1	车辆方向。1：前进；2：后退；0：空挡	电池电压的低 8 位
字节 2	车辆速度值的高 8 位数据	电池电压的高 8 位
字节 3	车辆速度值的高 8 位数据	电动机电流低 8 位
字节 4	故障码，将会显示在仪表上	电动机电流高 8 位
字节 5	低功耗模式，0xaa 表示低功耗，其他无效	保留
字节 6	车辆行驶里程的低 8 位数据	保留
字节 7	车辆行驶里程的高 8 位数据	保留
字节 8	保留	保留
备注	里程的单位为 0.1 km；电压单位为 0.1 V，电流单位为 0.1 A	

10.2.2 通信程序设计

根据通信协议，初始化 STM32F103VBT7 芯片中的 CAN 通信模块 1 的代码如表 10-3 所示。

表 10-3 芯片 CAN 通信模块 1 的初始化代码示例

序号	语句	说明
1	if(1)	代码块
2	{	代码块开始
3	CAN_InitTypeDef canInit; CAN_FilterInitTypeDef filterInit;	初始化 CAN 模块和过滤器使用的变量
4	CAN_DeInit(CAN1);	用缺省值设置模块

5	CAN_StructInit(&canInit);
	canInit.CAN_TTCM = DISABLE;
	canInit.CAN_ABOM = DISABLE;
	canInit.CAN_AWUM = DISABLE;
	canInit.CAN_NART = DISABLE;
	canInit.CAN_RFLM = DISABLE;
	canInit.CAN_TXFP = DISABLE;
	canInit.CAN_Mode = CAN_Mode_Normal;
	canInit.CAN_SJW = CAN_SJW_1tq;
	canInit.CAN_BS1 = CAN_BS1_14tq;
	canInit.CAN_BS2 = CAN_BS2_3tq;
	canInit.CAN_Prescaler = 8;
	CAN_Init(CAN1,& canInit);
		设置 CAN 通信模块 1 的属性。禁止触发模式，禁止自动离线管理，禁止自动唤醒，禁止非自动重传模式，禁止接收数据 FIFO 锁定模式，不使用 FIFO 发送，设置工作模式为正常，设置通信时间属性，设置波特率。每位数据占据 1+14+3=18 个时钟，波特率为 36 MHz/8/18，即 250 kHz。最后将配置的数据写入相应寄存器

续表

序号	语句	说明

6	filterInit.CAN_FilterNumber = 0;
	filterInit.CAN_FilterMode = CAN_FilterMode_IdMask;
	filterInit.CAN_FilterScale = CAN_FilterScale_32 bit;
	filterInit.CAN_FilterIdHigh = 0x0000;
	filterInit.CAN_FilterIdLow = 0x0000;
	filterInit.CAN_FilterMaskIdHigh = 0x0000;
	filterInit.CAN_FilterMaskIdLow = 0x0000;
	filterInit.CAN_FilterFIFOAssignment = CAN_FIFO0;
	filterInit.CAN_FilterActivation = ENABLE;
	CAN_FilterInit(&CAN_filterInit);
		设置过滤器的属性。使用过滤器1，使用ID屏蔽模式，过滤器为32位，过滤器标识符为0，过滤器屏蔽标志位为0，使能过滤器。最后将配置信息写入相应寄存器

7	}	代码块结束

控制器在运行过程中，每个开关周期内调用一次CAN通信函数，该函数内部维持一个静态变量，用来记录经历的时间。当经历的时间达到设定值（如0.25 s）之后，发送数据至仪表。以开关频率为10 kHz为例，则计数值达到2 500时，经历的时间为0.25 s。图10-2给出了与仪表进行通信的函数的流程图，该函数在每个开关周期内都被调用一次。

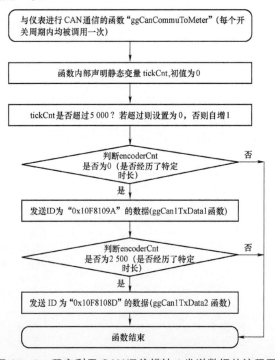

图10-2 程序利用CAN通信模块1发送数据的流程图

其中，函数"ggCAN1TxData1"和函数"ggCAN2TxData2"分别用来发送 ID 不同的两组数据。其中函数"ggCANTxData1"的代码如表 10-4 所示，调用了 ST 公司官方提供的库函数"CAN_Transmit"完成数据发送。变量 gGearPos 为全局 32 位整型变量，表示了车辆的挡位信息；变量 gGearPos 为全局 32 位整型变量，表示车辆的挡位信息；变量 gCarSpeed 为全局 32 位整型变量，表示车辆的速度；变量 gErrCode 为全局 32 位整型变量，表示系统的故障信息。

表 10-4　利用 CAN 通信模块 1 发送数据的函数代码示例（一）

序号	语句	说明
1	void ggCAN1TxData1()	通过 CAN 总线发送第一种消息
2	{	代码块开始
3	CanTxMsg msg;	发送 CAN 数据使用的变量

4	msg.StdId = 0;
	msg.ExtId = 0x10f8109A;
	msg.IDE = CAN_ID_EXT;
	msg.RTR = CAN_RTR_DATA;
	msg.DLC = 8;
		设置发送的 CAN 通信数据的 ID，使用扩展型 ID，发送数据帧，字节个数为 8

5	msg.Data[0] = gGearPos;	设置挡位信息
6	msg.Data[1] = gCarSpeed&0xff; msg.Data[2] = (gCarSpeed&0xff00)>>8;	设置车辆速度的低 8 位和高 8 位
7	msg.Data[3] = gErrCode;	故障类型
8	msg.Data[4] = 0;	不使用低功耗模式

9	msg.Data[5] = 0;
	msg.Data[6] = 0;
	msg.Data[7] = 0;
		里程表和保留项设置为 0

10	CAN_Transmit(CAN1,&TxMessage);	向 CAN 网络发送数据
11	}	代码块结束

同理，函数"ggCANTxData2"的代码如表 10-5 所示，用来向仪表发送 ID 为"0x10F8108D"的消息。其中，变量 gBatVol 为全局 32 位整型变量，表示电池电压；变量 gMotorCur 为全局 32 位整型变量，表示电动机电流。

表 10-5　利用 CAN 通信模块 1 发送数据的函数代码示例（二）

序号	语句	说明
1	void ggCAN1TxData2()	通过 CAN 总线发送第二种消息
2	{	代码块开始

续表

序号	语句	说明
3	CanTxMsg msg;	发送 CAN 数据使用的变量

4	msg.StdId = 0;
	msg.ExtId = 0x10f8108d;
	msg.IDE = CAN_ID_EXT;
	msg.RTR = CAN_RTR_DATA;
	msg.DLC = 8;
		设置发送的 CAN 通信数据的 ID，使用扩展型 ID，发送数据帧，字节个数为 8

5	msg.Data[0] = (gBatVol*10)&0xff; msg.Data[1] = ((gBatVol*10)&0xff00)>>8;	设置电池电压的信息
6	msg.Data[2] = (gMotorCur*10)&0xff; msg.Data[3] = ((gMotorCur*10)&0xff00)>>8;	设置电动机电流信息

7	msg.Data[4] = 0;
	msg.Data[5] = 0;
	msg.Data[6] = 0;
	msg.Data[7] = 0;
		保留项设置为 0

8	CAN_Transmit(CAN1,&TxMessage);	向 CAN 网络发送数据
9	}	代码块结束

当控制器需要获取 CAN 总线上其他设备发送的消息的时候，可以使用查询的方式，调用函数 "ggCAN1Rx"，可将收到的数据存入类型为 CanRxMsg 的变量中。函数的代码如表 10-6 所示。

表 10-6 利用 CAN 通信模块 1 接收数据的函数代码示例

序号	语句	说明
1	void ggCAN1Rx()	通过 CAN 总线接收数据
2	{	代码块开始
3	CanRxMsg msg;	接收 CAN 数据使用的变量

4	msg.StdId = 0x00;
	msg.ExtId = 0x00;
	msg.IDE = 0;
	msg.DLC = 0;
	msg.FMI = 0;
	msg.Data[0] = 0x00;
	msg.Data[1] = 0x00;
	msg.Data[2] = 0x00;
	msg.Data[3] = 0x00;
	msg.Data[4] = 0x00;
	msg.Data[5] = 0x00;
	msg.Data[6] = 0x00;
	msg.Data[7] = 0x00;
		将 msg 的各成员变量设置为 0

续表

序号	语句	说明
5	if(CAN_MessagePending(CAN1,CAN_FIFO0)>=1) CAN_Receive(CAN1,CAN_FIFO0,&RxMessage);	若收到了新数据，则将新数据存储在变量 msg 中
6	}	代码块结束

10.3 本章小结

本章介绍了 STM32F103VBT7 中的 CAN 通信模块的使用方法。基于 CAN 通信模块，控制器可以向车辆仪表等设备发送数据，完成控制器和车辆设备之间的通信。本章介绍了相应的硬件电路设计方案和软件编程方法，有利于提高控制器的适用性。

第 11 章

控制器程序设计

本书之前的章节介绍了构成控制器的各个主要功能模块的硬件电路设计和软件编程方法。将各功能模块进行组合后,即可完成控制器的主体功能。本章重点介绍控制器的程序设计方法,具体包括程序的运行流程、跳转条件以及相应的控制算法等内容。

11.1 主函数流程图

基于 STM32F103VBT7 的控制器的主函数流程如图 11-1 所示。程序首先初始化芯片的管脚功能和模块的运行参数,包括通信、模拟信号采样等功能。之后添加待观测的变量的信息,便于在实时调试软件中观测变量的波形并根据需要进行修改。

之后,程序设置各个中断的属性,并使能中断。程序中使能了四个中断,分别有定时器 TIM1~TIM4,提供时间基准。其中,与定时器 TIM1 相关的中断函数用于产生 PWM 信号,并在产生的周期中断中执行控制算法。与定时器 TIM2 相关的中断函数用于测量码盘输出的信号的脉冲宽度。与定时器 TIM3 相关的中断函数用于计数码盘输出的信号的脉冲个数。与定时器 TIM4 相关的中断用于获取电机的旋转方向。

当完成了各种初始化操作后,根据 32 位整型全局变量 gCallBackHappened 的数值,程序会执行不同的操作。当变量 gCallBackHappened 为 0 时,程序不执行操作;当变量 gCallBackHappened 为 1 时,程序执行控制器的算法,之后重新设置变量 gCallBackHappened 为 0。

变量 gCallBackHappened 会在定时器 TIM1 发生周期中断的时候被设置为 1,因此控制器的算法会被周期性地执行,其频率为系统的开关频率。此外,在定时器

TIM1 发生中断的时候，还会调用串行通信函数和 CAN 通信函数，实现与上位机软件和仪表的通信。在定时器 TIM1 的最后，会启动模数转化，具体方法是调用函数 runADC(0)。

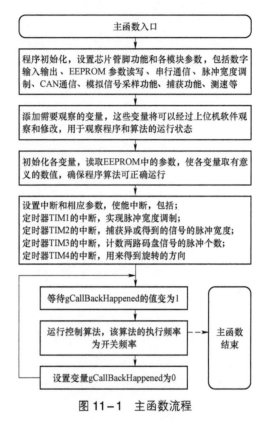

图 11-1　主函数流程

11.2　控制器算法流程图

控制器的算法流程主要包括传感器零点标定、系统自检、挡位检测、主继电器控制、故障检测、指示灯控制、脉冲计数测速、曲线生成、踏板检测、车辆状态检测、电动机控制等环节。其中各环节的执行逻辑和功能如图 11-2 所示。

传感器零点标定和系统自检仅在控制器上电的前 2 s 内执行。其中传感器零点标定功能采集电动机电流为零时的结果，经过多次转换并求取平均值后，得到电流为零时的模数转换值。在控制器正常运行时，得到的电流的模数转换结果减去电流为零时的模数转换值，经过放缩后便得到了实际电流值。

系统自检可用于检测是否发生了功率器件电路、直流母线电容损坏等故障。从钥匙开关闭合程序启动开始,根据经历的时间,可以判断直流母线电容电压,若电压偏低,则证明直流母线电容以及功率器件存在短路等故障。

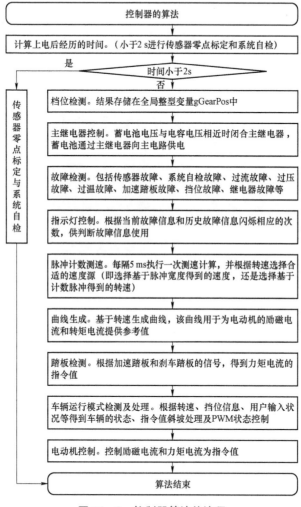

图 11-2 控制器算法的流程

当启动时间超过 2 s 后,控制器将进入正常运行模式,其中车辆的挡位包含了"前进""后退"和"空挡"三个位置。程序根据挡位的状态修改全局变量 gGearPos 的取值,分别用 1、2 和 0 表示。

当控制器中直流母线电容电压与蓄电池电压接近时,程序将闭合预充电接触器。若系统不满足继电器闭合条件,则表明系统存在故障。该状况将在控制器的故障检测阶段触发报警。

系统的故障检测功能用来判断系统是否出现了故障，若出现故障则采取紧急措施，封锁 PWM 信号。为了避免信号毛刺等的干扰，可以采用多次检测的方式提高稳定性。全局 32 位整型变量 gErrCode 用于记录系统当前的故障信息，全局 32 位整型变量 gLastErrCode 用于记录系统上一次的故障信息。

指示灯用于展示系统当前的故障和历史故障信息，并用连续闪烁特定次数的方式显示故障信息。

利用脉冲计数测量转速所得出的结果存储于全局 32 位整型变量中。利用测量脉冲宽度和脉冲个数得到的两个速度信号均为速度信号源。当转速较高时，使用基于脉冲个数得到的转速，否则使用基于脉冲宽度得到的转速。

曲线生成算法基于 EEPROM 中设定的曲线数据和当前车辆的转速信息，得到励磁电流、前进转矩电流、倒车力矩电流和跛行力矩电流的曲线。以励磁电流为例，在低速时可以适当提高励磁电流值，以增加车辆的低速启动能力；而在高速时则应降低励磁电流值，实现弱磁升速。修改前进力矩电流指令值的曲线，还可以实现限速的功能，即随着车辆速度的提高，不断降低力矩电流指令值，当车辆速度超过特定值后，力矩电流由正数变为负数，达到制动车辆的目的。需要指出的是，曲线中设定的力矩电流曲线为加速踏板满量程时的指令值，在实际运行过程中，电动机的力矩电流给定值是根据曲线得到的指令值与加速踏板深度的乘积。

踏板检测的作用是根据加速踏板和制动踏板的信号，得到力矩电流指令值，其中使用两个变量来标识踏板信息：全局 32 位整型变量 gOilPadDepth 用来表明加速踏板的深度，范围为 0～127；全局 32 位整型变量 gBrakePadPressed 用来表明制动踏板是否被踩下，其中 1 为踩下，0 为未踩下。

在车辆状态检测中，程序将获得车辆的状态。在之后的电动机控制环节，将根据车辆状态信息执行不同的算法，实现特定的功能。

11.3 车辆运行模式及处理

11.3.1 车辆运行模式分类

车辆运行模式共有七种，其取值和意义如表 11-1 所示。程序中将根据车辆状态运行不同的算法，实现对车辆的控制。通过记录各运行模式的切换时刻，还可以得到车辆进入不同模式后经历的时间，以达到控制车辆行为的目的。

第 11 章 控制器程序设计

表 11-1 车辆状态定义及意义

车辆状态	取值	意义
CARSTATE_ERROR	0	车辆出现故障
CARSTATE_BRAKE	1	车辆处于制动模式
CARSTATE_FORWARD	2	车辆处于向前行驶模式
CARSTATE_BACK	3	车辆处于倒车模式
CARSTATE_SLIDE	4	车辆处于滑行状态（加速踏板松开）
CARSTATE_HOLD1	5	车辆处于驻坡模式，由车辆后溜引起
CARSTATE_HOLD2	6	车辆处于驻坡模式，由车辆前溜引起

利用表 11-2 所示的情况类型可以确定当前车辆的状态。具体来说，根据故障信号和制动信号可独立地确定车辆的状态。此外，当加速踏板深度非 0 时，挡位信号也唯一地决定了车辆的状态；若加速踏板深度为 0，则挡位和车辆的方向会决定是否触发驻坡功能。

表 11-2 判定车辆当前的状态

故障	制动	加速踏板	挡位	车辆	上一状态	判定的车辆当前状态
有						CARSTATE_ERROR
无	踩下					CARSTATE_BRAKE
无	未踩下	非 0	前进			CARSTATE_FORWARD
无	未踩下	非 0	后退			CARSTATE_BACK
无	未踩下	非 0	空挡			CARSTATE_SLIDE
无	未踩下	0	前进	向后		CARSTATE_HOLD1
无	未踩下	0	后退	向前		CARSTATE_HOLD2
无	未踩下	0	前进		CARSTATE_HOLD1	CARSTATE_HOLD1
无	未踩下	0	后退		CARSTATE_HOLD2	CARSTATE_HOLD2
无	未踩下	0	空挡			CARSTATE_SLIDE

驻坡功能被触发后，只有出现故障、用户改变挡位、改变制动以及改变加速踏板状态，才会退出驻坡模式。

在不同的车辆状态下，程序会改变励磁电流和力矩电流的指令值。该指令值会改变控制器输出 PWM 的状态，并作为后续电动机控制中使用的参考电流。最终可以实现对车辆运行状态的控制。

11.3.2 故障模式

当车辆进入故障状态后,程序会将力矩电流和励磁电流的给定值均设置为 0。当励磁电流的指令值为 0 时,在 PWM 状态控制阶段会封锁 PWM,达到保护设备的目的。故障模式的运行流程如图 11-3 所示,程序会将励磁电流和力矩电流的参考值均设置为 0,并设置电动机的转速系数为 0。

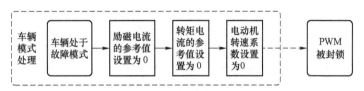

图 11-3 车辆处于故障模式时的流程

11.3.3 制动模式

当车辆处于制动模式时,将会运行两种策略:第一种策略是控制器不提供制动力。此时转矩电流参考值首先被设置为 0,而后励磁电流参考值会逐渐减小并在最后被设置为 0,最终导致 PWM 波封锁。第二种策略是控制器提供制动力,此时控制器首先将力矩电流指令值降为 0,并逐渐将励磁电流指令值控制为设定值,此时会同时设置"电动机转速调整系数",用于辅助电动机制动。在第二种策略下,励磁电流的参考值不会被设置为 0,因此控制器将允许 PWM 波发出。具体如图 11-4 所示。

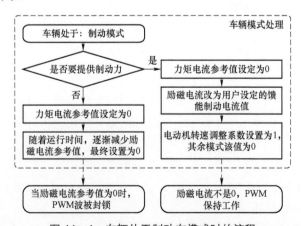

图 11-4 车辆处于制动车模式时的流程

11.3.4 前进行驶模式

当车辆运行于前进模式时，程序根据曲线数据和加速踏板的深度计算得出力矩电流和励磁电流的指令值。该值将作为进行电动机控制时的电流指令值使用。前进模式时的程序流程如图11-5所示，程序会利用用户设定的前进曲线和加速踏板的深度，计算励磁电流和力矩电流的指令值，并设置电动机转速系数为0。

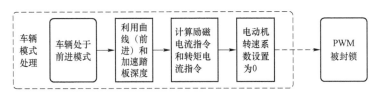

图11-5 车辆处于前进模式时的流程

11.3.5 倒车模式

当车辆运行于倒车模式时，程序根据曲线数据和加速踏板的深度计算得出力矩电流和励磁电流的指令值。该值将作为进行电动机控制时的电流指令值使用。倒车模式时的程序流程如图11-6所示，程序会利用用户设定的后退曲线和加速踏板的深度，计算励磁电流和力矩电流的指令值，并设置电动机转速系数为0。

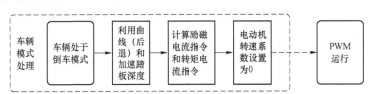

图11-6 车辆处于倒车模式时的流程

11.3.6 滑行模式

在滑行模式中，车辆将依靠惯性运动。此时电动机的力矩电流指令值为零，而励磁电流指令值则逐渐减小直至降低为0。最终，当励磁电流的指令值降为0的时候，PWM被封锁，起到节约电能的作用，如图11-7所示。

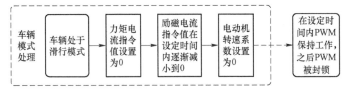

图11-7 车辆处于滑行模式时的流程

11.3.7 驻坡模式 1

驻坡模式 1 是由车辆挡位为前进挡,但车辆行驶方向为向后引起的。当车辆运行于驻坡模式 1 时,控制器将尝试使车辆保持稳定。其具体策略是:当初次进入驻坡模式 1,将驻坡计数量 gHoldCnt 设置为 0,该变量为 32 位整型变量。之后将 gHoldCnt 放大相应倍数后得到力矩电流指令值,由此将会改变车辆的前进力矩,阻止车辆继续向后行驶,最终实现车辆稳定,如图 11-8 所示。

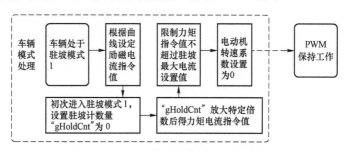

图 11-8　车辆处于驻坡模式 1 时的流程

在利用测量脉冲宽度进行测速的中断函数中(定时器 TIM2 的中断函数中),根据测得的车辆运动方向修改变量 gHoldCnt。当车辆方向为向后时,gHoldCnt 自加 1,否则 gHoldCnt 自减 1。

车辆向后滑动导致进入驻坡模式 1,而变量 gHoldCnt 在初次进入驻坡模式 1 的时候会被置为 0。之后若车辆向后滑动,变量 gHoldCnt 不断增加,因此导致车辆向前进行的力矩不断增大,直至车辆停止向后滑动;若车辆向前滑动,变量 gHoldCnt 不断减少,则车辆向前行进的力矩不断减小甚至力矩变为使车辆后退。该过程最终可以稳定车辆,实现驻坡。

11.3.8 驻坡模式 2

驻坡模式 2 是由车辆挡位为后退挡,但车辆行驶方向为向前引起的。当车辆运行于驻坡模式 2 时,控制器也将尝试使车辆保持稳定。其具体策略是:当初次进入驻坡模式 2,变量 gHoldCnt 被设置为 0。之后将 gHoldCnt 放大相应倍数后得力矩电流指令值,由此将会改变车辆的前进力矩,阻止车辆继续向后行驶,最终实现车辆稳定,如图 11-9 所示。

由于在利用测量脉冲宽度进行测速的中断函数中(定时器 TIM2 的中断函数中)修改了 gHoldCnt 的数值。因此在驻坡模式 2 中,仍然可以实现与驻坡模式 1 相同的功能,最终可以稳定车辆,实现驻坡。

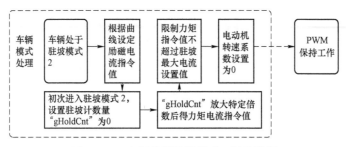

图 11-9 车辆处于驻坡模式 2 时的流程

11.4 斜坡函数与 PWM 状态控制

为了使电流变化平滑,在乘车舒适性和车辆良好动态响应之间取得平衡,程序中可以对励磁电流指令值和力矩电流指令值增加斜坡处理算法,其工作原理如图 11-10 所示。

斜坡处理算法中,当输出值与输入值的差值的绝对值小于单次变化量 Δ_{STEP} 时,斜坡算法的输出值不变。否则根据输出值和输入值的关系,改变输出值的大小,即若输出值小于输入值,输出值自增大 Δ_{STEP},若输出值大于输入值,则输出值自减小 Δ_{STEP}。

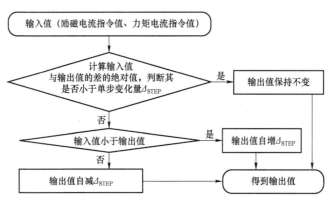

图 11-10 电流斜坡函数运行流程

PWM 的状态包括使能和封锁两种。程序中,在系统无故障的情况下,利用励磁电流的给定值来使能和禁止 PWM。即如果电机的励磁电流指令值小于 Δ_{STEP},则禁止 PWM,否则使能 PWM。通过利用该特性,可以实现独特的电流特性,例如在车辆滑行模式中,可以通过计时器逐渐减小修改励磁电流给定值,当降为零之后会关闭 PWM 以提高系统可靠性并降低驱动损耗,同时电动机电流平滑变化还避免了电动机异响,其工作原理如图 11-11 所示。

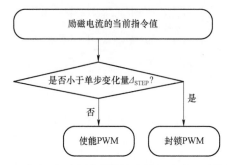

图 11-11 根据励磁电流当前指令值更改 PWM 状态的流程

　　励磁电流和力矩电流的当前指令值可以送入异步电动机的矢量控制算法中,达到控制电动机力矩的目的。本章中使用了基于转子磁场定向的异步电动机矢量控制算法,其工作原理可参考清华大学李永东教授编写的专著《交流电机数字控制系统》,其中同步转速为机械转速乘以极对数再加上滑差。本章中,为了将制动时提供制动力与异步电动机的矢量控制进行结合,又引入了电动机转速系数。当该系数为 1 时,会将同步速折半后使用。通过这种方法,可以在常规情况下进行异步电动机矢量控制;而在需要制动并提供制动力时,由于定子磁场产生的转速为机械转速的一半,因此可以达到显著的制动效果。

11.5　本章小结

　　本章介绍了控制器的程序设计方案,包括程序的主流程图、中断函数设置以及程序中各主要环节的算法和功能。项目中将车辆的运行模式分为七种,本章介绍了每种工作模式的特点和判定方案,并介绍了在不同工作模式下对励磁电流指令值和力矩电流指令值的处理方案。基于两种电流的当前指令值,可以修改 PWM 状态,最终完成对异步电动机的矢量控制,实现驾驶者的意图。

参考文献

[1] 李永东，肖曦，高跃．大容量多电平变换器原理控制应用［M］．北京：科学出版社，2005．

[2] 周明宝，瞿文龙．电力电子技术［M］．北京：机械工业出版社，1997．

[3] 陈国呈．PWM 变频调速及软开关电力变换技术［M］．北京：机械工业出版社，2001．

[4] 陈道炼．AC–AC 变换技术［M］．北京：科学出版社，2009．

[5] 陈坚．电力电子学：电力电子变换和控制技术［M］．北京：高等教育出版社，2003．

[6] 何湘宁，陈阿莲．多电平变换器的理论和应用技术［M］．北京：机械工业出版社，2006．

[7] 李建林，王立乔．载波相移调制技术及其在大功率变流器中的应用［M］．北京：机械工业出版社，2008．

[8] 林渭勋．现代电力电子技术［M］．北京：机械工业出版社，2006．

[9] 李永东．现代电力电子学——原理及应用［M］．北京：电子工业出版社，2011．

[10] 刘火良，杨森．STM32 库开发实战指南：基于 STM32F103［M］．北京：机械工业出版社，2017．

[11] 张勇．ARM Cortex–M3 嵌入式开发与实践——基于 STM32F103［M］．北京：清华大学出版社，2017．

[12] 谭浩强．C 程序设计［M］．北京：清华大学出版社，2014．

[13] 侯俊杰．深入浅出 MFC［M］．武汉：华中科技大学出版社，2001．

[14] 刘长征，张荣华，党媚．Visual C++串口通信及测控应用实例详解［M］．北京：电子工业出版社，2014．

[15] 牛跃听,周立功,方丹. CAN 总线嵌入式开发——从入门到实战[M]. 北京: 北京航空航天大学出版社,2016.

[16] 汤蕴璆. 电机学[M]. 5版. 北京:机械工业出版社,2015.

[17] 李永东. 交流电机数字控制系统[M]. 北京:机械工业出版社,2017.

[18] 李时杰,李耀华,陈睿. 背靠背变流系统中优化前馈控制策略的研究[J]. 中国电机工程学报,2006,26(22):74-79.

[19] 赵栋利,许洪华,赵斌,等. 变速恒频风力双馈发电机并网电压控制研究[J]. 太阳能学报,2004,25(5):587-591.

[20] 伍小杰,柴建云,王祥珩. 变速恒频双馈风力发电系统交流励磁综述[J]. 电力系统自动化,2004,23(23):92-96.

[21] 李崇坚. 大功率交流调速系统在钢铁工业中的应用[J]. 电气时代,2007,1(7):52-55.

[22] 张立伟,黄先进,游小杰,等. 欧洲主力交流传动机车主牵引系统介绍[J]. 电工技术学报,2007,22(7):186-190.

[23] 郑琼林. 电力电子技术对电牵引传动系统发展的影响[J]. 电力电子,2003,1(5):9-14.

[24] 孟庆云,马伟明,孙驰,等. 考虑二极管非理想特性的中点钳位三电平电路的分析[J]. 电工技术学报,2010,25(6):40-46.

[25] 费万民,姚文熙,吕征宇,等. 中高压变频调速技术综述[J]. 电力电子技术,2002,36(2):74-78.

[26] 陈武,阮新波,颜红. 多变换器模块化串并联组合系统[J]. 电工技术学报,2009,24(6):56-61.

[27] 高跃,李永东. 二极管钳位型五电平逆变器电容电压平衡域研究[J]. 电工技术学报,2008,23(1):77-83.

[28] 彭方正,钱照明,罗吉盖斯,等. 现代多电平逆变器拓扑[J]. 变流技术与电力牵引,2006,1(5):6-11.

[29] 张先进,龚春英. 级联型逆变器单元故障控制方法[J]. 电气自动化,2008,30(3):21-22.

[30] 卫三民,刘丛伟,孙旭东,等. 串联H桥多电平变频器单元故障时的控制方法[J]. 清华大学学报(自然科学版),2003,43(3):369-372.

[31] 唐顺,关振宏. 基于数学推导的级联型多电平容错逆变器输出性能研究[J]. 电气传动自动化,2009,31(4):1-5.

[32] 杨振宇,倪喜军,赵剑锋,等.对级联型高压变频器容错技术的研究[J].江苏电机工程,2009,28(2):8-13.

[33] 倪喜军,赵剑锋,曹武,等.级联型逆变器故障状况下的调制重构[J].中国电机工程学报,2010,30(33):16-22.

[34] 高志刚,李永东.级联H桥型变流器的调制方法建模与优化策略[J].电力自动化设备,2010,30(10):12-16.

[35] 姜艳姝,徐殿国,赵洪,等.多电平SPWM变频器中共模电压抑制技术的研究[J].中国电机工程学报,2005,25(3):18-22.

[36] 丁凯,邹云屏,王展,等.一种适用于高压大功率的新型混合二极管钳位级联多电平变换器[J].中国电机工程学报,2004,24(9):66-71.

[37] 张抗抗,徐梁飞,华剑锋,等.后驱纯电动车制动能量回收系统及其策略的对比研究[J].汽车工程,2015,37(2):125-132.

[38] 耿永生.汽车尾气污染及其控制技术[J].环境科学导刊,2010,29(6):62-69.

[39] 李滨丹,吴宁.探讨汽车尾气污染危害与对策[J].环境科学与管理,2009,34(7):174-177.

[40] 宁艳红,郭兴.基于运行工况的纯电动车与汽油车能耗排放比较分析[J].内燃机与动力装置,2012(3):5-7.

[41] 胡泽春,宋永华,徐智威,等.电动汽车接入电网的影响与利用[J].中国电机工程学报,2012,32(4):1-10.

[42] 张俊智,陆欣,张鹏君,等.混合动力城市客车制动能量回收系统道路试验[J].机械工程学报,2009,45(2):25-30.

[43] 李建林,修晓青,刘道坦,等.计及政策激励的退役动力电池储能系统梯次应用研究[J].高电压技术,2015,41(8):2562-2568.

[44] 李志伟,赵书强,刘应梅.电动汽车分布式储能控制策略及应用[J].电网技术,2016,40(2):442-450.

[45] 张伯顺.专家眼中的特斯拉电动车[J].汽车与配件,2013(41):44-45.

[46] 张雷,方海峰.借鉴国外管理思路推动我国低速电动汽车规范发展[J].科技创新与应用,2012(34):112.